"十四五"高等职业教育规划教材

成 本 会 计

(第6版)

黄贤明　王俊生　编著

中国财经出版传媒集团

中国财政经济出版社

·北京·

图书在版编目（CIP）数据

成本会计 / 黄贤明，王俊生编著. -- 6版. -- 北京：中国财政经济出版社，2025.8. --（"十四五"高等职业教育规划教材）. -- ISBN 978-7-5223-3646-6

Ⅰ. F234.2

中国国家版本馆CIP数据核字第202522N040号

责任编辑：李　媛　　　　　责任校对：徐艳丽
封面设计：陈宇琰　　　　　责任印制：史大鹏

成本会计（第6版）
CHENGBEN KUAIJI（DI 6 BAN）

中国财政经济出版社 出版

URL：http://www.cfeph.cn
E - mail：cfeph@cfeph.cn

（版权所有　翻印必究）

社址：北京市海淀区阜成路甲28号　邮政编码：100142
营销中心电话：010-88191522
天猫网店：中国财政经济出版社旗舰店
网址：https://zgczjjcbs.tmall.com
固安华明印业有限公司印刷　各地新华书店经销
成品尺寸：185mm×260mm　16开　14印张　328 000字
2025年8月第6版　2025年8月河北第1次印刷
定价：36.00元
ISBN 978-7-5223-3646-6
（图书出现印装问题，本社负责调换，电话：010-88190548）
本社质量投诉电话：010-88190744
打击盗版举报热线：010-88191661　QQ：2242791300

前　言

《成本会计》自2001年出版以来，已再版多次。为全面贯彻党的教育方针，落实立德树人根本任务，培养德智体美劳全面发展的社会主义建设者和接班人。为了让学生更好地掌握成本核算的基本理论、基本知识和专业技能，坚持德育为先、五育并举，将新时代中国特色社会主义思想融入成本会计教学全过程，我们对《成本会计》第5版进行了修订。本次修订的主要内容如下：

一、为夯实学生成本会计基本理论、基本知识和专业技能，在培养目标中强调设计能力和职业素养的培养，而不仅仅是被动地适应能力训练。

二、为及时反映我国现行财经法规制度对成本核算的最新要求，对第一章第二节中成本会计工作环节中的成本预测、成本决策、成本计划、成本控制、成本核算、成本考核和成本分析的含义，根据财政部制定发布的《管理会计应用指引第300号——成本管理》的相关规定进行了调整。根据财政部制定发布的《管理会计应用指引第301号——目标成本法》在第五章中增加"第六节目标成本法"的相关内容。

三、近年来随着人工智能的快速发展，在人工智能环境下，成本会计领域经历了显著的发展与变革，为此，在第一章第三节"新信息技术环境下成本会计的发展与变革"中，增加"在人工智能环境下成本会计的新发展和新变革"的内容。

四、党的十八大以来，我国新农村建设不断推进深化，现代家庭农场、电子商务和劳务建筑等新兴产业确实在农村地区不断发展壮大，为农村经济注入了新的活力。高等职业教育的人才培养是服务于区域经济社会的发展，为此，增加"第七章批发零售业、农业企业、建筑企业等其他行业成本核算以及人力资源成本会计、环境成本会计和精益成本会计等专项成本会计"。学生可扫描封底二维码进行阅读，以增加教材服务于区域经济发展的适用性。

五、打造立体化教材，提供了丰富的数字化资源。教材中通过提供二维码的形式展示数字化资源，包括课程标准、授课计划、PPT、学生工作页等。读者也可以登录 https：//read. book. zcmedia. cn，下载相关资源。

此次修订工作由黄贤明副教授执笔并进行总纂，参与此次修订工作的还有周涛副教授、陈静副教授和刘鹤老师。

由于作者水平有限，修订后的《成本会计》疏漏之处在所难免，恳请读者批评指正。

编 者

2025 年 7 月

课程标准

授课计划

学生工作页

目 录

第一章　概述 …………………………………………………………………… （ 1 ）
　　第一节　成本会计的内容 …………………………………………………… （ 2 ）
　　第二节　成本会计的工作环节及任务 ……………………………………… （ 6 ）
　　第三节　成本会计的工作组织 ……………………………………………… （ 8 ）

第二章　成本核算的基础工作和费用的分类 ………………………………… （ 14 ）
　　第一节　成本核算的基础工作 ……………………………………………… （ 15 ）
　　第二节　费用的分类 ………………………………………………………… （ 17 ）
　　第三节　成本核算科目的设置 ……………………………………………… （ 21 ）

第三章　成本核算的一般程序和生产费用的归集与分配 …………………… （ 26 ）
　　第一节　成本核算的一般程序 ……………………………………………… （ 30 ）
　　第二节　要素费用的归集与分配 …………………………………………… （ 34 ）
　　第三节　预付费用和预提费用的归集与分配 ……………………………… （ 50 ）
　　第四节　辅助生产费用的归集与分配 ……………………………………… （ 53 ）
　　第五节　制造费用的归集与分配 …………………………………………… （ 64 ）
　　第六节　废品损失和停工损失的归集与分配 ……………………………… （ 69 ）
　　第七节　期间费用的归集、结转与分配 …………………………………… （ 73 ）
　　第八节　生产费用在完工产品和月末在产品之间的分配 ………………… （ 77 ）

第四章　产品成本计算的基本方法 …………………………………………… （100）
　　第一节　品种法 ……………………………………………………………… （102）
　　第二节　分批法 ……………………………………………………………… （113）
　　第三节　分步法 ……………………………………………………………… （120）

第五章　产品成本计算的辅助方法 …………………………………………… （137）
　　第一节　分类法 ……………………………………………………………… （139）
　　第二节　定额法 ……………………………………………………………… （146）
　　第三节　标准成本法 ………………………………………………………… （157）
　　第四节　变动成本法 ………………………………………………………… （165）
　　第五节　作业成本法 ………………………………………………………… （169）
　　第六节　目标成本法 ………………………………………………………… （179）

第七节　各种成本计算方法的实际应用 …………………………………………（183）

第六章　产品成本、费用报表的编制与分析 ………………………………………（188）
　　第一节　产品成本、费用报表的作用和种类 …………………………………（190）
　　第二节　产品成本、费用报表编制、分析的程序和方法 ……………………（191）
　　第三节　产品成本报表的编制与分析 …………………………………………（196）
　　第四节　各种费用报表的编制与分析 …………………………………………（209）

参考书目 ………………………………………………………………………………（217）

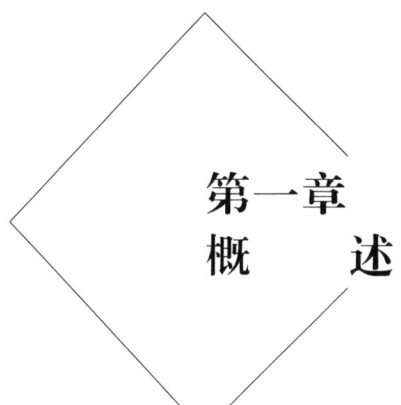

第一章 概　述

PPT

【内容提示】

本章主要从理论上阐述成本的经济实质及理论成本和实际工作中应用的成本开支范围的联系与区别；在不同层面（全部成本法和制造成本法）上揭示成本会计的内容；阐述成本会计的工作环节和主要任务以及成本会计的工作组织等。这些理论问题对全书的学习具有重要的指导意义。因此，学习时必须融会贯通地加以理解和掌握。

【目标要求】

通过本章学习，学生应：
- 理解成本会计的内容、经济实质和实际工作中的成本开支范围；
- 了解我国成本制度的沿革：全部成本法和制造成本法以及政府定价成本；
- 理解成本会计的工作环节及主要任务；
- 了解成本会计的工作组织；
- 培养坚持准则和爱岗敬业的会计职业道德；
- 树立会计法律意识，认识会计法律法规的严肃性。

【案例引入】

陈本慧为某财经职业学院会计专业应届毕业生，2024年6月，到红旗制造股份有限公司应聘成本核算员。面试时，红旗制造股份有限公司财务部经理刘聪煜，首先向陈本慧介绍了该公司的基本情况：

该公司主要是生产人工耳蜗等精密产品，全公司设有10家分公司，每家分公司又设6—8个基本生产车间，分别研发和生产人工耳蜗的各种零部件及软件，最后由总公司组装调试并出售。此外，还设有3个辅助生产车间，为基本生产车间和其他部门提供劳务、运输、修理服务。该公司现有员工20000余人，从事会计工作的人员达456人，其中成本会计人员有123人（不包括各分公司各个生产车间的成本核算员）。该公司规模较大，但为了成本控制和成本分析的需要，目前实行的是总公司集中成本核算方式。随后，刘聪煜经理带陈本慧参观了一家分公司全部的生产车间及成本核算流程，让陈本慧对公司的生产经营特点、成本核算等方面的情况进行详细调查，一周之后提交以下5个问题的答案，并根据问题的回答情况决定是否聘用：

（1）如何区分成本与费用？

（2）成本会计工作的主要环节和任务有哪些？

（3）红旗制造股份有限公司成本会计人员配备是否合理？

（4）红旗制造股份有限公司内部各级成本会计机构之间的组织分工是否需要改进？若需要，如何改进？

（5）随着财务智能机器人的逐步推广，对公司拟优化成本核算流程，引进财务智能机器人的必要性和可行性作必要的论证。

成本是商品经济的产物，是商品经济中的一个经济范畴，是商品价值的主要组成部分。成本对于任何一家企业来说都是至关重要的。企业是为谋求利润而进行经营活动的。利润是企业各种收益扣除各种成本后的盈余。一般来说，成本越高意味着利润越小，而成本越低意味着利润越大。因此，成本关系企业的生存。那么到底什么是成本呢？不同的企业其成本又有何区别呢？下面就让我们一起来探讨这些既古老而又永恒的话题。

第一节 成本会计的内容

成本会计是以成本为对象的一种专业会计，是会计学体系的一个重要分支。要了解成本会计的内容，首先必须了解什么是成本。

一、成本的经济实质

成本，就是通常所说的"本钱"，是为了达到某一个特定目标而发生的资源耗费。但会计实务中因行业不同，企业成本的内涵也不一样。

以制造业企业为例，其基本生产经营活动是生产和销售产品。在产品的直接生产过程中，即从原材料投入生产到产成品制成的产品制造过程中，一方面制造出产品来，另一方面要发生各种各样的生产耗费，包括劳动资料与劳动对象等物化劳动耗费和活劳动耗费两大部分。其中房屋、机器设备等作为固定资产的劳动资料，在生产过程中长期发挥作用，直至报废也不改变其实物形态，但其价值则随着固定资产的磨损，通过计提折旧的方式，逐渐地、部分地转移到所制造的产品中去，构成产品生产成本的一部分。原材料等劳动对象，在生产过程中或者被消耗掉，或者改变其实物形态，其价值也随之一次性全部地转移到新产品中去，也构成产品生产成本的一部分。生产过程是劳动者借助于劳动工具对劳动对象进行加工制造产品的过程，通过劳动者对劳动对象的加工，才能改变原有劳动对象的使用价值，并且创造出新的价值。其中劳动者为自己劳动所创造的那部分价值，则以薪酬形式支付给劳动者，用于个人消费，因此这部分薪酬也构成产品生产成本的一部分。具体来说，在产品的制造过程中发生的各种生产耗费，主要包括原料及主要材料、辅助材料、燃料等的支出，生产单位（如分厂、车间）固定资产的折旧，直接生产人员及生产单位管理人员的薪酬以及其他一些支出等。这些耗费的货币表现称为企业的生产费用。企业为生产一定种类、一定数量的产品而发生的各种生产费用支出的总和就构成了产品的成本。它是产品价值的一部分。

社会主义市场经济与资本主义市场经济有着本质的区别，但二者都是商品经济。在社会主义市场经济中，产品的价值由三个部分组成：①已耗费的生产资料转移的价值 c；②劳动者为自己劳动所创造的价值 v；③劳动者为社会劳动所创造的价值 m。从理论上讲，上述的前两部分，即 c + v，是商品价值中的补偿部分，它构成商品的理论成本。

综上所述，可以对成本的经济实质概括为：生产经营过程中所耗费的生产资料转移的价值和劳动者为自己劳动所创造的价值的货币表现，也就是企业在生产经营中所耗费的资金总和。这就是理论上所赋予成本的客观内容，这种成本就是人们常说的理论成本。

这一理论是指导我们进行成本会计研究的指南，是实际工作中制定成本开支范围、考虑劳动耗费的价值补偿尺度的重要理论依据。但是，社会经济现象是纷繁复杂的，企业在成本计算和成本管理中需要考虑的因素也是多种多样的。因此，理论成本与实际工作中的成本开支范围是有一定差别的。

为了加强经济核算，降低资源耗费，减少损失，对于劳动者为社会劳动所创造的某些价值，如财产保险费以及一些不形成产品价值的损失性支出，如废品损失等也计入成本并由国家做出统一规定，要求企业严格遵照执行。这样做的目的是：首先，国家统一规定成本开支范围，是保证产品成本真实性、统一性的基本条件。只有严格执行这一规定，才能加强成本控制，便于成本分析，促进企业加强经济核算，降低产品成本。其次，只有严格执行国家统一规定的成本开支范围，才能正确划分补偿与积累的界限，才能在企业与国家之间合理地进行资金的分配。

需要注意的是：随着社会经济的发展，企业管理要求的提高，成本概念和内涵都在不断地发展、变化，人们所能感受的成本范围逐渐地扩大。不同的经济环境、不同的行业特点，对成本的内涵有不同的理解。但是，成本的经济内容归纳起来有两点是共同的：一是成本的形成是以某种目标为对象的。目标可以是有形的产品或无形的产品，如新技术、新工艺，也可以是某种服务，如教育、医疗卫生系统的服务目标。二是成本是为实现一定的目标而发生的耗费，没有目标的支出则是一种损失，不能列为成本。

二、成本的内涵

成本这一概念在不同的学科或同一学科的不同分支中，有着不尽相同的内涵。比如，从财务会计学的角度来看，成本是指企业为了取得某项资产所遭致的价值牺牲，它可能是以牺牲另一项资产来换取，也可能是产生某项负债而导致将来的价值牺牲；美国会计学会所属的"成本概念与标准委员会"将成本定义为：为达到特定目的而发生或应发生的价值牺牲，它用货币单位加以计量。也就是说，成本是为了实现一定目的而支付或应支付的可以用货币计量的代价。显然，该种意义上的成本已经大大超出了产品生产成本和企业各种经营业务成本的范围。从经济学的角度出发，成本是企业为市场生产商品而耗费的物化劳动和活劳动的必要劳动量的补偿价值，也就是马克思的商品成本价格，即理论成本。

三、全部成本法和制造成本法

上述无论是理论成本还是实际应用的成本概念，都是把全部生产费用计入产品成本，即"全部成本"的概念。在实际工作中，是将其全部对象化，从而计算产品的全部成本，还是将其按照一定标准分类，部分计入产品成本，则取决于会计制度的规定和所采用的产品成本计算方法。

（一）全部成本法

全部成本法是指将企业生产经营中所发生的全部生产费用，即劳动手段（如机器设备）、劳动对象（如原材料）和活劳动（如职工薪酬）等方面的费用，将其全部对象化，计入产品成本的成本计算方法。

在我国1993年会计制度改革以前，产品成本一般可以分为三个层次：车间成本、工厂成本和销售成本。产品的车间成本一般包括原材料、燃料和动力、工资和福利费（职工薪酬）、车间经费（制造费用）以及某些工业部门或企业单独核算的废品损失。产品的工厂成本即产品的生产成本，是指在上述车间成本的基础上加上企业管理费用（管理费用和财务费用）。产品的工厂成本构成产品的存货成本。产品的销售成本是指已销售产品的生产成本与销售费用之和。

【例1-1】红旗制造股份有限公司本月生产经营过程中所发生的全部耗费如下：生产产品消耗原材料10 000元、燃料和动力600元、工资和福利费（职工薪酬）3 400元、车间经费（制造费用）2 000元、企业管理费用（管理费用和财务费用）4 000元。本月无月初在产品，投产的200件产品全部完工并全部对外出售，发生销售费用3 200元。若采用全部成本法，产品成本计算如下：

	原材料	10 000
	燃料和动力	600
	工资和福利费（职工薪酬）	3 400
	车间经费（制造费用）	2 000
	车间成本	16 000（元）
加：	企业管理费用（管理费用和财务费用）	4 000
	工厂成本（生产成本）	20 000（元）
加：	销售费用	3 200
	销售成本（全部成本）	23 200（元）

(二) 制造成本法

制造成本法又称完全成本法，是指将企业生产经营中所发生的全部劳动耗费，即劳动手段（如机器设备）、劳动对象（如原材料）和活劳动（如职工薪酬）等方面的耗费，在分为制造成本与非制造成本的基础上，再将制造成本对象化，计算产品的制造成本，而非制造成本则作为期间成本直接计入当期损益。

随着我国经济体制改革的不断深入，改革开放的进一步扩大以及对外经济技术交流与合作的日益增多，我国企业已走出国门，走向国际市场，进行跨国经营，这就要求企业必须按照国际惯例进行经营，同时在会计核算上也应与国际惯例相适应，借鉴国际惯例，进行会计核算。因此，在1993年会计制度改革以后，我国成本计算方法开始实行制造成本法。在制造成本法下，产品成本只包括为生产产品所发生的直接材料、直接人工和制造费用。也就是说，在制造成本法下，产品成本计算到制造费用为止，产品制造成本以外的各项费用，即企业的管理费用、财务费用和销售费用都作为期间费用，直接计入当期损益。与产品成本计算方法的改革相联系，在改革以后的成本计算中，取消了"车间经费"和"企业管理费用"两个概念，代之以"制造费用""管理费用"和"财务费用"三个概念。

【例1-2】承【例1-1】若采用制造成本法，产品成本计算如下：

原材料	10 000
燃料和动力	600
工资和福利费（职工薪酬）	3 400
车间经费（制造费用）	2 000
生产成本（制造成本）	16 000（元）

而本例中的销售费用3 200元、管理费用和财务费用4 000元全部计入当期损益，不计入产品成本。

由上可以看出，制造成本法下计算出的产品成本，小于全部成本法下工厂成本，更小于包括产品销售费用在内的已销产品的销售成本，即产品成本的范围较原来小。

(三) 政府定价成本

我国现行会计核算制度规定，产品成本的核算采用制造成本法，一方面更符合产品生产耗费的实际情况，使成本计算更加准确；另一方面与国际惯例趋同，提高了成本会计信息的可比性；另外，企业在生产经营管理过程中发生的期间费用与产品生产过程不存在直接联系，如果只按照某一标准将其分配计入产品成本，就会导致产品成本计算不准确。但是，制造成本法下计算出的产品成本，属于小成本，它不能完全弥补企业在生产经营过程中所发生的全部耗费，不能作为企业产品定价的依据，而我国企业产品的定价依据是政府定价成本。根据《中华人民共和国国家发展和改革委员会第42号令》的解释，政府定价成本是指经营者生产经营或提供政府定价的同种商品或服务的社会平均合理费用支出。与会计意义上的成本相比，定价成本是价格测算的基础，是一种相对合理的完全成本，具体包括制造成本（或营业成本）和期间费用两部分内容。因此，作为制定产品价格重要依据的成本，应该是全部成本，而非制造成本。

此外，随着科学技术的不断进步和劳动生产率的不断提高，成本的核算范围和计算方法也随之发生不断的变化，如按照成本包括范围的不同将成本计算方法区分为完全成本法（相当于制造成本法）和变动成本法，以及20世纪70年代后形成的以作业为中心的计算产品成本的作业成本法等。

按照现行制度规定，制造业企业成本会计的内容包括产品的生产成本和期间费用。

第二节 成本会计的工作环节及任务

成本会计的工作环节，是指成本会计作为一项管理经济的活动，在生产经营过程中所能发挥的作用，也就是指成本会计应该做哪几方面的工作。从成本会计的产生和发展过程可以看出，成本会计的工作环节也是一个随着企业生产经营活动要求逐步完善的过程，现代成本会计与现代管理科学的结合越来越紧密，使得成本会计的工作环节的内涵和外延都发生了扩展。

一、成本会计的工作环节

具体地说，成本会计的工作环节主要包括成本预测、成本决策、成本计划、成本控制、成本核算、成本考核和成本分析七个环节，一般按照事前、事中、事后等程序进行。事前成本管理阶段，主要是对未来的成本水平及其发展趋势所进行的预测与规划，一般包括成本预测、成本决策和成本计划等步骤；事中成本管理阶段，主要是对营运过程中发生的成本进行监督和控制，并根据实际情况对成本预算进行必要的修正，即成本控制步骤；事后成本管理阶段，主要是在成本发生之后进行的核算、分析和考核，一般包括成本核算、成本分析和成本考核等步骤。成本会计正是通过这些环节来发挥其应有的作用，并圆满地完成成本会计工作的任务。

（一）成本预测

成本预测是以现有条件为前提，在历史成本资料的基础上，根据未来可能发生的变化，利用科学的方法，对未来的成本水平及其发展趋势进行描述和判断的成本管理活动。

（二）成本决策

成本决策是在成本预测及有关成本资料的基础上，综合经济效益、质量、效率和规模等指标，运用定性和定量的方法对各个成本方案进行分析并选择最优方案的成本管理活动。

（三）成本计划

成本计划是以营运计划和有关成本数据、资料为基础，根据成本决策所确定的目标，通过一定的程序，运用一定的方法，针对计划期企业的生产耗费和成本水平进行的具有约束力的成本筹划管理活动。

（四）成本控制

成本控制是成本管理者根据预定的目标，对成本发生和形成过程以及影响成本的各种因素条件施加主动的影响或干预，把实际成本控制在预期目标内的成本管理活动。

（五）成本核算

成本核算是根据成本核算对象，按照国家统一的会计制度和企业管理要求，对营运过程中实际发生的各种耗费按照规定的成本项目进行归集、分配和结转，取得不同成本核算对象的总成本和单位成本，向有关使用者提供成本信息的成本管理活动。

（六）成本考核

成本考核是对成本计划及其有关指标实际完成情况进行定期总结和评价，并根据考核结果和责任制的落实情况，进行相应奖励和惩罚，以监督和促进企业加强成本管理责任制，提高成本管理水平的成本管理活动。

（七）成本分析

成本分析是利用成本核算提供的成本信息及其他有关资料，分析成本水平与构成的变动情况，查明影响成本变动的各种因素和产生的原因，并采取有效措施控制成本的成本管理活动。

综上所述，成本会计各项职能是相互联系、相互补充的，这些职能一般均应贯穿企业生产经营活动的全过程并发挥相应的作用。在成本会计的各项职能中，成本核算是基础。没有成本核算，成本的预测、决策、计划、控制、考核和分析都无法进行，因而也就没有成本会计。成本会计的其他各项职能，正是在成本核算的基础上，随着企业经营管理要求的提高和管理科学的发展，随着成本会计与管理科学相结合，逐步发展形成的。成本核算是原始的或初级的成本会计，也是狭义的成本会计。包括上述各项职能的成本会计是现代成本会计，是广义的成本会计，实际也就是成本管理。

为避免重复和突出重点，本教材着重阐述制造业企业的成本核算和成本分析的具体内容。上述七个环节中，有关成本预测、决策、计划、控制和考核的具体内容，在财务管理和管理会计有关课程中讲述。

二、成本会计的任务

成本会计的任务是成本会计工作的具体化，也是人们期望成本会计应达到的目标和对成本会计的要求。

作为会计的一个重要分支的成本会计，是企业经营管理的一个重要组成部分。因此，成本会计的任务由企业经营管理的要求决定。但是，成本会计不可能全面地实现企业经营管理各个方面的要求，而只能在成本会计对象和职能的范围内，为企业经营管理提供所需要的数据和信息，并参与经营管理，以达到降低成本、费用，提高经济效益的目的。具体表现为：

（1）对企业发生的各项费用进行审核、控制，制止各种浪费和损失，以节约费用、降低成本。

（2）核算各种产品成本和期间费用，为成本会计的各个环节和企业生产经营管理提供所需的成本、费用数据。

（3）分析各项消耗定额和成本计划的执行情况，进一步挖掘节约费用、降低成本的潜力。

三、"成本会计"在会计学中的地位

随着会计学研究领域的日益扩大，现有会计的三个主要领域是：财务会计、成本会计和管理会计，三者共同构成了完整的会计系统。财务会计主要研究企业的财务状况和经营成果以及资金的流转，并以成本会计所提供的有关成本、费用信息来进行资产的计价和损益的确定。成本会计主要研究各种成本的计算、控制和分析，成本会计作为会计系统中的一个子系统，为企业提供有关成本、费用方面的各种信息，并参与企业的生产经营决策。但当前所用的"成本会计"一词，一般是指产品品种、分批和分步成本计算方法，以及管理会计中的边际贡献、本量利分析和差别成本分析等。因此，在西方国家当代的会计文献中，"成本会计"和"管理会计"两词的含义常常有很多相同之处，故合二为一，称为"成本管理会计"。

第三节 成本会计的工作组织

为了充分发挥成本会计各个工作环节的作用，圆满完成成本会计的任务，企业必须科学地组织成本会计工作。一般来说，企业应根据本单位生产经营的特点、规模的大小和机构的设置，以及成本管理的要求等具体情况来组织成本会计工作。成本会计工作的组织，主要包括设置成本会计机构，配备必要的成本会计人员，制定和执行科学、合理的成本会计制度等。

一、成本会计机构的设置

企业的成本会计机构，是在企业中直接从事成本会计工作的机构。一般而言，大中型企业应在专设的会计部门中，单独设置成本会计机构，专门从事成本会计工作；在规模较小、会计人员不多的企业，可以在会计部门中指定专人负责成本会计工作。此外，企业的有关职能部门和生产车间，也应根据工作需要设置成本会计组织或者配备专职或兼职的成本会计人员。

成本会计机构内部，可以按成本会计所担负的各项任务分工，也可以按成本会计的对象分工，在分工的基础上建立岗位责任制，使每一个成本会计人员都明确自己的职责，每一项

成本会计工作都有人负责。

企业内部各级成本会计机构之间的组织分工，有集中工作和分散工作两种基本方式。

所谓集中工作方式，是指企业的成本会计工作主要由厂部成本会计机构集中进行，车间等其他单位的成本会计机构或人员只负责原始记录和原始凭证的填制，并对它们进行初步的审核、整理和汇总，为厂部成本会计机构进一步工作提供基础资料。这种工作方式的优点是：便于厂部成本会计机构及时地掌握整个企业与成本有关的全面信息；便于集中使用电子计算机进行成本数据处理；同时，还可以减少成本会计机构的层次和成本会计人员的数量。但这种工作方式不便于直接从事生产经营活动的各单位和职工及时掌握本单位的成本信息，不便于成本的及时控制和责任成本制的推行。

所谓分散工作方式，是指成本会计工作中的计划、控制、核算和分析由车间等其他单位的成本会计机构或人员分别进行；厂部成本会计机构除对全厂成本进行综合的计划、控制、考核和分析以及汇总核算外，还应负责对各下级成本会计机构或人员进行业务上的指导和监督。成本的预测和决策工作一般仍由厂部成本会计机构集中进行。

分散工作方式的优缺点与集中工作方式正好相反。一般而言，大中型企业由于规模较大、组织结构复杂、会计人员数量较多，为了调动各级各部门控制成本费用，提高经济效益的积极性，一般应采用分散工作方式；小型企业为了提高成本会计工作的效率和降低成本管理的费用，则一般可采用集中工作方式。

二、成本会计人员的配备

在成本会计机构中，配备适当数量思想品格优秀、精通业务的成本会计人员是做好成本会计工作的关键。

为了充分调动和保护会计人员的工作积极性，国家在有关的会计法规中对会计人员的职责、权限、任免、奖惩以及会计人员的技术职称，都做了明确的规定。成本会计人员应在企业总会计师和会计主管人员的领导下，忠实地履行自己的职责，认真完成成本会计的各项任务，并从降低成本、提高企业经济效益的角度出发，参与制定企业的生产经营决策。为此，成本会计人员应经常深入生产经营的各个环节，结合实际情况，向有关人员和职工宣传解释国家的有关方针、政策和制度，以及企业在成本管理方面的计划和目标等，并督促他们贯彻执行；深入了解生产经营的实际情况，注意发现成本管理中存在的问题并提出改进成本管理的意见和建议，当好企业负责人的参谋。

成本会计工作是一项涉及面很宽，综合性很强的管理工作，尤其是面对市场经济体制的不断发展和完善、科学技术的不断进步，按照市场经济的要求，依靠技术进步，降低成本，增强企业的竞争能力，提高企业的经济效益，已经成为成本会计工作的重要内容。为此，成本会计人员必须刻苦钻研业务，认真学习相关业务知识和业务技术，不断充实和更新自己的专业知识，提高自己的素质，以适应新形势的要求。

三、成本会计制度的制定与执行

成本会计制度是成本会计工作的规范，是会计法规和制度的重要组成部分。企业应遵循《中华人民共和国会计法》《企业会计准则》等国家有关法律、法规、制度的有关规定，并适应企业生产经营的特点和管理的要求，制定企业内部成本会计制度，作为企业进行成本会计工作具体和直接的依据。

不同行业的企业由于生产经营的特点和管理的要求不同，所制定的成本会计制度也有所不同，就制造业企业而言，成本会计制度一般应包括以下几个方面的内容。

（1）关于成本预测和决策的制度。

（2）关于成本定额的制度和成本计划编制的制度。

（3）关于成本控制的制度。

（4）关于成本开支范围、成本计算方法等的核算制度。

（5）关于企业内部结算价格和内部结算办法的制度。

（6）关于责任成本的制度。

（7）关于产品成本、费用报表的制度。

（8）其他有关成本会计的制度。

成本会计制度是开展成本会计工作的依据和行为规范，其是否科学、合理会直接影响成本会计工作的成效。因此，成本会计制度的制定，是一项复杂而细致的工作。在成本会计制度的制定过程中，有关人员不仅应熟悉国家有关法规、制度的规定，而且应深入基层作广泛、深入的调查研究工作，了解企业的生产特点和管理要求，在反复试点、具有充分依据的基础上进行成本会计制度的制定工作。成本会计制度一经制定，就应认真贯彻执行。但随着时间的推移，它的内涵与外延会随着经济环境的变化而不断发展变化，出现新的情况，这时应根据变化了的情况，对成本会计制度进行修订和完善，以保证成本会计制度的科学性、先进性和前瞻性。

四、新信息技术环境下成本会计的发展与变革

随着全球信息技术创新进入新一轮加速期，第五代移动通信技术（5G）、云计算、物联网（IOT）、移动互联网（MI）、大数据、人工智能（AI）、虚拟现实技术（VR）以及增强现实技术（AR）等新信息技术的创新和应用，会计环境在新信息技术的驱动下也发生了巨大的变化。因此，在新的信息技术背景下，传统的财务会计以及会计之中最重要的成本会计势必要探索创新性的发展与变革。

近年来，新一代信息技术，特别是人工智能的创新发展，技术融合步伐不断加快，催生出一系列新产品、新应用和新模式。2016年3月，阿尔法围棋（阿尔法狗）横扫围棋高手；2017年"高考机器人"参加高考并取得较好成绩；2017年沙特阿拉伯未来投资计划会议发言人"索菲亚"机器人荣获沙特公民身份并接受了美国消费者新闻与商业频道记者的采访，这一连串让世人既惊讶又一时难以接受的结果，刷爆人们的朋友圈，冲击着人们的神经。一场对于传统行业的变革正在进行中，一个"机器人流程自动化"的时代正悄悄来临。

2017年，又称财务机器人元年。2017年5月中旬，德勤率先推出财务机器人——小勤人，瞬间引爆财务圈。同属国际四大会计师事务所的毕马威、普华永道、安永也相继推出自己的财务机器人以及财务机器人解决方案，一时间国际四大会计师事务所的财务机器人风生水起，并在企业正式上岗，一个机器人可以顶替15个人的财务工作，并且可以每周开展7×24小时的不间断工作，给会计这个充满严谨性、及时性的行业带来新的发展机会。如果

2017年上半年是国际四大会计师事务所财务机器人的舞台,那么2017年下半年,我国财务机器人也开始翩翩起舞了,以用友和金蝶为代表的国内财务解决方案的信息化厂商也相继推出具有中国企业管理元素的财务机器人。

财务机器人应用基于云计算、大数据、人工智能等技术,为企业打造全方位全场景的应用,而不仅仅是只包含一个基于明确规则的自动化机器人。财务机器人综合运用了:图像识别技术、语音识别技术、LBS技术、语义解析技术、规则与流程引擎技术、机器深度学习和元学习技术等多项最新的人工智能相关技术,为企业提供多场景全方位的智能财务服务。

新信息技术的广泛应用,将引起成本会计的各工作环节及任务、成本会计的工作组织及人员配备产生重大的变革。在新信息技术背景下,有利于成本信息的合理细分,成本作业中心的明确;完善企业成本会计信息管理体系,加快成本信息的传递速率,实现成本核算的快速统一;转变财务报告模式,加强成本信息监管的力度;把繁杂的财务成本管理工作交给人工智能机器人处理和管理,降低人员工作强度,让其在烦琐人员的工作中抽离出来,在提升工作效率的基础上,落实企业运营发展目标,促进企业稳定发展。

需要特别提醒的是,近年来人工智能的快速发展,在人工智能环境下,成本会计领域经历了显著的发展与变革,具体可以归纳为:

1. 智能化促进工作效率的提升

一方面是数据自动化处理,人工智能技术可以自动化处理数据录入、分类、整理以及报告生成等会计领域中的繁重任务。企业通过自动化财务软件,其财务数据可以被自动抓取和分类,财务报表也可以自动生成,这大大减少了手动操作的工作量,从而极大提高了工作效率。另一方面是智能化决策支持,人工智能还能通过大数据分析提供深入的洞察和数据驱动的决策支持,帮助企业更好地进行成本管理和控制。

2. 成本管理的精细化与全局化

在人工智能的帮助下,成本会计可以更加深入地了解到每一个成本细节,从而进行更精细的管理。例如,系统可以自动标注出数据中的异常或错误,确保数据的真实性和完整性,为精细化管理打下基础。

人工智能技术还可以将会计数据与其他业务数据进行关联分析,如销售数据、供应链数据等,从而帮助企业全面了解业务状况,优化决策,提高整体绩效。

3. 风险预测与防控能力的增强

人工智能可以通过对大量的财务数据和市场数据进行分析,帮助企业及时发现风险并采取相应的措施。例如,它可以通过监测和预测企业财务数据,提前预警并识别可能的财务风险。

4. 跨界融合与全局视角的交织

人工智能技术的发展也促使会计与其他领域的融合。成本会计所需的数据和信息往往涉及企业的各个环节和部门,而人工智能可以帮助整合和分析这些信息,实现全局性的视角和综合性的管理。通过将会计数据与其他业务数据进行关联分析,可以帮助企业全面了解业务状况、优化决策和提高绩效。

5. 对会计人员提出了新要求

人工智能技术在成本会计中的应用给会计人员带来了很多便利,但也对会计人员提出了新的要求。他们需要不断提升自己的技能，熟悉和掌握新的技术和工具。同时，由于数据处理和存储的重要性日益凸显，会计人员还需要密切关注数据隐私和安全等问题。

综上所述，人工智能环境下成本会计的发展与变革主要体现在自动化与智能化水平的提升、成本管理的精细化与全局化、风险预测与防控能力的增强以及对会计人员的新要求等方面。这些变革为成本会计领域带来了新的机遇和挑战。

通过本章的学习，陈本慧对于上述四个问题做了如下回答：

（1）成本与费用是两个并行的概念，也是经常被混淆的两个概念，尽管它们之间有一定的联系，但实际上它们之间有本质的区别。成本与企业特定资产或劳务相关，而费用则与特定期间相关；成本是企业为取得某种资产或劳务所付出的代价，而费用则是为取得收入所发生的资源耗费；成本不能直接抵减收入，只能以资产的形式在资产负债表中列示，而费用则必须冲减当期的收入并在利润表中列示。

（2）现代成本会计工作的主要环节包括：成本预测、成本决策、成本计划、成本控制、成本核算、成本考核和成本分析。成本决策是成本会计的重要环节，在成本会计中居于中心地位。

（3）成本会计人员是指在会计机构或专设成本会计机构中所配备的进行成本会计工作的人员，对企业日常成本工作进行处理。一家企业是否配备专职的成本会计人员，配备多少成本会计人员，取决于企业生产经营的特点和管理上的需求，一般来说规模较大的企业可以根据需要配备适当的成本会计人员。对于一家员工规模2万余人的大中型制造业企业来说，从理论上讲123名成本会计人员应该不算太多，但至于是否合理还得取决于企业的需求。

（4）企业内部各级成本会计机构之间的组织分工，有集中工作和分散工作两种基本方式。集中工作方式的优点是：便于厂部（总部）成本会计机构及时地掌握整个企业与成本有关的全面信息；便于集中使用电子计算机进行成本数据处理；同时，还可以减少成本会计机构的层次和成本会计人员的数量。但这种工作方式不便于直接从事生产经营活动的各单位和职工及时掌握本单位的成本信息，进而不便于成本的及时控制和责任成本制的推行。一般来说集中工作方式适合于中小企业。对于大中型的红旗制造股份有限公司来说，采用集中工作方式不利于成本的及时核算和控制，因此建议采用分散工作方式，以便提高企业的经济效益。值得注意的是，随着大数据、物联网、云计算以及人工智能等新信息技术的运用，企业的日常成本核算工作将会越来越智能化，企业内部各级成本会计机构之间的组织分工界限会越来越淡化。

（5）财务机器人应用基于云计算、大数据、人工智能等技术，为企业打造全方位全场景的应用，而不仅仅是只包含一个基于明确规则的自动化机器人。财务机器人综合运用了：图像识别技术、语音识别技术、LBS技术、语义解析技术、规则与流程引擎技术、机器深度学习和元学习技术等多项最新的人工智能相关技术，为企业提供多场景全方位的智能财务服务。

随着大数据、云计算、互联网、物联网、数字化、智能化等新信息技术的进一步创新融合，财务机器人这种新劳动者会越来越强大。其在会计领域的应用范围也会随着技术的进步创新和社会发展从大中型企业逐步扩展到小微企业，功能也会逐步完善，从财务核算逐步扩展到财务分析、财务预算乃至财务决策等会计全领域；工作效率也会逐渐提高，在线工作从当前 7×24 小时提升到 $(7 \times 24 \text{ 小时})^n$。因此，企业引进财务智能机器人是不可逆转的时代潮流，企业应顺应时代的发展，结合企业的特点和生产经营管理的需求，加快引进步伐，为企业的进一步创新发展提供新动能。

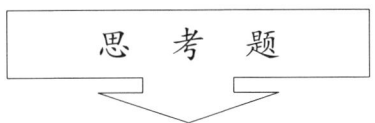

思 考 题

1. 简述成本的经济实质，理论成本和实际工作中成本开支范围的联系与区别。
2. 简述全部成本法和制造成本法的内容和特点。
3. 简述政府定价成本的内容。
4. 简述成本会计工作的环节。
5. 简述成本会计的主要任务。
6. 简述在集中工作和分散工作两种方式下，企业内部各级成本会计机构之间的组织分工。
7. 简述新信息技术（特别是人工智能技术）对会计领域的影响。

第二章
成本核算的基础工作和费用的分类

PPT

【内容提示】

本章从加强成本管理,正确计算产品成本和期间费用的角度出发,比较详细地阐述了成本核算的基础工作、制造业企业费用的分类、制造业企业进行成本核算所设置的主要会计科目及其账务处理程序等成本核算的一些基础性问题。成本核算的基础性工作是从多年来成本核算实际工作中总结出来的,因而对正确组织成本核算工作,发挥成本核算的作用具有重要的指导意义。

【目标要求】

通过本章学习,学生应:
- 理解成本核算的基础工作。
- 了解制造业企业费用的分类。
- 掌握成本核算应设置的主要会计科目。
- 培养爱岗敬业、客观公正、提高技能的会计职业道德。
- 树立诚实守信、坚持准则的服务意识。

【案例引入】

经过面试和笔试,陈本慧成功应聘红旗制造股份有限公司成本核算员岗位。到岗后,财务部经理刘聪煜指定公司资深会计汪栋财指导陈本慧开展工作,汪会计向其提供了红旗制造股份有限公司2024年7月发生的各项费用的原始凭证,具体资料叙述如下:

(1) 耗用外购主要材料250 000元、外购辅助材料80 000元、外购低值易耗品70 000元。

(2) 生产YX-1产品耗用外购主要材料150 000元、外购辅助材料50 000元、自制材料 20 000 元，生产工人工资 80 000 元。

（3）基本生产车间一般消耗外购主要材料 50 000 元、辅助材料 30 000 元、低值易耗品 70 000 元、车间设备折旧费 5 000 元、车间管理人员工资 60 000 元。

（4）厂部管理人员工资 100 000 元、厂部办公用房及其设备折旧费 55 000 元。

（5）本月公司实际发生职工福利费分别为：生产工人福利费 11 200 元，车间管理人员福利费 8 400 元，厂部管理人员福利费 14 000 元。

汪会计要求陈本慧根据公司 7 月发生的业务：

（1）计算费用要素：外购材料、折旧费、职工薪酬的金额。

（2）计算产品成本项目：直接材料、直接人工和制造费用的金额。

为了科学地进行成本管理，正确计算产品成本和期间费用，成本核算人员首先必须厘清制造业企业成本核算的基础工作、制造业企业费用的分类和进行成本核算所设置的主要会计科目及其账务处理程序等成本核算的一些基础性问题。那么制造业企业成本核算的基础工作有哪些？费用是怎样分类的？进行成本核算应设置哪些主要会计科目？其账务处理程序如何？下面我们就一一来探讨。

第一节　成本核算的基础工作

成本核算的基础工作是保证成本核算工作正常进行的前提条件。不重视基础工作，成本核算工作就不能顺利开展。为了加强成本审核、控制，正确、及时地计算产品成本和期间费用，企业应做好以下各项基础工作。

一、贯彻落实定额的制定和修订工作

产品的各项消耗定额，既是编制成本计划、考核和分析成本水平的依据，也是审核和控制成本的标准，而且在计算产品成本时，往往要用产品的原材料和工时的定额消耗量或定额费用作为分配实际费用的标准。因此，为了加强生产管理和成本管理，企业必须建立和健全定额管理制度，凡是能够制定定额的各种消耗，都应该制定先进、合理、切实可行的消耗定额，并随着生产的发展、技术的进步、劳动生产率的提高，不断修订消耗定额，以充分发挥其应有的作用。

二、正确确定财产物资的计价和价值结转的方法

制造业企业拥有的财产物资，绝大部分是生产资料，它们的价值会随着生产经营过程中的耗用，转移到产品成本和期间费用。因此，选择不同的财产物资的计价和价值结转的方法，对企业的成本和费用也会产生较大的影响。例如，选择不同的固定资产原值计算方法、

折旧计算方法就会直接影响企业计入当期成本、费用的折旧费；选择不同的发出原材料计价方法，就会直接影响企业计入当期的成本、费用等。为了正确计算成本、费用，企业对于这些财产物资的计价和价值结转的方法，如果国家有统一规定的，应采用国家统一规定的方法；如果国家没有统一规定的，企业对于这些财产物资的计价和价值结转的方法应采用既较合理又较简便的方法。

三、建立和健全存货的计量、收发、领退和盘点制度

成本核算是以价值形式来核算企业生产经营管理中的各项费用的，但价值形式的核算是以实物计量为基础的。因此，为了进行成本管理，正确地计算成本，必须建立和健全存货的计量、收发、领退和盘点制度。凡是材料物资的收发、领退，在产品、半成品的内部转移以及产成品的入库等，均应填制相应的凭证，办理审批手续，并严格进行计量和验收。库存的各种材料物资、车间的在产品和产成品均应按规定进行盘点。只有这样，才能保证账实相符，保证成本核算的正确性。

四、建立和健全原始记录制度

原始记录是反映生产经营活动的原始资料，是进行成本预测、编制成本计划、进行成本核算、分析消耗定额和成本计划执行情况的依据。因此，制造业企业对生产过程中材料的领用、动力与工时的耗费、费用的开支、废品的发生、在产品及半成品的内部转移、产品质量检验及产成品入库等，都要有真实的原始记录。成本核算人员要会同企业的计划统计、生产技术、人力资源、产品物资供销等有关部门，认真制定既符合成本核算需要，又符合各方面管理需要，既科学又简便易行，讲求实效的原始记录制度；还要组织有关职工认真做好各种原始记录的登记、传递、审核和保管工作，以便正确及时地为成本核算和其他有关方面的工作提供资料和信息。

与成本会计工作有关的原始记录的主要内容包括：

1. 产品生产方面的原始记录。如生产任务通知书、工时卡、停工通知书、废品通知单、完工产品和半成品入库单、在产品转移交接单、在产品的盘存报告单等。

2. 企业生产经营过程中材料、物资方面的原始记录。如领料单、限额领料单、领料登记簿、材料退库单等。

3. 企业生产经营过程中活劳动耗费方面的原始记录。如职工考勤记录、工时记录、停工记录、工资结算单等。

4. 企业固定资产方面的原始记录。如设备移交单、设备报废单、设备事故单等。

5. 财务会计方面的原始记录。如现金收付款凭证、转账通知单等。

五、认真执行厂内计划价格的制定和修订工作

在计划管理基础较好的企业中，为了分清企业内部各单位的经济责任，便于考核和分析企业内部各单位成本计划的完成情况和管理业绩，以及加快和简化核算工作，应对原材料、半成品、厂内各车间相互提供的劳务（如修理、运输等）制定厂内计划价格，作为企业内部结算和考核的依据。厂内计划价格要尽可能符合实际，保持相对稳定，一般在年度内不

变。在制定了厂内计划价格的企业中，各项原材料的耗用、半成品的转移，以及各车间与部门之间相互提供劳务等，都首先要按计划价格计算（这种按实际生产耗用量和计划价格计算的成本，称为计划价格成本）。月末计算产品实际成本时，再在计划价格成本的基础上，采用适当的方法计算各产品应负担的价格差异（如材料成本差异），将产品的计划价格成本调整为实际成本。这样，既可以加快和简化核算工作，又可以分清内部各单位的经济责任。

六、按照企业生产特点和管理要求选择适当的成本计算方法

产品成本是在生产过程中形成的，因产品的生产组织和生产工艺过程的不同，其所采用的产品成本计算方法也应有所不同。同时，企业计算产品成本的根本目的是加强成本管理，因而企业还应该根据管理要求的不同，选用适当的成本计算方法。因此，企业只有按照企业生产特点和管理要求，选择适当的成本计算方法，才能正确、及时地计算产品成本，为企业提供有用的成本信息。

七、做好企业成本会计信息结构的构建

随着人工智能等新信息技术在会计领域中的运用，企业在运营中会涉及材料、产品、供应商、员工等各方面的管理，这个管理过程蕴含着大量的信息数据，其中就包括相关的成本信息。例如，在汽车制造业中，要利用规范化的编码来对应每一个零部件，确保零部件的合理化使用，以此明确每个产品所包含的零部件的成本，减少原材料的浪费，降低原料成本。成本信息的区别分类是企业信息管理的基础之一，因此，企业要利用信息技术，建立成本代码信息库，对不同类别的成本信息进行编码区分，确保成本信息的条理性，避免信息杂糅的现象出现，通过5G和物联网技术，实现智能生产，成本核算数字化、智能化，促进企业成本信息化管理体系的构建。

第二节 费用的分类

制造业企业生产经营过程中发生的费用是多种多样的，为了科学地进行成本管理，正确计算产品成本和期间费用，需要对种类繁多的费用进行合理分类。费用可以按不同的标准分类，其中最基本的是按费用的经济内容和经济用途分类。

一、费用按经济内容的分类

企业的生产经营过程，也是物化劳动（劳动对象和劳动手段）和活劳动的耗费过程，因而生产经营过程中发生的费用，按其经济内容分类，可划分为劳动对象方面的费用、劳动手段方面的费用和活劳动方面的费用三大类，这三类可以称为费用的三大要素。所谓费用要素，就是费用按经济内容的分类。为了具体反映各种费用的构成和水平，还应在此基础上，将其进一步划分为以下七个费用要素。

1. 外购材料

外购材料是指企业为进行生产经营而耗用的一切从外单位购进的原料及主要材料、半成品、辅助材料、包装物、修理备用件和低值易耗品等。

2. 外购燃料

外购燃料是指企业为进行生产经营而耗用的一切从外单位购进的各种固体、液体和气体燃料。

3. 外购动力

外购动力是指企业为进行生产经营而耗用的一切从外单位购进的各种动力。

4. 职工薪酬

职工薪酬是指企业为获得职工提供的服务或解除劳动关系而给予的各种形式的报酬或补偿。职工薪酬包括短期薪酬、离职后福利、辞退福利和其他长期职工福利以及企业提供给职工配偶、子女、受赡养人、已故员工遗属及其他受益人等的福利。

5. 折旧费

折旧费是指企业按照规定的固定资产折旧方法计算提取的折旧费用。

6. 利息支出

利息支出是指企业应计入财务费用的借入款项的利息支出减利息收入后的净额。

7. 其他支出

其他支出是指不属于以上各要素但应计入产品成本或期间费用的费用支出,如差旅费、租赁费、外部加工费以及保险费等。

按照以上费用要素反映的费用,称为要素费用。将费用划分为若干要素分类核算的作用是:

(1) 可以反映企业一定时期内在生产经营中发生了哪些费用,数额各是多少,据以分析企业各个时期各种费用的构成和水平。

(2) 这种分类反映了企业生产经营中外购材料和燃料费用以及职工薪酬的实际支出,因而可以为企业核定储备资金定额、考核储备资金的周转速度,以及编制材料采购资金计划和劳动工资计划提供资料。

但是,这种分类不能说明各项费用的用途,因而不便于分析各种费用的支出是否节约、合理,不利于考核企业各部门的经济效益。

二、费用按经济用途的分类

制造业企业在生产经营中发生的费用,按其经济用途,首先可以分为计入产品成本的生产费用和直接计入当期损益的期间费用两类。这两类费用按照经济用途的分类阐述如下。

(一) 生产费用按经济用途的分类

计入产品成本的生产费用在产品生产过程中的用途也不尽相同。有的直接用于产品生产,有的间接用于产品生产。因此,为了具体反映计入产品成本的生产费用的各种用途,提供产品成本构成情况的资料,还应将其进一步划分为若干个项目,称为产品生产成本项目。产品生产成本项目,简称产品成本项目。成本项目,就是生产费用按其经济用途分类核算的项目。制造业企业一般应设置以下几个成本项目:

1. 直接材料

直接材料或称原材料，是指直接用于产品生产，构成产品实体的原料和主要材料以及有助于产品形成的辅助材料。

2. 燃料和动力

燃料和动力是指直接用于产品生产的燃料和动力。

3. 直接人工

直接人工或称生产工人薪酬，是指直接参加产品生产的工人的职工薪酬。

4. 制造费用

制造费用是指间接用于产品生产的各项费用，以及虽直接用于产品生产，但不便于直接计入产品成本，因而没有专设成本项目的费用（如机器设备的折旧费用）。包括企业生产部门（如生产车间）发生的水电费、固定资产折旧、无形资产摊销、管理人员的职工薪酬、劳动保护费、国家规定的有关环保费用、季节性和修理期间的停工损失等。

企业可根据生产特点和管理要求对上述成本项目做适当调整。对于管理上需要单独反映、考核和控制的费用，以及在产品成本中所占比重较大的费用，应专设成本项目。否则，为了简化核算，可不必专设成本项目。例如，如果废品损失在产品成本中所占比重较大，在管理上需要对其进行重点考核和控制，则应单设"废品损失"成本项目。又如，如果工艺上耗用的燃料和动力不多，为了简化核算，可将其中的工艺用燃料费用并入"直接材料"成本项目，将其中的工艺用动力费用并入"制造费用"成本项目。

将计入产品的生产费用，划分为若干成本项目，可以按照费用的用途考核各项费用定额或计划的执行情况，分析费用支出是否合理节约。因此，产品成本不仅要分产品计算，而且要分成本项目计算。

（二）期间费用按经济用途的分类

制造业企业的期间费用按照经济用途可分为销售费用、管理费用和财务费用。

1. 销售费用

销售费用是指企业销售商品和材料、提供劳务的过程中发生的各种费用，包括保险费、包装费、展览费和广告费、商品维修费、预计产品质量保证损失、运输费、装卸费等，以及为销售本企业商品而专设的销售机构（含销售网点、售后服务网点等）的职工薪酬、业务费、折旧费和与专设销售机构相关的固定资产修理费用等销售费用。

2. 管理费用

管理费用是指企业为组织和管理企业生产经营所发生的费用，包括企业在筹建期间内发生的开办费、董事会和行政管理部门在企业的经营管理中发生的或者应由企业统一负担的公司经费（包括行政管理部门职工薪酬、物料消耗、低值易耗品摊销、办公费和差旅费等）、工会经费、董事会费（包括董事会成员津贴、会议费和差旅费等）、聘请中介机构费、咨询费（含顾问费）、诉讼费、业务招待费、技术转让费、矿产资源补偿费、研究费用、排污费以及企业生产车间（部门）和行政管理部门等发生的固定资产修理费等后续支出等。

3. 财务费用

财务费用是指企业为筹集生产经营所需资金等而发生的筹资费用，包括利息支出（减利息收入)、汇兑损益以及相关的手续费、企业发生的现金折扣或收到的现金折扣等。

三、生产费用的其他分类

制造业企业的生产费用除了上述两大基本分类方法外,还有下列一些其他分类方法。

(一) 生产费用按与生产工艺的关系分类

计入产品成本的各项生产费用,按与生产工艺的关系,可以分为直接生产费用和间接生产费用。直接生产费用是指由生产工艺本身引起的、直接用于产品生产的各项费用,如原料费用、主要材料费用、生产工人工资和机器设备折旧费等。间接生产费用是指与生产工艺没有联系、间接用于产品生产的各项费用,如机物料消耗、辅助工人工资和车间厂房折旧费等。

(二) 生产费用按计入产品成本的方法分类

计入产品成本的各项生产费用,按计入产品成本的方法,可以分为直接计入费用(一般称为直接费用)和间接计入(或称分配计入)费用(一般称为间接费用)。直接计入费用是指可以分清哪种产品所耗用、可以直接计入某种产品成本的费用。间接计入费用,是指不能分清哪种产品所耗用、不能直接计入某种产品成本,而必须按照一定标准分配计入有关的各种产品成本的费用。

生产费用按与生产工艺的关系分类和按计入产品成本的方法分类之间既有区别又有联系。它们的联系表现在:直接生产费用在多数情况下是直接计入费用,例如原料费用、主要材料费用大多能够直接计入某种产品成本;间接生产费用在多数情况下是间接计入费用,例如机物料消耗大多需要按照一定标准分配计入有关的各种产品成本。但它们毕竟是对生产费用的两种不同分类,直接生产费用与直接计入费用、间接生产费用与间接计入费用不能等同。例如,在只生产一种产品的企业(或车间)中,直接生产费用和间接生产费用都可以直接计入该种产品的成本,因而均属于直接计入费用;又如,在用同一种原材料,同时生产出几种产品的联产品生产企业(或车间)中,直接生产费用和间接生产费用都需要按照一定标准分配计入有关的各种产品成本,因而均属于间接计入费用。

此外,生产费用还有其他的分类方法,如费用按与产量的关系可分为变动费用(变动成本)和固定费用(固定成本)。对此,我们将在第五章第四节中详细讲解。

四、费用要素与成本项目的关系

企业在生产经营中所发生的费用按照经济内容,可以分为若干费用要素,按费用要素反映的费用,称为要素费用;计入产品成本的生产费用按照不同的经济用途,可以分为若干个成本项目,经对象化计算,并按照成本项目反映的生产费用,称为产品成本。要素费用的发生额是构成产品成本的基础。要素费用与按成本项目反映的生产费用之间的区别是:

(1) 要素费用包括企业生产经营中发生的全部费用;产品成本只包括计入产品成本的生产费用。

(2) 有些要素费用与成本项目在名称上相似,但反映的具体内容不同。

(3) 要素费用只反映当期发生的费用;而产品成本可能包括几个时期的生产费用。

第三节 成本核算科目的设置

为了归集企业生产经营过程中发生的各种耗费，控制各项费用的支出，核算产品成本，制造业企业一般应设置"基本生产成本""辅助生产成本""制造费用""销售费用""管理费用""财务费用""长期待摊费用""预提费用"等科目。如果需要单独核算废品损失，还应设置"废品损失"科目。上述科目的结构阐述如下。

一、"基本生产成本"科目

基本生产是指为完成企业主要生产目的而进行的商品产品生产。为了归集基本生产所发生的各种生产费用，计算基本生产产品成本，应设置"基本生产成本"科目。该科目借方登记企业为进行基本生产而发生的各种费用；贷方登记转出的完工入库的产品成本；余额在借方，表示基本生产的在产品成本，即基本生产在产品占用的资金。"基本生产成本"科目应按产品品种或产品批别、产品生产步骤等成本核算对象设置产品成本明细分类账（或称基本生产明细账、产品成本核算单），账内按产品成本项目分设专栏或专行。其格式举例详见表2-1、表2-2。

表2-1　　　　　　　　　　产品成本明细账　　　　　　　　　　单位：元

车间：第一车间　　　　　　　　　　　　　　　　　　　　　　产品：甲产品

月	日	摘要	产量（件）	成本项目			成本合计
				直接材料	直接人工	制造费用	
4	30	本月生产费用		30 000	6 000	9 000	45 000
4	30	本月完工产品成本	1 000	30 000	6 000	9 000	45 000
4	30	完工产品单位成本		30	6	9	45

表2-2　　　　　　　　　　产品成本明细账　　　　　　　　　　单位：元

车间：第一车间　　　　　　　　　　　　　　　　　　　　　　产品：乙产品

月	日	摘要	产量（件）	成本项目			成本合计
				直接材料	直接人工	制造费用	
3	31	在产品费用		7 500	3 000	4 500	15 000
4	30	本月生产费用		37 500	14 500	22 000	74 000
4	30	生产费用合计		45 000	17 500	26 500	89 000
4	30	本月完工产品成本	1 000	36 000	13 650	20 670	70 320
4	30	完工产品单位成本		36	13.65	20.67	70.32
4	30	在产品费用		9 000	3 850	5 830	18 680

如果企业生产的产品品种较多,为了按照产品成本项目(或者既按车间又按成本项目)汇总反映全部产品总成本,还可以设置"基本生产成本二级账"。"基本生产成本二级账"的格式详见表 2-3。

表 2-3　　　　　　　　　　　　　基本生产成本二级账

车间:第一车间　　　　　　　　　　　　　　　　　　　　　　　　　　　　单位:元

月	日	摘　要	成本项目			成本合计
			直接材料	直接人工	制造费用	
3	31	在产品费用	7 500	3 000	4 500	15 000
4	30	本月生产费用	67 500	20 500	31 000	119 000
4	30	生产费用合计	75 000	23 500	35 500	134 000
4	30	本月完工产品成本	66 000	19 650	29 670	115 320
4	30	在产品费用	9 000	3 850	5 830	18 680

二、"辅助生产成本"科目

辅助生产是指为基本生产和经营管理服务而进行的产品生产和劳务供应。辅助生产所提供的产品和劳务,有时也对外销售,但这不是它的主要目的。为了归集辅助生产所发生的各种生产费用,计算辅助生产所提供的产品和劳务的成本,应设置"辅助生产成本"科目。该科目的借方登记为进行辅助生产而发生的各种费用;贷方登记完工入库产品的成本或分配转出的劳务成本;余额在借方,表示辅助生产在产品的成本,即辅助生产在产品占用的资金。"辅助生产成本"科目应按辅助生产车间和生产的产品、劳务分设明细分类账,账中按辅助生产的成本项目或费用项目分设专栏或专行,进行明细登记。

三、"制造费用"科目

为了归集与分配车间(或分厂)为生产产品和提供劳务而发生的各项间接费用,反映制造费用计划的执行情况,核算中应设立"制造费用"科目。该科目的借方登记实际发生的制造费用;贷方登记分配转出的制造费用;除季节性生产企业外,该科目月末应无余额。"制造费用"科目,应按车间、部门设置明细分类账,账内按费用项目设立专栏进行明细登记。

四、"废品损失"科目

需要单独核算废品损失的企业,应设置"废品损失"科目。该科目的借方登记不可修复废品的生产成本和可修废品的修复费用;贷方登记废品残料回收的价值、应收的赔款以及转出的废品净损失;该科目月末应无余额。"废品损失"科目应按车间设置明细分类账,账内按产品品种分设专户,并按成本项目设置专栏或专行进行明细登记。

五、"销售费用"科目

为了核算企业在销售商品和材料、提供劳务的过程中发生的各种费用,反映销售费用计划的执行情况，核算中应设立"销售费用"科目。该科目的借方登记实际发生的各项销售费用；贷方登记期末转入"本年利润"科目的销售费用；期末结转后该科目应无余额。"销售费用"科目的明细分类账，应按费用项目设置专栏，进行明细登记。

六、"管理费用"科目

为了核算企业为组织和管理企业生产经营所发生的管理费用，反映管理费用计划的执行情况，核算中应设立"管理费用"科目。该科目的借方登记发生的各项管理费用；贷方登记期末转入"本年利润"科目的管理费用；期末结转后该科目应无余额。"管理费用"科目的明细分类账，应按费用项目设置专栏，进行明细登记。

七、"财务费用"科目

为了核算企业为筹集生产经营所需资金而发生的各项费用，应设置"财务费用"科目。该科目的借方登记发生的各项财务费用；贷方登记应冲减财务费用的利息收入、汇兑收益以及期末转入"本年利润"科目的财务费用；期末结转后该科目应无余额。"财务费用"科目的明细分类账，应按费用项目设置专栏，进行明细登记。

八、"长期待摊费用"科目

为了核算企业已经支付，但应由本期和以后各期成本共同负担、分摊期在一年以上的各项长期预付费用，应设置"长期待摊费用"科目。该科目的借方登记实际支付的各项长期预付费用；贷方登记分期摊销的长期预付费用；该科目的余额在借方，表示已经支付但尚未摊销的长期预付费用。"长期待摊费用"科目应按费用种类设置明细分类账，进行明细核算。

九、"预提费用"科目

为了核算企业按照规定应计入本月产品成本和期间费用，但尚未支付的费用，应设立"预提费用"科目。该科目的贷方登记预先计入产品成本和期间费用的预提费用；借方登记实际支付的费用；在预提期末，应对"预提费用"科目进行调整，实际支出大于预提数的差额应予以补提，实际支出小于预提的差额应予以红字冲销；预提期末"预提费用"科目应没有余额。"预提费用"科目应按费用项目设置明细账，进行明细核算。

结合本节所讲述的内容和成本核算设置的主要会计科目，下面以图2-1列示成本核算账务处理的基本程序。通过这一图示，可以对成本核算的账务处理有一个概括的了解，也可以从账务处理的角度进一步理解成本核算的一般程序。

需要注意的是，只要企业在不违反会计准则中的确认、计量和报告规定的前提下，可以根据本单位的实际情况自行增设、分拆、合并会计科目。企业不存在的交易或者事项，可不设置相关的会计科目。

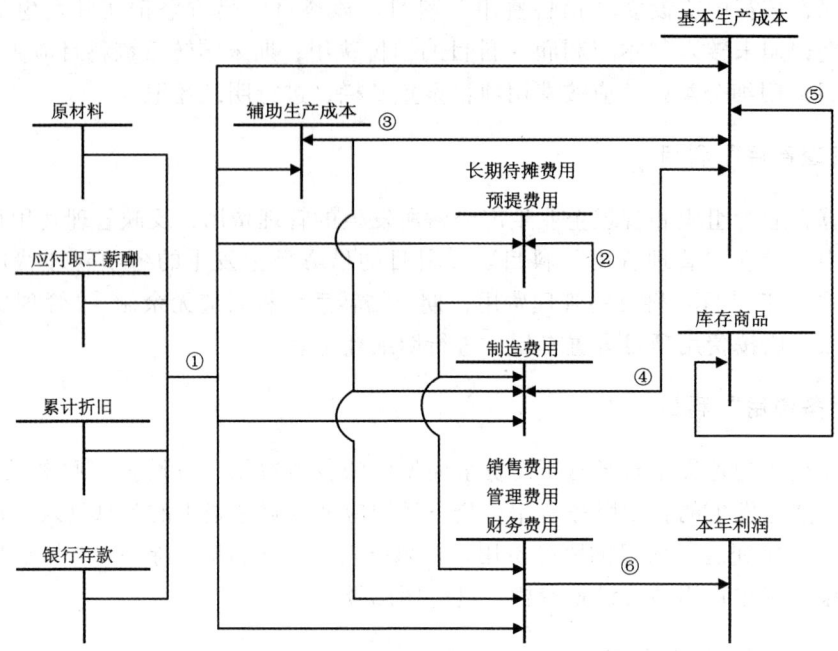

图 2-1 成本核算账务处理基本程序图

说明：①各项要素费用的分配；②摊销长期预付费用、提取预提费用；③分配辅助生产费用；④分配制造费用；⑤结转完工产品成本；⑥结转各项期间费用。

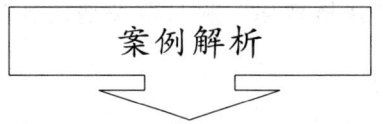

通过本章的学习，陈本慧对汪会计提出的问题回答如下。

（1）费用要素计算如下：

外购材料 = 250 000 + 80 000 + 70 000 = 400 000（元）

折旧费 = 5 000 + 55 000 = 60 000（元）

职工薪酬 = (80 000 + 60 000 + 100 000) + (11200 + 8400 + 14000) = 273600（元）

（2）产品成本项目计算如下：

直接材料 = 150 000 + 50 000 + 20 000 = 220 000（元）

直接人工 = 80 000 + 11200 = 91200（元）

制造费用 = 50 000 + 30 000 + 70 000 + 5 000 + 60 000 + 8400 = 223400（元）

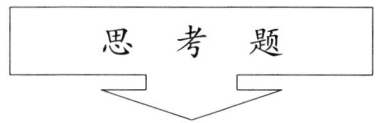

1. 为了加强成本审核、控制，正确、及时地计算产品成本和期间费用，企业应做好哪些基础工作？
2. 简述费用按经济内容和按经济用途分类的内容及意义。
3. 简述费用其他分类的内容。
4. 进行成本核算需要设置哪些会计科目？

第三章
成本核算的一般程序和生产费用的归集与分配

PPT

【内容提示】

本章阐述了各种费用的横向归集与分配（即在各种产品及期间费用之间的归集与分配）和各种费用的纵向归集与分配（即在完工产品与在产品之间的归集与分配）共同构成制造业企业成本核算的基本程序和基本原理，是成本核算中最基本的内容。因而，学习时必须深入理解、切实把握。

【目标要求】

通过本项目学习，学生应：
- 了解工业企业的生产特点和进行成本管理的要求对确定产品成本计算对象的影响。
- 理解正确划分各种费用界限的重要性。
- 理解和掌握费用在各种产品和期间费用之间的归集与分配。
- 了解在产品数量核算的重要性。
- 理解和掌握如何根据工业企业具体条件选择完工产品与月末在产品之间分配费用的方法。
- 培养爱岗敬业、客观公正、提高技能、参与管理的会计职业道德和基本的会计记录和计算能力。
- 树立在合法的前提下为企业服务的思想，利用大数据让成本数据"说话"，当好单位的"管家"和"参谋"。

【案例引入】

在汪会计的精心指导下，陈本慧渐渐地熟悉了红旗制造股份有限公司的成本核算工作。转眼间 2 个月就过去了。2024 年 9 月，公司决定派汪会计到公司新收购的控股子公司勤友精密智造有限责任公司担任财务负责人,陈本慧担任成本会计。

勤友精密智造有限责任公司设有一个基本生产车间和两个辅助生产车间(供汽车间和机修车间),基本生产车间本月开始量产新研制的QY01、QY02两种产品,两个辅助生产车间分别供汽和提供修理劳务,辅助生产车间发生的制造费用直接计入辅助生产成本。2024年9月初分别投产QY01产品250件,QY02产品500件,无月初在产品,月末全部完工。本月部分相关资料如下:

(1) QY01、QY02两种产品共同耗用原材料500千克,每千克240元,QY01、QY02产品单位消耗定额分别为0.3千克、0.25千克,车间一般耗用材料5 000元。

(2) 本月共发生应付工资70 000元,其中QY01、QY02产品共同发生52 000元,车间管理人员工资8 000元,企业行政人员工资4 000元,专设销售机构人员工资6 000元。QY01产品单位实际工时2.5小时,QY02产品单位实际工时2小时,该公司本月实际发生的职工福利费为:生产QY01产品的工人应付福利费2 800元;生产QY02产品的工人应付福利费4 480元;车间管理人员应付福利费1 120元;行政管理人员应付福利费560元;专设销售机构人员福利费840元。

(3) 基本生产车间本月计提固定资产折旧费3 200元,行政办公设备计提折旧费1 000元。

(4) 供汽车间和机修车间发生的实际费用总额分别为46 000元和26 000元,服务的对象和耗用劳务量分别为:机修车间用汽2 000m³,基本生产车间用汽20 000m³,行政管理部门用汽1 000m³;供汽车间修理用工时125小时,基本生产车间修理用工时1 500小时。

面对勤友精密智造有限责任公司9月份生产QY01、QY02两种产品的经济业务,陈本慧不知从何下手进行成本核算,因此向师傅汪会计求助,师傅一边强调陈本慧要加强学习,一边指导陈本慧按下列程序进行成本核算:

(1) 按原材料定额消耗量比例分配材料费用,填写材料费用分配表(见表3-1),并填制记账凭证(用编制会计分录替代,下同)。

表3-1 材料费用分配表

2024年9月 单位:元

应借科目	直接计入金额	分配计入		材料费用合计
		定额消耗量(千克)	分配金额(分配率____)	
基本生产成本——QY01产品 ——QY02产品				
制造费用				
合 计				

(2) 按QY01产品、QY02产品的生产工时比例分配直接人工费用,并填制记账凭证。填写表3-2和表3-3。

表 3-2　　　　　　　　　　　　　工资费用分配表

2024 年 9 月　　　　　　　　　　　　　　　　　　　　　　　单位：元

应借科目		成本或费用项目	直接计入	分配计入			工资费用合计
				生产工时（小时）	分配率	分配金额	
基本生产成本	QY01 产品	直接人工					
	QY02 产品	直接人工					
	小　计						
制造费用		职工薪酬					
管理费用		职工薪酬					
销售费用		职工薪酬					
合　计							

表 3-3　　　　　　　　　　　　　职工福利费分配表

2024 年 9 月　　　　　　　　　　　　　　　　　　　　　　　单位：元

应借科目		成本或费用项目	职工福利费
基本生产成本	QY01 产品	直接人工	
	QY02 产品	直接人工	
	小　计		
制造费用		职工薪酬	
管理费用		职工薪酬	
销售费用		职工薪酬	
合　计			

（3）根据折旧费用分配表（见表 3-4），填制计提固定资产折旧的记账凭证。

表 3-4　　　　　　　　　　　　　折旧费用分配表

2024 年 9 月　　　　　　　　　　　　　　　　　　　　　　　单位：元

项目	基本生产车间	行政管理部门	合计
折旧费	3 200	1 000	4 200

（4）采用交互分配法分配辅助生产费用，填制记账凭证，并完成辅助生产费用分配表（见表 3-5）。

表 3-5　　　　　　　　　　　　　辅助生产费用分配表

2024 年 9 月　　　　　　　　　　　　　　　　　　　　　　　金额单位：元

项目	交互分配			对外分配		
辅助生产车间名称	供汽	机修	合计	供汽	机修	合计
待分配的费用						
劳务供应数量						

续表

项目			交互分配			对外分配		
辅助生产车间名称			供汽	机修	合计	供汽	机修	合计
费用分配率								
辅助生产成本	供汽车间	数量						
		金额						
	机修车间	数量						
		金额						
	金额小计							
制造费用	基本生产车间	数量						
		金额						
管理费用		数量						
		金额						
对外分配金额合计								

（5）按生产工人的工资比例分配制造费用，填制记账凭证，并完成制造费用分配表（见表3-6）。

表3-6　　　　　　　　　　　　制造费用分配表　　　　　　　　　　　　单位：元

产品名称	分配标准	分配率	分配金额
QY01			
QY02			
合　计			

（6）登记基本生产成本明细账（见表3-7、表3-8），并填制记账凭证。

表3-7　　　　　　　　　　　　基本生产成本明细账

产品名称：QY01产品
投产数量：250件　　　　　　　　　　　　　　　　　　　　　　　　　　单位：元

2024年		凭证号数	摘　要	成本项目			合计
月	日			直接材料	直接人工	制造费用	
9	略	略	原材料费用分配				
	略	略	工资福利费分配				
	略	略	制造费用分配				
9	30		完工产品成本	总成本			
				单位成本			

表 3-8　　　　　　　　　　　　基本生产成本明细账

产品名称：QY02 产品
投产数量：500 件　　　　　　　　　　　　　　　　　　　　　　　　　　　　　　　　单位：元

2024 年		凭证号数	摘　要		成本项目			合　计
月	日				直接材料	直接人工	制造费用	
9	略	略	原材料费用分配					
	略	略	工资福利费分配					
	略	略	制造费用分配					
9	30		完工产品成本	总成本				
				单位成本				

本章以制造业企业为例，阐述与成本核算直接相关的、具体的成本核算程序和方法，这些成本核算程序和方法适用于所有的制造业企业，因此，统称为成本核算的基本原理。本章第一节概括阐述成本核算的一般程序，从第二节开始按照成本核算的一般程序具体阐述各种费用的横向归集与分配（即在各种产品及期间费用之间的归集与分配）和各种费用的纵向归集与分配（即在完工产品与在产品之间的归集与分配）共同构成制造业企业成本核算的一般程序和基本原理。现在就让我们揭开制造业企业成本核算的一般程序和基本原理神而不秘的面纱。

第一节　成本核算的一般程序

成本核算的一般程序是指对企业生产经营过程中发生的各项费用，按照成本核算的要求，逐步进行归集与分配，计算出各种产品的成本和各项期间费用的基本过程。成本核算的一般程序可以概括为两步：第一步，根据生产特点和成本管理要求，确定成本计算对象和成本计算方法；第二步，正确划分各种费用的界限，计算企业产品实际成本和企业损益。

一、确定成本计算对象

所谓成本计算对象，就是生产费用归属的对象，通俗地讲就是计算什么的成本。为了进行决策，企业管理者需要知道企业进行各种活动的成本，这些活动就是成本计算对象。成本计算对象可以是一种产品、一项服务、一项作业或者是一项设计。具体到工业产品生产，根据管理的需要，可以是产品的品种，也可以是产品的批别或者是产品的生产步骤。

确定成本计算对象与各个企业的生产工艺过程特点、生产组织特点以及与之相联系的管理要求密切相关。也就是说，生产特点和管理要求对成本计算的影响主要表现在成本计算对象的确定上。

关于成本计算对象，美国查尔斯·T. 亨格瑞在《成本会计》第八版（上）作了如下定义并解释:"为了指导决策,管理者需要知道某些事件的成本,我们便将此事件称为成本对象,并将它定义为需要对成本进行单独测定的任何活动。成本对象可能是一件产品、一项服务、一项设计、一个客户、一类商标、一项作业、一个部门或是一个工作计划等。"成本计算对象的确定,是设置产品成本明细账,归集生产费用,计算产品成本的前提,也是构成成本计算方法和区分各种成本计算基本方法的主要标志。

(一) 生产工艺过程特点和管理要求对产品成本计算的影响

制造业企业的生产,按其工艺过程的特点,可以分为单步骤生产和多步骤生产两种类型。

(1) 单步骤生产。单步骤是指生产工艺过程不能间断、不可能或不需要划分为几个生产步骤的生产,如发电、采掘等工业生产。这类生产由于技术上的不可间断(例如发电),或由于工作地点上的限制(例如采煤),通常只能由一个企业整体进行,而不能由几个企业协作进行。

(2) 多步骤生产。多步骤是指生产工艺过程由若干个可以间断的、分散在不同地点、分别在不同时间进行的生产步骤所组成的生产,如纺织、钢铁、机械等工业生产。

从产品生产工艺过程看,单步骤生产的工艺过程不能间断,因而不可能、也不需要按照生产步骤计算产品成本,只能按照生产产品的品种计算成本。而在多步骤生产中,为了加强各个生产步骤的成本管理,往往不仅要求按照产品的品种或批别计算成本,还要求按照产品的生产步骤计算成本。但是,如果企业的规模较小,管理上不要求按照生产步骤考核生产费用和计算产品成本,也可以不按照生产步骤计算成本,而只按照产品品种或批别计算成本。

(二) 生产组织特点和管理要求对产品成本计算的影响

制造业企业的生产,按其生产组织特点,可以分为大量生产、成批生产和单件生产三种类型。

(1) 大量生产,是指不断地重复生产相同产品的生产。在这种生产的企业或车间中,产品的品种较少,而且比较稳定。例如采掘、纺织、面粉、化肥的生产等。

(2) 成批生产,是指按照事先规定的产品批别和数量进行的生产。在这种生产的企业或车间中,产品的品种较多,而且具有一定的重复性。如服装、机械的生产。成批生产按照产品批量的大小,又可以分为大批生产和小批生产。大批生产,由于产品批量大,往往在几个月内不断地重复生产一种或几种产品,因而性质近于大量生产;小批生产,由于生产产品的批量小,一批产品一般可以同时完工,因而其性质近于单件生产。

(3) 单件生产,类似小批生产,是指根据订货单位的要求,生产个别的、性质特殊的产品。例如重型机器制造和船舶制造等。在这种生产的企业或车间中,产品的品种多,而且很少重复。

从产品生产组织特点看,在大量生产情况下,一种或若干种产品连续不断地重复生产,一方面,同样的原材料不断投入;另一方面,相同的产品不断产出,因而管理上只要求,而且也只能按照产品的品种计算成本。大批生产往往集中投料,生产一批零、部件供几批产品耗用,耗用量较多的零、部件,也可以另行分批生产。在这种情况下,零、部件生产的批别与产品生产的批别往往是不一致的,因而也就不能按照产品的批别计算成本,而只能按照产品的品种计算成本。小批、单件生产,由于其生产的产品批量小,一批产品一般可以同时完工,因而有可能按照产品的批别或件别,归集生产费用,计算产品成本。从管理要求看,为了考核和分析各批产品成本水平,也要求按照产品批别或件别计算成本。

综上所述,在产品成本计算工作中有着三种不同的成本计算对象:①以产品品种为成本计算对象;②以产品批别为成本计算对象;③以产品生产步骤为成本计算对象。

成本计算对象的确定,是设置产品成本明细账,归集生产费用,计算产品成本的前提,也是确定成本计算方法的主要标志。

二、正确划分各种费用的界限

为了正确地核算生产费用和期间费用、计算产品实际成本和企业损益,必须正确划分以下几个方面的费用界限。

(一) 正确划分应否计入产品成本和期间费用 (简称成本、费用) 的费用界限

制造业企业的经济活动是多方面的,除了生产经营活动以外,还有其他方面的经济活动,因而费用的用途也是多方面的,并非都计入产品成本。例如,企业用于产品生产的费用应计入产品成本,用于产品销售、用于组织和管理生产经营和为筹集生产经营资金而发生的费用,应作为期间费用分别列支于销售费用、管理费用和财务费用。而企业购建固定资产的支出,应计入固定资产的造价,固定资产的盘亏和毁损、固定资产报废清理净损失应计入营业外支出。对于哪些费用应计入产品成本和期间费用,哪些不应计入,国家都有规定,这种规定叫作成本开支范围,是企业必须严格执行的重要财经制度和财经纪律。人为地乱计或少计成本、费用,不仅是破坏国家财经纪律的违法行为,而且会造成成本、费用数字不实,从而不利于企业的经营管理。

(二) 正确划分各个月份的费用界限

为了按月考核和分析产品成本和期间费用计划的完成情况,每个企业都必须按月结算费用,计算产品成本和期间费用。为此,还应将计入产品成本和期间费用的费用,划分为应由本月负担的和应由以后各月份负担的成本和费用。应由本月产品成本和期间费用负担的,应该计入本月产品成本和本月期间费用;本月发生,应由以后各月产品成本和期间费用负担的,应记作预付费用,一次或分配计入以后各月份产品成本和期间费用;本月虽然尚未发生,但应由本月产品成本和期间费用负担的,应作为预提费用,预先估计计入本月产品成本和期间费用。也就是说,严格按照权责发生制的要求,正确划分各个月份的费用界限;防止利用预付和预提的方法,人为地调剂各月费用的错误做法。

(三) 正确划分各种产品的费用界限

在生产多种产品的企业,为了考核和分析各种产品成本计划的完成情况,必须分别计算各种产品的成本。为此,应由本月产品成本负担的生产费用,还必须在各种产品之间进行划分。凡能分清应由某种产品负担的费用,应直接计入这种产品成本;分不清应由哪种产品负担的费用,即各种产品共同负担的费用,则应采用既较合理又较简便的方法,分配计入各种

产品成本。在划分各种产品费用界限时，特别要注意划清盈利产品与亏损产品、可比产品与不可比产品之间的费用界限。要防止在这些产品之间人为地增减费用，借以掩盖成本超支，或以盈补亏、弄虚作假的错误做法。

（四）正确划分完工产品和在产品的费用界限

月末，将各项生产费用计入各种产品之后，如果该种产品已全部完工，那么，计入这种产品的生产费用就是该种产品的完工产品成本。如果该种产品全部未完工，那么，计入这种产品的生产费用就是该种产品的在产品成本。如果该种产品既有完工产品又有未完工的在产品，那么，计入这种产品的生产费用，还应当采用适当的分配方法，在完工产品与月末在产品之间进行分配，以便计算完工产品成本和月末在产品成本。要防止人为地调节完工产品成本和在产品成本的错误做法。

以上四个方面费用界限的划分，都应贯彻受益原则，即何者受益何者负担费用；何时受益何时负担费用；负担费用多少应与受益程度大小成正比。这四个方面是费用界限的划分过程，也是产品成本的计算过程。费用划分的是否正确，直接影响产品成本计算的准确性。检查和评价成本计算工作是否合理、正确，也是主要看上述四个方面的费用界限划分得是否合理、正确。

三、合理遵循成本分配的原则

成本分配作为一个基本的会计概念，在会计实务中已经得到了广泛应用。美国查尔斯·T. 亨格瑞在《成本会计》第八版（上）对成本分配作了如下定义并解释："成本分配是把一项成本或者一组成本分配和再分配给一个或几个成本目标"。会计实务中，成本分配应遵循下列原则：

1. 受益性原则

成本分配的受益性原则可以概括为两句话，即谁受益、谁负担；负担多少，视受益程度而定。这一原则，要求选用的分配标准能够反映受益者的受益程度。

2. 及时性原则

及时性原则是指要及时将各项成本费用分配给受益对象，不应将本应在上期或下期分配的成本费用分配给本期。不及时分配成本费用必然会影响成本的及时计算和计算结果的准确性，也必然会影响成本信息的质量，造成经济决策的失误。

3. 成本效益性原则

成本分配要讲究成本效益比，即成本分配本身也是有成本的，而成本分配所带来的效益要远大于成本分配的成本才行。当然这种成本效益比不太容易计算，这就要求我们在进行成本分配工作时注意适度，不要将大量的时间和精力放在一些意义不大的数据收集和计算上，同时要注意成本分配能带来何种效果。

4. 基础性原则

成本分配要以完整的、准确的原始记录为依据，不能凭主观臆断乱分配，更不能故意搞乱成本分配秩序，制造虚假成本信息。如果各项基础工作做不好，必然使成本分配工作陷入被动局面。

5. 管理性原则

成本分配要有利于企事业单位加强成本管理。成本是一个综合性指标，既可以用它进行经济预测和决策，又可以用它编制成本计划，考核各部门的业绩，因此提高成本分配的科学性，对提高成本管理水平是极为有利的。

6. 多元性原则

成本分配的目的和分配标准是多元的，成本分配方法也是多样化的。因此在进行成本分配时，要灵活地加以应用，不能固定不变地采用一个分配标准、一种分配方法。成本分配只有遵循多元性原则，才能逐步科学化，才能更好地发挥其应有的作用。

第二节　要素费用的归集与分配

要素费用的归集，是指按照要素费用的性质和用途以及费用发生的地点或受益对象进行归集。要素费用的分配就是将各种要素费用的发生额合理地分配给各个成本计算对象。

一、要素费用的归集与分配概述

如前所述，为了归集生产费用和计算产品成本，应设置产品成本明细账（产品成本计算单），账内按成本项目设专栏或专行。在费用发生时，对于直接用于产品生产（指基本生产的产品，下同）并专设成本项目的直接生产费用，例如构成产品实体的原材料费用、工艺用燃料或动力费用，应直接记入"基本生产成本"总账科目。如果是某一种产品的直接记入费用，还应直接记入该种产品成本明细账的"直接材料"或"燃料和动力"成本项目；如果是几种产品共同耗用的间接计入费用，则应采用适当的分配方法分配，然后分别记入各项产品成本明细账的"直接材料"或"燃料和动力"成本项目。

这里所说的适当的分配方法，是指分配所依据的标准与分配对象有较密切的联系，使分配结果比较合理，而且分配标准的资料比较容易取得。分配间接计入费用的标准主要有：

（1）成果类，如产品的重量、体积、产量、产值等。

（2）消耗类，如生产工时、生产工资、机器工时、原材料消耗量或原材料费用等。

（3）定额类，如定额消耗量、定额费用等。

分配时，应先计算费用分配率，然后据此在各分配对象之间进行分配，计算公式如下：

$$费用分配率 = \frac{待分配费用总额}{分配费用总额}$$

某分配对象应分配的费用 = 该对象的分配标准额 × 费用分配率

直接用于辅助生产的费用，以及用于基本生产和辅助生产但没有专设成本项目的各项费用，如折旧费、修理费等，应该分别记入"辅助生产成本"和"制造费用"总账科目及所属明细账有关项目进行归集，然后将用于基本生产产品的辅助生产费用和制造费用，通过一定的账务处理程序，转入"基本生产成本"总账科目和有关的产品成本明细账的成本项目。

这样，在"基本生产成本"总账科目和所属各种产品成本明细账的各成本项目，归集了本月份应由基本生产各种产品负担的费用；再加上月初在产品费用，并将其在完工产品与月末在产品之间进行分配，即可计算出完工产品和月末在产品成本。

在生产经营过程中发生的用于产品销售的费用、行政部门为组织和管理生产经营所发生的费用，以及为筹集生产经营所需资金等而发生的费用等各项期间费用，则不计入产品成本，而应分别记入"销售费用""管理费用""财务费用"总账科目及其所属明细账，然后转入"本年利润"科目，冲减当期损益。

对于购建固定资产、购买无形资产等资本性支出，不计入产品成本和期间费用，而应记入"在建工程""无形资产"等科目。

各项要素费用的分配，是通过编制各种费用分配表进行的，根据分配表编制会计分录，据以登记各种成本、费用总账科目及其所属明细账。

二、材料费用的归集与分配

企业生产经营过程中领用的各种材料，无论是外购材料还是自制材料，都要根据审核后的领、退料凭证，按照材料的用途分配材料费用，分别计入各种产品成本、期间费用和在建工程等。

（一）原材料费用的归集与分配

用于生产产品构成产品实体的原材料，在产品成本中一般占有较大的比重，按照重要性原则，规定有单独的成本项目，通常是按照产品品种（或成本计算对象）分别领用，例如纺织生产用的原棉、机械生产用的钢材等，属于直接计入费用，可以直接记入各种产品成本的"直接材料"成本项目；对于不能按照产品品种（或成本计算对象）分别领用，而是几种产品共同耗用的原料及主要材料，如化工生产的多种产品所耗用的原材料费用，属于间接计入费用，则应采用既合理又简便的分配方法，在各种产品之间进行分配，再记入各种产品成本的"直接材料"成本项目。

原材料费用的分配标准很多，可以按照产品的重量、体积分配，在材料消耗定额比较准确的情况下，原材料费用可以按照产品的材料定额消耗量的比例或材料定额费用的比例分配。

1. 按原材料定额消耗量比例分配原材料费用

计算分配程序是：①计算各种产品原材料定额消耗量；②计算单位原材料定额消耗量应分配原材料实际消耗量（即原材料消耗量分配率）；③计算出各种产品应分配的原材料实际消耗量；④计算出各种产品应分配的原材料实际费用。计算公式如下：

某种产品原材料定额消耗量 = 该种产品实际产量 × 单位产品原材料定额消耗量

$$原材料消耗量分配率 = \frac{原材料实际消耗总量}{各种产品原材料定额消耗量之和}$$

某产品应分配的原材料实际消耗量 = 该种产品的原材料定额消耗量 × 原材料消耗量分配率

某种产品应分配的实际原材料费用 = 该种产品应分配的原材料实际消耗量 × 材料单价

【例3-1】红旗制造股份有限公司生产JIA-11和YII-12两种产品,共同耗用原料3 000千克,每千克2.8元,共计8 400元。生产JIA-11产品1 200件,单件JIA-11产品原料消耗定额为1.5千克;生产YII-12产品800件,单件YII-12产品原料消耗定额为0.75千克。原料费用分配计算如下:

(1) JIA-11产品原料定额消耗量 = 1 200 × 1.5 = 1 800(千克)
YII-12产品原料定额消耗量 = 800 × 0.75 = 600(千克)

(2) 原料消耗量分配率 = $\dfrac{3\,000}{1\,800+600}$ = 1.25

(3) JIA-11产品应分配原料数量 = 1 800 × 1.25 = 2 250(千克)
YII-12产品应分配原料数量 = 600 × 1.25 = 750(千克)

(4) JIA-11产品应分配原料费用 = 2 250 × 2.8 = 6 300(元)
YII-12产品应分配原料费用 = 750 × 2.8 = 2 100(元)

这种分配,可以考核原材料消耗定额的执行情况,有利于加强原材料消耗的实物管理,但是分配计算的工作量较大。为简化分配计算工作,企业也可以按原材料定额消耗量或按原材料定额费用比例分配原材料费用。

2. 按原材料定额消耗量比例直接分配原材料费用

分配计算程序是:①计算各种产品原材料定额消耗量;②计算单位原材料定额消耗量应分配原材料费用(即原材料消耗的费用分配率);③计算各种产品应分配的实际原材料费用。

【例3-2】承用【例3-1】的资料,原材料费用分配计算如下:

(1) 原料费用分配率 = $\dfrac{\text{原料实际费用总额}}{\text{各种产品原料定额消耗量之和}}$

= $\dfrac{8\,400}{1\,800+600}$ = 3.5

(2) JIA-11产品应分配原料费用 = 1 800 × 3.5 = 6 300(元)
YII-12产品应分配原料费用 = 600 × 3.5 = 2 100(元)

上述两种分配方法计算结果相同。但第二种分配方法不能提供各种产品原料实际消耗量资料,不利于加强原材料消耗的实物管理。

3. 按原材料定额费用比例分配原材料费用

在生产多种产品或各种产品共同耗用多种原材料费用的情况下,可以按各种产品所耗各种原材料定额费用的比例分配原材料实际费用。计算分配程序是:①计算各种产品原材料定额费用;②计算单位原材料定额费用应分配原材料实际费用(即原材料费用分配率);③计算出各种产品应分配的原材料实际费用。计算公式如下:

某种产品原材料定额费用 = 该种产品实际产量 × 单位产品原材料费用定额

原材料费用分配率 = $\dfrac{\text{各种产品原材料实际费用总额}}{\text{各种产品原材料定额费用总额}}$

某种产品应分配的实际原材料费用 = 该种产品原材料定额费用 × 原材料费用分配率

【例3-3】红旗制造股份有限公司生产JIA-11、YII-12两种产品,共同领用A、B两种主要材料,共计75 240元。本月投产JIA-11产品150件,YII-12产品120件。JIA-11

产品材料消耗定额：A 材料 6 千克，B 材料 8 千克；YⅡ-12 产品材料消耗定额：A 材料 9 千克，B 材料 5 千克。A 材料单价 20 元，B 材料单价 16 元。分配计算如下：

（1）JIA-11、YⅡ-12 产品材料定额费用。

JIA-11 产品：A 材料定额费用 = 150 × 6 × 20 = 18 000（元）
B 材料定额费用 = 150 × 8 × 16 = 19 200（元）

JIA-11 产品材料定额费用合计　　　　　　37 200（元）

YⅡ-12 产品：A 材料定额费用 = 120 × 9 × 20 = 21 600（元）
B 材料定额费用 = 120 × 5 × 16 = 9 600（元）

YⅡ-12 产品材料定额费用合计　　　　　　31 200（元）

（2）材料费用分配率 = $\dfrac{75\ 240}{37\ 200 + 31\ 200} = 1.1$

（3）JIA-11、YⅡ-12 产品应分配材料实际费用。

JIA-11 产品：37 200 × 1.1 = 40 920（元）
YⅡ-12 产品：31 200 × 1.1 = 34 320（元）

直接用于产品生产、有助于产品形成的辅助材料，一般属于间接计入费用，应采用适当的分配方法进行分配以后，记入各种产品成本的"直接材料"成本项目。对于消耗定额比较准确的辅助材料，与分配原材料费用的方法基本相同，按照产品定额消耗量或定额费用的比例分配；对于与产品产量直接有联系的辅助材料，如包装材料可按产品产量比例分配；对于耗用在原材料上的辅助材料，如油漆、染料等可以按照原材料耗用量的比例分配。

各种材料费用的分配是通过编制材料费用分配表进行的，材料费用分配表是按车间、部门和材料的类别，根据归类后的领、退料凭证和其他有关资料编制的。

【例 3-4】红旗制造股份有限公司材料费用分配表的格式及资料详见表 3-9。

表 3-9　　　　　　　　　　　材料费用分配表

2024 年 4 月

应借科目	直接计入金额（元）	分配计入		材料费用合计（元）
		定额消耗量（千克）	分配金额（分配率 3.5）	
基本生产成本——JIA-11 产品	1 520	1 800	6 300	7 820
——YⅡ-12 产品	740	600	2 100	2 840
小计	2 260	2 400	8 400	10 660
辅助生产成本——供电车间	450			450
——供水车间	650			650
小计	1 100			1 100
制造费用	200			200
管理费用	300			300
销售费用	200			200
合　计	4 060		8 400	12 460

根据材料费用分配表编制会计分录,据以登记有关总账和明细账。会计分录如下:
借:基本生产成本　　　　　　　　　　　　　　　　　10 660
　　辅助生产成本　　　　　　　　　　　　　　　　　 1 100
　　制造费用　　　　　　　　　　　　　　　　　　　　 200
　　管理费用　　　　　　　　　　　　　　　　　　　　 300
　　销售费用　　　　　　　　　　　　　　　　　　　　 200
　　贷:原材料　　　　　　　　　　　　　　　　　　 12 460

上列原材料费用是按实际成本进行核算分配的,如果原材料费用是按计划成本进行核算分配,计入产品成本和期间费用的原材料费用是计划成本,还应该分配材料成本差异额。

(二) 燃料费用的归集与分配

燃料实际上也是材料,如果燃料费用在产品成本中所占比重较大时,可以与动力费用一起专设"燃料和动力"成本项目,还应增设"燃料"会计科目,以便单独核算燃料的增减变动和结存,以及燃料费用的分配情况。燃料费用的分配与原材料费用分配的程序和方法相同。直接用于产品生产的燃料,在只生产一种产品或者是按照产品品种(或成本计算对象)分别领用,属于直接计入费用,可以直接记入各种产品成本明细账的"燃料和动力"成本项目;如果不能按产品品种分别领用,而是几种产品共同耗用的燃料,属于间接计入费用,则应采用适当的分配方法,在各种产品之间进行分配,然后再记入各种产品成本明细账的"燃料和动力"成本项目。分配标准可以按产品的重量、体积、所耗原材料的数量或费用,也可以按燃料的定额消耗量或定额费用比例等。

直接用于产品生产、专设成本项目的燃料费用,应记入"基本生产成本"总账科目的借方及其所属明细账的"燃料和动力"成本项目;直接用于辅助生产、专设成本项目的燃料费用,或者用于基本生产和辅助生产但没有专设成本项目的燃料费用,应分别记入"辅助生产成本""制造费用"总账科目的借方及其所属明细账有关项目;用于产品销售,以及组织和管理生产经营的燃料费用,则应分别记入"销售费用""管理费用"总账科目的借方及所属明细账有关项目。已领燃料总额,应记入"燃料"科目的贷方。不设"燃料"科目的,则记入"原材料"科目的贷方。

(三) 周转材料的归集与分配

周转材料,是指企业能够多次重复使用、逐渐转移其价值但仍保持原有形态不确认为固定资产的材料,包括包装物和低值易耗品等。

1. 包装物

包装物是指企业为了包装本企业产品、商品而储备的各种包装容器,如箱、桶、坛、瓶、袋等。企业的包装物按其经济用途可分为:

(1) 生产经营过程中用于包装产品、商品作为产品、商品组成部分的包装物。

(2) 随同产品、商品出售而不单独计价(即不单独收取价款)的包装物。

(3) 随同产品、商品出售而单独计价(即单独收取价款)的包装物。

(4) 出租、出借给购货单位使用的包装物。

包装物按核算原理来说，属于材料的一个重要组成部分，但其用途和性质与原材料并不相同。一般来说，为了单独进行包装物的收发、摊销和结存的核算，应设置"包装物"总账科目，并按包装物的种类对包装物进行明细核算。如果企业包装物数量不多，也不经常出租或出借，为了简化核算手续，可以将包装物并入"原材料"科目核算，或者将类似物资合并在一个科目进行核算，如"周转材料"科目等。

需要注意的是，各种包装材料（如纸、绳、铁丝、铁皮等）应在"原材料"科目中核算；用于储存和保管商品、产品、材料而不对外出售、出租或出借的包装物按其价值大小和使用年限长短，分别在"固定资产"科目和"低值易耗品"科目中核算；单独列作产品、商品的自制包装物，应在"库存商品"科目中进行核算。

包装物的采购、自制和验收入库的核算与原材料的采购、自制和验收入库的核算相同，既可以按计划成本计算也可以按实际成本计算。

包装物在领用后，其价值应摊销计入成本、费用中。包装物价值的摊销按其数量多少和金额的大小，可采用不同的摊销方法核算，主要有一次摊销法和五五摊销法两种，这两种方法的具体核算内容和核算步骤见低值易耗品的核算。

此外，企业包装物采用计划成本进行日常核算的，领用等发出包装物时，还应同时结转应分摊的成本差异。

2. 低值易耗品

低值易耗品是指不作为固定资产核算的各种劳动手段，包括工具、管理用具、玻璃器皿，以及在生产经营过程中周转使用的包装容器等各种用具物品。

为了进行低值易耗品的收发、摊销和结存的核算，应设置"低值易耗品"总账科目或"周转材料"总账科目，并比照原材料的明细核算，设立明细账，按照低值易耗品的类别、品种、规格进行数量和金额的明细核算。低值易耗品的日常核算与原材料一样，既可以按照实际成本进行核算，也可以按计划成本进行核算，在按计划成本进行核算时，为了核算低值易耗品的成本差异，还应在"材料成本差异"总账科目下增设"低值易耗品成本差异"二级科目。

低值易耗品在领用以后，其价值应摊销计入成本、费用中。由于低值易耗品摊销在产品成本中所占的比重较小，没有专设成本项目。因此，用于生产的低值易耗品摊销价值应计入制造费用；用于组织和管理生产经营活动的低值易耗品摊销价值，则计入管理费用等。低值易耗品的摊销应根据具体情况采用一次摊销法和五五摊销法。

（1）一次摊销法。一次摊销法又称一次转销法或一次计入法。采用这种方法，在领用低值易耗品时按其账面价值一次计入当月成本、费用，即借记"制造费用""管理费用"等科目，贷记"低值易耗品"等科目；报废时，应将报废低值易耗品的残料价值作为当月低值易耗品摊销价值的减少，冲减有关的成本、费用，即借记"原材料"等科目，贷记"制造费用""管理费用"等科目。

【例3-5】红旗制造股份有限公司行政管理部门领用工具采用一次摊销法核算。本月领用管理工具一批，其实际成本为170元；以前月份领用的另一批管理工具在本月报废，其实际成本为330元，报废时，残料回收计价30元。

领用管理工具时：

借：管理费用　　　　　　　　　　　　　　　　　　　　　　　　170
　　　贷：低值易耗品　　　　　　　　　　　　　　　　　　　　　　170
报废管理工具残料入库时：
借：原材料　　　　　　　　　　　　　　　　　　　　　　　　　30
　　　贷：管理费用　　　　　　　　　　　　　　　　　　　　　　　30

　　按计划成本计算，领用低值易耗品的会计分录应按其计划成本编制；月末，还应调整领用低值易耗品的成本差异，即借记或贷记"制造费用""管理费用"等科目，贷记或借记"材料成本差异——低值易耗品成本差异"科目。

　　【例3-6】 红旗制造股份有限公司基本生产车间领用工具采用一次摊销法核算。本月领用生产工具一批，其计划成本为1 200元；以前月份领用的另一批生产工具在本月报废，其计划成本为800元，报废时，残料回收计价80元。本月低值易耗品的成本差异率为2%。
领用生产工具时：
借：制造费用　　　　　　　　　　　　　　　　　　　　　　　1 200
　　　贷：低值易耗品　　　　　　　　　　　　　　　　　　　　　1 200
报废生产工具残料入库时：
借：原材料　　　　　　　　　　　　　　　　　　　　　　　　　80
　　　贷：制造费用　　　　　　　　　　　　　　　　　　　　　　　80
月末调整本月所领用生产工具的成本超支差异24（即1 200×2%）元时：
借：制造费用　　　　　　　　　　　　　　　　　　　　　　　　24
　　　贷：材料成本差异——低值易耗品成本差异　　　　　　　　　　24

　　由于低值易耗品的使用期一般不止一个月，因而采用一次摊销法会使各月成本费用负担不太合理，还会产生账外财产，不便于实行价值监督，但这种方法会计核算简便。因此，该方法一般适用于单位价值较低，使用期限较短或者容易损坏的低值易耗品。

　　（2）五五摊销法。五五摊销法又称五成摊销法。采用该方法，低值易耗品在领用时摊销其价值的另一半；在报废时再摊销其价值的另一半。在这种方法下，为了核算在用低值易耗品的价值和低值易耗品的摊余价值，应在"低值易耗品"总账科目下，分设"在库低值易耗品""在用低值易耗品"和"低值易耗品摊销"三个二级科目。在领用低值易耗品时，应按其价值（实际成本或计划成本），借记"低值易耗品——在用低值易耗品"科目，贷记"低值易耗品——在库低值易耗品"科目；同时，按其价值的一半进行摊销，借记"制造费用""管理费用"等科目，贷记"低值易耗品——低值易耗品摊销"科目。在报废低值易耗品时，应按回收残料的价值借记"原材料"等科目，按报废低值易耗品价值的一半减去残料价值后的差额，借记"制造费用""管理费用"等科目，按报废低值易耗品价值的一半，贷记"低值易耗品——低值易耗品摊销"科目；同时应注销报废低值易耗品的价值及其累计摊销额，借记"低值易耗品——低值易耗品摊销"科目，贷记"低值易耗品——在用低值易耗品"科目。低值易耗品如果按计划成本计算，在领用月份的月末，也应调整低值易耗品的成本差异。

　　【例3-7】 红旗制造股份有限公司行政管理部门领用管理用具采用五五摊销法核算。本月领用管理用具一批，其计划成本为900元；报废管理用具一批，其计划成本为600元，报废时，残料回收计价 20 元。本月低值易耗品的成本差异率为 -3%。

领用生产工具时：

借：低值易耗品——在用低值易耗品　　　　　　　　　　900
　　贷：低值易耗品——在库低值易耗品　　　　　　　　　　　900

摊销所领用低值易耗品价值的一半时：

借：管理费用　　　　　　　　　　　　　　　　　　　　450
　　贷：低值易耗品——低值易耗品摊销　　　　　　　　　　450（900×50%）

摊销报废生产工具的摊销额时：

借：原材料　　　　　　　　　　　　　　　　　　　　　 20
　　管理费用　　　　　　　　　　　　　　　　　　　　280（600×50%-20）
　　贷：低值易耗品——低值易耗品摊销　　　　　　　　　　300

注销报废低值易耗品的价值及其累计摊销额时：

借：低值易耗品——低值易耗品摊销　　　　　　　　　　600
　　贷：低值易耗品——在用低值易耗品　　　　　　　　　　600

月末调整本月所领用生产工具的成本节约差异 27（即 900×3%）元时：

借：材料成本差异——低值易耗品成本差异　　　　　　　 27
　　贷：管理费用　　　　　　　　　　　　　　　　　　　　27

通过以上所述可以看出，低值易耗品按计划成本计算时，"低值易耗品"总账科目的月末余额为低值易耗品（包括在库和在用）按计划成本反映的摊余价值，再加上"材料成本差异——低值易耗品成本差异"科目的借方余额或减去贷方余额，为月末低值易耗品按实际成本反映的摊余价值。

五五摊销法的可取之处在于：一是低值易耗品在报废以前账面上一直保留一半价值，因而便于对低值易耗品进行价值监督；二是低值易耗品的价值分两次摊销，对于成本、费用的负担比一次摊销法合理。该方法的不足之处在于其核算工作量比一次摊销法大。因此该方法适用于每月领用、报废比较均衡，摊销额相差不多，且需要按车间、部门进行数量和金额明细核算的低值易耗品的核算。

三、外购动力费用的归集与分配

外购动力费用是指外部购买的各种动力，如电力、热力等所支付的费用。外购动力有的直接用于产品生产，如生产工艺用电力；有的间接用于产品生产，如生产单位（车间或分厂）照明用电力；有的则用于经营管理，如企业行政管理部门照明和取暖用电力等。在有计量仪器记录的情况下，直接根据仪器所示的耗用数量和单价计算；在没有计量仪器的情况下，要按照一定的标准在各种产品之间进行分配。如按生产工时比例、机器功率时数比例、定额消耗量的比例分配。各车间、部门的动力用电和照明用电一般都分别装有电表，外购电力费用在各车间、部门可按用电度数分配；车间中的动力用电，一般不按产品分别安装电表，因而车间动力用电费在各种产品之间一般按产品的生产工时比例、机器工时比例、定额耗电量比例或其他比例分配。

直接用于产品生产的动力费用，应借记"基本生产成本"总账科目及所属产品成本明细账"燃料和动力"成本项目；直接用于辅助生产又单独设置"燃料和动力"成本项目的动力费用，借记"辅助生产成本"总账科目及所属明细账的"燃料和动力"成本项目；用于基本生产车间和辅助生产车间的照明用电，以及行政管理部门照明用电等，应分别借记"制造费用""辅助生产成本""管理费用"等总账科目及其所属明细账有关项目；如果基本生产和辅助生产不单独设置"燃料和动力"成本项目，发生的燃料动力费用则应借记"制造费用"科目及其明细账有关项目，贷记"应付账款"或"银行存款"科目。

外购动力费用分配是通过编制外购动力（电力）费用分配表进行的，根据该分配表编制会计分录，据以登记有关总账和明细账。

【例 3-8】 红旗制造股份有限公司外购动力费用分配表格式及资料详见表 3-10。

表 3-10　　　　　　　　　　　外购动力费用分配表

2024 年 4 月　　　　　　　　　　　　　　　　　　　　　单位：元

应借科目		成本或费用项目	生产工时（分配率：0.4）	度数（分配率：0.6）	金额
基本生产成本	JIA-11 产品	燃料和动力	22 500 小时		9 000
	YII-12 产品	燃料和动力	15 000 小时		6 000
	小计		37 500 小时		15 000
辅助生产成本	供电	水电费		2 500 度	1 500
	供水	水电费		1 000 度	600
	小计			3 500 度	2 100
制造费用		水电费		3 750 度	2 250
管理费用		水电费		2 500 度	1 500
销售费用		水电费		1 500 度	900
合　计			37 500 小时	14 750 度	21 750

动力费用分配率：$\dfrac{15\ 000}{22\ 500 + 15\ 000} = 0.4$

JIA-11 产品动力费用：$22\ 500 \times 0.4 = 9\ 000$（元）

YII-12 产品动力费用：$15\ 000 \times 0.4 = 6\ 000$（元）

会计分录如下：

借：基本生产成本　　　　　　　　　　　　　　　　　　15 000
　　辅助生产成本　　　　　　　　　　　　　　　　　　 2 100
　　制造费用　　　　　　　　　　　　　　　　　　　　 2 250
　　管理费用　　　　　　　　　　　　　　　　　　　　 1 500
　　销售费用　　　　　　　　　　　　　　　　　　　　 900
　贷：应付账款（或银行存款）　　　　　　　　　　　　21 750

四、职工薪酬的归集与分配

职工薪酬，是指企业为获得职工提供的服务或解除劳动关系而给予的各种形式的报酬或补偿。职工薪酬包括短期薪酬、离职后福利、辞退福利和其他长期职工福利。企业提供给职工配偶、子女、受赡养人、已故员工遗属及其他受益人等的福利，也属于职工薪酬。

这里所称的"职工",是指与企业订立劳动合同的所有人员,含全职、兼职和临时职工,也包括虽未与企业订立劳动合同但由企业正式任命的人员。未与企业订立劳动合同或未由其正式任命,但向企业提供服务与职工所提供服务类似的人员,也属于职工的范畴,包括通过企业与劳务中介公司签订用工合同而向企业提供服务的人员。

短期薪酬,是指企业在职工提供相关服务的年度报告期间结束后十二个月内需要全部予以支付的职工薪酬,因解除与职工的劳动关系给予的补偿除外。短期薪酬具体包括:职工工资、奖金、津贴和补贴,职工福利费,医疗保险费、工伤保险费和生育保险费等社会保险费,住房公积金,工会经费和职工教育经费,短期带薪缺勤,短期利润分享计划,非货币性福利以及其他短期薪酬。

带薪缺勤,是指企业支付工资或提供补偿的职工缺勤,包括年休假、病假、短期伤残假、婚假、产假、丧假、探亲假等。利润分享计划,是指因职工提供服务而与职工达成的基于利润或其他经营成果提供薪酬的协议。

离职后福利,是指企业为获得职工提供的服务而在职工退休或与企业解除劳动关系后,提供的各种形式的报酬和福利,短期薪酬和辞退福利除外。

辞退福利,是指企业在职工劳动合同到期之前解除与职工的劳动关系,或者为鼓励职工自愿接受裁减而给予职工的补偿。

其他长期职工福利,是指除短期薪酬、离职后福利、辞退福利之外所有的职工薪酬,包括长期带薪缺勤、长期残疾福利、长期利润分享计划等。

企业应当设置"应付职工薪酬"科目,核算应付职工薪酬的计提、结算、使用等情况。"应付职工薪酬"科目应当按照"工资、奖金、津贴和补贴""职工福利费""非货币性福利""社会保险费""住房公积金""工会经费和职工教育经费""带薪缺勤""利润分享计划""设定提存计划""设定受益计划义务""辞退福利"等职工薪酬项目设置明细账进行明细核算。

(一) 工资费用的归集与分配

工资总额是指企业在一定时期内实际支付给本单位所有职工的全部劳动报酬总额。根据国家有关规定,工资总额由下列六个方面组成:计时工资、计件工资、奖金(如支付给职工的超额劳动报酬和增收节支的劳动报酬)、津贴和补贴、加班加点工资和特殊情况下支付的工资(如工伤、产假、探亲假及定期休假等支付的工资)。下面重点介绍计时工资和计件工资的计算方法。

1. 计时工资

计时工资是根据考勤记录登记的每一位职工出勤或缺勤日数,按照规定的工资标准计算的工资。工资标准是指单位工作时间各等级职工的标准工资额。按其计算的时间不同,有月薪制、日薪制和小时工资制等。企业劳动关系的职工的计时工资,一般按月薪计算;企业临时劳务关系的职工的计时工资,一般按日薪计算或按小时工资计算。实行月薪制的企业,计算应付职工工资,其工资标准就是月基础工资。实际工作中,为了便于计算计时工资,一般在月基础工资的基础上计算日工资率,其计算公式为:

日工资率 = 月基础工资/职工月计薪天数(21.75 天或 30 天)

职工月计薪天数的计算方法一般有两种:一是根据中华人民共和国劳动和社会保障部

2008年1月10日发布的《关于职工全年月平均工作时间和工资折算问题的通知》[劳社部发〔2008〕3号]的规定，职工月计薪天数为21.75天（365天扣除104天休息日再扣除11天法定节假日再除以12个月，即月工作日为20.83天，但是按《中华人民共和国劳动法》的规定，法定节假日用人单位应依法支付工资，即折算日工资时不剔除国家规定的11天法定节假日，也就是职工月计薪天数为21.75天）；二是每月按固定30天计算。

计时工资一般采用"扣缺勤法"计算，即在月基础工资的基础上扣除缺勤应扣工资，计算出月应付工资。计算公式如下：

月应付工资 =（月基础工资 − 旷工、事假应扣工资 − 病假应扣工资）+ 计入工资总额的奖金 + 工资性津贴和补贴 + 加班加点工资 + 其他工资

其中：

旷工、事假应扣工资 = 旷工、事假天数 × 日工资

病假应扣工资 = 病假天数 × 日工资 × 病假应扣工资百分比

需要注意的是，在实际工作中，计算计时工资时，旷工、事假应扣工资和病假应扣工资并没有统一的标准，只要不违反《中华人民共和国劳动法》的有关规定，工资的计算属于企业的成本管理，一般不对外公布。

2. 计件工资

计件工资是根据职工完成的合格品产量和规定的计件单价计算的工资。计件工资分为个人计件工资和集体计件工资两种。

个人计件工资是以个人为计算单位的计件工资形式。凡能够个人单独操作，并能准确计算个人产品数量和质量的工种，一般实行个人计件工资形式。其计算公式为：

应付计件工资 = Σ 合格产品产量 × 产品单件工资

集体计件工资的计算方法与个人计件工资的计算方法相同，但集体计件工资还要在集体内部各工人之间按照贡献大小进行分配，大多数按每人的工资标准和工作日数（或工作时数）的乘积为比例进行分配。

一般来说，企业发放工资的时间在月度的上旬或中旬，无法统计职工当月的出勤天数或产量，往往按照上月的出勤和产量记录计算当月的工资。企业根据上述方法计算出每个职工的应付工资后，再根据有关部门转来的扣款通知单，减去各种代扣款项，就是每个职工当月的实发工资。其计算公式为：

月实发工资 = 月应付工资 − 各种代扣款项

为了如实反映企业工资总额的构成，便于进行工资费用分配的核算，会计部门应根据计算出的职工工资，按照车间、部门分别编制工资结算单和工资汇总表，工资结算单中填列应付每一位职工的各种工资、代发款项、代扣款项和应发金额，作为与职工进行工资结算的依据，其中应付工资的总额也是进行工资费用分配的依据。企业分配工资费用时，应按工资的用途计入有关的成本和费用。基本车间工人、辅助车间工人、车间管理人员和技术人员的工资，是产品成本的重要组成部分，应分别记入"基本生产成本""辅助生产成本""制造费用"科目；其他各部门人员的工资，则分别记入"管理费用""销售费用""在建工程""研发支出"等科目。直接进行产品生产的生产工人计件工资以及只生产一种产品的生产工人计时工资，属于直接计入费用，应根据工资结算凭证直接记入基本生产成本明

细账某种产品成本的"直接人工"成本项目。同时生产多种产品的生产工人计时工资,则属于间接计入费用,应按照产品的生产工时比例等分配标准分配后再记入各种产品成本明细账的"直接人工"成本项目。以生产工时(实际或定额)为标准分配工资费用的计算公式如下:

$$工资费用分配率 = \frac{某车间生产工人计时工资总额}{该车间各种产品生产工时(实际或定额)总数}$$

某产品应分配计时工资 = 该产品生产工时(实际或定额) × 工资费用分配率

【例3-9】 红旗制造股份有限公司生产JIA-11、YII-12两种产品,生产工人计件工资分别为:JIA-11产品1 960元,YII-12产品1 640元;JIA-11、YII-12两种产品计时工资共计8 400元。JIA-11、YII-12两种产品生产工时分别为3 600小时、2 400小时。按生产工时比例分配计算如下:

(1) 工资费用分配率 = $\frac{8\ 400}{3\ 600 + 2\ 400} = 1.4$

(2) JIA-11产品分配工资费用 = 3 600 × 1.4 = 5 040(元)
　　YII-12产品分配工资费用 = 2 400 × 1.4 = 3 360(元)

工资费用分配是通过编制工资费用分配表进行的,根据工资费用分配表编制会计分录,登记有关总账和明细账。工资费用分配表格式及举例见表3-11。

表3-11　　　　　　　　　　　工资费用分配表
2024年4月　　　　　　　　　　　　　　　　　　　　　单位:元

应借科目		成本或费用项目	直接计入	分配计入			工资费用合计
				生产工时(小时)	分配率	分配金额	
基本生产成本	JIA-11产品	直接人工	1 960	3 600	1.4	5 040	7 000
	YII-12产品	直接人工	1 640	2 400	1.4	3 360	5 000
	小计		3 600	6 000		8 400	12 000
辅助生产成本	供电	职工薪酬	400				400
	供水	职工薪酬	200				200
	小计		600				600
制造费用		职工薪酬	800				800
管理费用		职工薪酬	1 100				1 100
销售费用		职工薪酬	600				600
合计			6 700			8 400	15 100

会计分录:
　　借:基本生产成本　　　　　　　　　　　　　　　　　　　12 000
　　　　辅助生产成本　　　　　　　　　　　　　　　　　　　　600
　　　　制造费用　　　　　　　　　　　　　　　　　　　　　　800
　　　　管理费用　　　　　　　　　　　　　　　　　　　　　1 100
　　　　销售费用　　　　　　　　　　　　　　　　　　　　　　600

贷：应付职工薪酬——工资、奖金、津贴和补贴　　　　　　　　　　15 100

（二）职工福利的归集与分配

职工福利，是指企业职工从事生产经营活动除了获取劳动报酬外，还享受一定的福利补助，如困难职工生活补助费、医疗费、丧葬补助费、独生子女保健费等。为了反映职工福利的支付与分配情况，企业应设置"应付职工薪酬——职工福利费"科目进行核算。

企业实际发生福利支出时，应借记"应付职工薪酬——职工福利费"科目，贷记"库存现金"等科目。月末，企业应按照用途对实际发生的职工福利费进行分配。如果各月实际发生的职工福利费相差不大，企业可以根据实际发生的福利费金额进行分配；如果各月实际发生的职工福利费相差较大，则企业应根据估计的金额进行分配。

企业分配职工福利费时，与工资费用一样也是按用途和发生部门进行归集与分配，借记"基本生产成本""辅助生产成本""制造费用""管理费用""销售费用""在建工程""研发支出"等科目，贷记"应付职工薪酬——职工福利费"科目。

企业分配职工福利费时应编制职工福利费分配表，根据该表编制会计分录，并据以登记"应付职工薪酬"总账及所属的"职工福利费"明细账。

【例3-10】承用【例3-9】的资料，红旗制造股份有限公司2024年4月根据实际发生的职工福利费，编制职工福利分配表，见表3-12。

根据职工福利费分配表，编制如下会计分录：
借：基本生产成本　　　　　　　　　　　　　　　　　　　　1 680
　　辅助生产成本　　　　　　　　　　　　　　　　　　　　　　84
　　制造费用　　　　　　　　　　　　　　　　　　　　　　　112

表3-12　　　　　　　　　　职工福利费分配表
　　　　　　　　　　　　　　　2024年4月　　　　　　　　　　　　单位：元

应借科目	成本或费用项目	职工福利费（估计比例为14%）
基本生产成本——JIA-11产品	直接人工	980
——YII-12产品	直接人工	700
小　计		1 680
辅助生产成本——供电	职工薪酬	56
——供水	职工薪酬	28
小　计		84
制造费用	职工薪酬	112
管理费用	职工薪酬	154
销售费用	职工薪酬	84
合　计		2 114

　　管理费用　　　　　　　　　　　　　　　　　　　　　　　154
　　销售费用　　　　　　　　　　　　　　　　　　　　　　　　84
　　贷：应付职工薪酬——职工福利费　　　　　　　　　　　2 114

此外，职工薪酬中的社会保险、住房公积金、工会经费以及职工教育经费等，如果国家规定了计提基础和计提比例的，应当按照国家规定的标准计提；如果国家没有规定计提基础和计提比例的，企业应当根据历史经验数据和实际情况合理预计，并参照职工福利费的分配计入相关的成本、费用。企业的带薪缺勤、离职后福利、辞退福利以及其他长期职工福利等职工薪酬的归集与分配请按照《企业会计准则第9号——职工薪酬》（财会〔2014〕8号）的相关规定进行，在此不再赘述。

五、固定资产折旧费的归集与分配

固定资产是指企业生产经营过程中，能够在若干个生产经营周期发挥作用，并保持原有实物形态的重要劳动资料。但其价值随着固定资产的使用和时间的推移而逐渐减少，这部分减少的价值以折旧的形式，分期转移到产品成本或费用中去，并在销售收入中得到补偿。要进行固定资产折旧费用的分配，首先必须计算固定资产的折旧。

（一）固定资产折旧的计算

1. 计算固定资产折旧的考虑因素

（1）应计提折旧总额，是指固定资产从开始使用至报废清理的全部使用年限内应计提的折旧总额。理论上讲是指固定资产原值减去预计净残值（预计残值收入减去预计清理费用）后的净额。我国会计实务中，预计净残值一般是根据固定资产原值乘以预计净残值率计算。预计净残值率的上下限由国家统一规定，各企业在其范围内确定本企业各类固定资产的预计净残值率。

（2）预计使用年限，是指固定资产的经济使用年限。我国会计实务中，预计使用年限的上下限由国家统一规定，各企业在其范围内确定本企业各类固定资产的预计使用年限。

（3）预计工作总量，是指固定资产从开始使用至报废清理的全部使用年限内预计完成的工作总量。我国会计实务中，固定资产预计工作总量由各企业根据本企业各项固定资产具体情况自行确定。

（4）固定资产减值准备，固定资产计提减值准备之后，应当在剩余使用寿命内根据调整减值准备后的余额重新计算每年的折旧金额。

2. 计算固定资产折旧的方法。企业计算固定资产折旧时，除了考虑上述因素外，还要确定固定资产应采用适当的折旧计算方法。我国目前常用的固定资产折旧方法，主要有下列两大类：

（1）直线法，是指按照固定资产预计使用年限和预计工作总量平均计提折旧的方法，包括平均年限法和工作量法。

①平均年限法，是指将固定资产的应计提折旧额均衡地分摊到固定资产预计使用寿命内的一种方法。采用这种方法计算的每期折旧额均是相等的。其计算公式为：

年折旧额 =（固定资产原值 - 预计净残值）÷ 预计使用年限

月折旧额 = 年折旧额 ÷ 12

或：年折旧率 =（1 - 预计净残值率）÷ 预计使用寿命（年）× 100%

月折旧率 = 年折旧率 ÷ 12

月折旧额 = 固定资产原值×月折旧率

②工作量法，是指根据实际工作量计提固定资产折旧额的一种方法，其基本计算公式为：

单位工作量折旧额 = 固定资产原值×(1 - 预计净残值率)÷预计总工作量

某项固定资产月折旧额 = 该项固定资产当月工作量×单位工作量折旧额

（2）加速折旧法，是指在固定资产使用初期计提折旧较多而在后期计提折旧较少，从而相对加速折旧的方法，主要有双倍余额递减法和年数总和法。

①双倍余额递减法，是指在不考虑固定资产残值的情况下，根据每期期初固定资产账面净值（固定资产账面余额减累计折旧）和双倍的直线法折旧率计算固定资产折旧的一种方法。实行双倍余额递减法计算折旧额时，由于每期期初固定资产账面净值没有扣除预计净残值，所以在计算固定资产折旧额时，一般应在其折旧年限到期前两年内，将固定资产账面净值扣除预计净残值后的余额平均摊销。计算公式为：

年折旧率 = 2÷预计使用年限×100%

月折旧率 = 年折旧率÷12

月折旧额 = 每月月初固定资产年初账面净值×月折旧率

②年数总和法，又称合计年限法或年限总和法，是指将固定资产的原价减去预计净残值后的余额乘以一个逐年递减的分数计算每年的折旧额，这个分数的分子代表固定资产尚可使用寿命，分母代表预计使用寿命逐年数字总和。计算公式如下：

年折旧率 = (预计使用年限 - 已使用年限)÷[预计使用年限×(预计使用年限 + 1)÷2]
　　　　 = 尚可使用年限÷预计使用年限的年数总和

月折旧率 = 年折旧率÷12

月折旧额 = (固定资产原值 - 预计净残值)×月折旧率

对于折旧的具体计算可以参看财务会计课程的相关内容，在此就不再赘述。

（二）固定资产折旧费用的分配

企业根据确定的折旧计算方法和计算折旧的范围计提折旧。一般来说，除已提足折旧继续使用的固定资产和作为固定资产单独计价入账的土地外，企业对所有的固定资产都应计提折旧。此外，已达到预定可使用状态但尚未办理竣工决算的固定资产，应当按照估计价值确定其成本，并计提折旧；待办理竣工决算后，再按实际成本调整原来的暂估价值，但不需要调整原已计提的折旧额。

折旧费用按照固定资产使用的车间、部门进行汇总，然后与生产单位（车间）、部门的其他费用一起分配计入产品成本和期间费用。即借记"制造费用""辅助生产成本""管理费用""销售费用"等科目，贷记"累计折旧"科目。会计实务中，固定资产折旧一般按月计提，当月增加的固定资产，当月不计提折旧，从下月起计提折旧；当月减少的固定资产，当月仍计提折旧，从下月起不计提折旧。

其计算公式为：

本月固定资产折旧额 = 上月固定资产折旧额 + 上月增加固定资产计提的折旧额
　　　　　　　　　　 - 上月减少固定资产计提的折旧额

各月计提的折旧，一般通过编制"固定资产折旧费用分配表"来完成，并根据此表编制会计分录，登记有关总账和所属明细账。

【例3-11】红旗制造股份有限公司2024年4月计提固定资产折旧费用分配表见表3-13。

表3-13　　　　　　　　　固定资产折旧费用分配表

2024年4月　　　　　　　　　　　　　　　　　　　　　　单位：元

应借科目	部门	上月折旧额	上月增加固定资产		上月减少固定资产		本月折旧额
			原值	折旧额	原值	折旧额	
制造费用	基本生产车间	8 000	10 000	2 000			10 000
辅助生产成本	辅助生产车间——供电车间	1 000			1 250	125	875
	——供水车间	525	500	50	2 250	225	350
管理费用	行政管理部门	3 600					3 600
销售费用	专设销售机构	400					400
合计		13 525	10 500	2 050	3 500	350	15 225

根据固定资产折旧费用分配表，编制会计分录如下：

借：制造费用　　　　　　　　　　　　　　　　　　　　　10 000
　　辅助生产成本　　　　　　　　　　　　　　　　　　　 1 225
　　管理费用　　　　　　　　　　　　　　　　　　　　　 3 600
　　销售费用　　　　　　　　　　　　　　　　　　　　　　 400
　　贷：累计折旧　　　　　　　　　　　　　　　　　　　 15 225

六、利息费用的归集与分配

要素费用中的利息费用，不是产品成本的组成部分，而是期间费用中的财务费用。短期借款的利息一般是按月预提，按季结算支付；或发生支付时直接计入当期财务费用（具体核算见本章第三节中的预提费用归集与分配）。长期借款利息费用一般是每年计算一次应付利息，到期一次还本付息。长期借款的利息核算应遵循《企业会计准则第17号——借款费用》的相关规定，符合资本化条件的计入资本性支出；不符合资本化条件的直接计入当期损益。长期借款的具体核算可以参看"财务会计"课程的相关内容，在此就不再赘述。

七、其他费用的归集与分配

其他费用支出是指上述各项费用以外的其他费用支出，包括修理费、差旅费、邮电费、保险费、劳动保护费、运输费、办公费、水电费、技术转让费、业务招待费等。这些费用发生时，根据有关的付款凭证，按照费用的用途进行归类，分别记入"制造费用""辅助生产成本""管理费用""销售费用"科目的借方，"银行存款"等科目的贷方。

【例3-12】2024年4月，红旗制造股份有限公司以银行存款支付本月发生的固定资产修理费共计3 911.50元，其中：基本生产车间为2 476.50元，辅助生产供电车间为540元，辅助生产供水车间为95元，行政管理部门为600元，专设销售机构为200元。会计分录如下：

```
借：制造费用                                    2 476.50
    辅助生产成本——供电                            540
            ——供水                             95
    管理费用                                       600
    销售费用                                       200
    贷：银行存款                                 3 911.50
```

【例3-13】2024年4月，红旗制造股份有限公司以银行存款支付本月发生的办公费、运输费、业务招待费、手续费等，共计1 666.05元，其中：基本生产车间为490元，辅助生产供电车间为839元，辅助生产供水车间为82元，销售部门为108.75元，管理部门为821.30元，财务费用为75元（手续费）。为了简化核算，根据付款凭证汇总的是全月的金额数，在实际工作中付款业务发生后应该逐笔记账。编制会计分录如下：

```
借：制造费用                                      490
    辅助生产成本——供电                            839
            ——供水                             82
    销售费用                                    108.75
    管理费用                                    821.30
    财务费用                                       75
    贷：银行存款                                 1 666.05
```

第三节 预付费用和预提费用的归集与分配

为了正确划分各月费用的界限，凡受益期与支付期不一致的费用，应当按照权责发生制的要求分别采用待摊或预提的方法来处理。即本月支付应由本月和以后各月负担的且摊销期超过一年的预付费用，应当按照一定标准分配计入本月和以后各月的成本、费用。本月尚未支付的但应由本月负担的费用，应预提计入本月的成本、费用。

一、预付费用的归集与分配

预付费用是指企业已经发生或支付的，应由本月和以后各个月份负担的费用。预付费用按其摊销期限的长短，可以分为短期预付费用和长期预付费用。短期预付费用是指企业已经发生或支付的，但应由本月和以后各个月份负担的，摊销期在一年以内（含一年）的各种费用，包括预付经营性租赁的租金以及季节性生产企业在停工期内的费用等。企业发生的各种短期预付费用，一般不符合资产定义和确认条件，应于实际发生时直接计入当期损益。长期预付费用是指企业已经发生或支付的，但摊销期在一年以上的各种预付费用，如经营租入固定资产的改良支出等。企业发生的各种长期预付费用若符合资产定义和确认条件时，应单独设置"长期待摊费用"科目进行核算,若不符合资产定义和确认条件时,应于实际发生时直接计入当期损益。

企业发生各项长期待摊费用时,借记"长期待摊费用"科目,贷记"银行存款""原材料"等科目;摊销的费用一般没有专设成本项目,按受益期限摊销时,按车间、部门和费用的用途分别借记"制造费用""辅助生产成本""管理费用""销售费用"等科目,贷记"长期待摊费用"科目;期末为借方余额,表示已经支付(发生)尚未摊销的费用,属于企业的一项长期资产,但其本身没有交换价值,不可转让,也不具有抵偿债务的价值。长期待摊费用按费用的种类设置明细账进行明细核算。

【例3-14】红旗制造股份有限公司于2024年4月1日开出转账支票,预付固定资产保险费12 000元,摊销期为2年(自2024年4月开始按月摊销)。摊销比例为:辅助生产车间为28%(其中供电车间为16%,供水车间为12%)、基本生产车间为50%、行政管理部门为14%、专设销售机构为8%。"长期待摊费用明细账"和"长期待摊费用分配表"见表3-14和表3-15。

表3-14 　　　　　　　　　　　长期待摊费用明细账

费用种类:保险费　　　　　　　　　　　　　　　　　　　　　　　　　　　　　单位:元

2024年		摘　要	借方金额	贷方金额	余　额	
月	日				借或贷	金　额
4	1	预付保险费	12 000		借	12 000
4	30	根据长期待摊费用摊销表		500	借	11 500
5	31	根据长期待摊费用摊销表		500	借	11 000
6	30	根据长期待摊费用摊销表		500	借	10 500

表3-15 　　　　　　　　　　　长期待摊费用分配表

车间或部门名称:　　　　　　　　　2024年4月　　　　　　　　　　　　　　　单位:元

应借科目	部　门	费用项目	金　额
制造费用——基本生产车间	基本生产车间	保险费	250
辅助生产成本	辅助生产车间——供电车间 　　　　　　——供水车间	保险费 保险费	80 60
管理费用	行政管理部门	保险费	70
销售费用	专设销售机构	保险费	40
合　　计			500

编制会计分录如下:

(1) 4月1日预付2年保险费12 000元时:

借:长期待摊费用　　　　　　　　　　　　　　　　　　　　　　　　　　12 000
　　贷:银行存款　　　　　　　　　　　　　　　　　　　　　　　　　　　　12 000

(2) 根据长期待摊费用分配表摊销4月保险费(4月、5月以及以后月份的摊销分录同此):

借：制造费用　　　　　　　　　　　　　　　　　　　　　　250
　　辅助生产成本　　　　　　　　　　　　　　　　　　　　140
　　管理费用　　　　　　　　　　　　　　　　　　　　　　70
　　销售费用　　　　　　　　　　　　　　　　　　　　　　40
　　贷：长期待摊费用　　　　　　　　　　　　　　　　　　　　500

二、预提费用的归集与分配

预提费用是指应计入本月成本、费用，在以后月份才支付的费用，是应付而未付的费用。预提费用的偿付期在一年以内，属于流动负债。预提费用的特点是先计入成本、费用，后支付费用。可以预提的费用一般有银行短期借款利息，固定资产的修理费、租金和保险费等。预提费用作为一项流动负债，其金额必须能够合理预计，并在预提期内分月计入产品成本、费用。预提费用的预提期限的长短，应视不同的业务而有所不同。一般来说，预提短期借款利息，预提期一般为3个月；预提固定资产修理费，预提期一般为一个会计年度；预提应付的各项租金或保险费，预提期应根据合同规定的付款日期确定等。

预提费用的预提和支付应通过"预提费用"科目进行核算。由于预提的各项费用都没有专设成本项目，因而预提时，应按预提费用的车间、部门和用途，分别记入"辅助生产成本""制造费用""管理费用""财务费用"等总账科目和所属明细科目的借方，同期记入"预提费用"总账科目和所属明细科目的贷方。实际发生或支付各项预提费用时，记入"预提费用"的借方和"银行存款"等科目的贷方。"预提费用"科目应按预提费用的种类进行明细核算，分别反映各项预提费用的预提和支付情况。

【例3-15】红旗制造股份有限公司2024年预计第二季度银行短期借款利息支出7 200元，平均每月应预提2 400元。假设6月实际支付利息为7 200元。预提费用明细账和预提费用分配表见表3-16和表3-17。

表3-16　　　　　　　　　　　　　预提费用明细账

费用种类：利息支出　　　　　　　　　　　　　　　　　　　　　　　　　单位：元

2024年		摘要	借方金额	贷方金额	余　额	
月	日				借或贷	金额
4	30	根据预提费用分配表		2 400	贷	2 400
5	31	根据预提费用分配表		2 400	贷	2 400
6	30	根据付款凭证	7 200		借	2 400
6	30	根据预提费用分配表		2 400	平	0

表3-17　　　　　　　　　　　　　预提费用分配表

2024年4月　　　　　　　　　　　　　　　　　　　　　　　　　　　　　单位：元

应借科目	费用项目	金　额
财务费用	利息支出	2 400
合　　计		2 400

编制会计分录如下：

（1）第二季度各月预提利息费用时：

借：财务费用　　　　　　　　　　　　　　　　　　　　　　　　　2 400
　　　贷：预提费用　　　　　　　　　　　　　　　　　　　　　　　　　2 400

（2）6月实际支付利息费用时：

借：预提费用　　　　　　　　　　　　　　　　　　　　　　　　　7 200
　　　贷：银行存款　　　　　　　　　　　　　　　　　　　　　　　　　7 200

在预提期末，应对"预提费用"科目进行调整，实际发生的支出大于预提数的差额，应予以补提，分别记入"辅助生产成本""制造费用""管理费用""财务费用"等科目的借方和"预提费用"科目的贷方；实际发生的支出小于预提数的差额，应予以冲销，即编制上述红字分录。预提期末，"预提费用"科目没有余额。此外，若预提费用为一次性偿付的支出，在实际支付时，也可以根据已经预提的数额，借记"预提费用"科目；根据尚未预提的数额，借记有关成本、费用科目；根据实际支付的数额，贷记"银行存款"等科目。

通过上述预付费用和预提费用的归集与分配，已经按照权责发生制原则即受益原则，划分了各个月份的成本、费用，也就是划分了前述第二方面的费用界限，与此同时，已经将本月的成本、费用分别归集在"基本生产成本""辅助生产成本""制造费用""管理费用""销售费用"和"财务费用"等科目的借方。其中记入"基本生产成本"科目借方的费用，已在各产品成本明细账中作为生产费用按照成本项目进行归集。

需要注意的是，2006年颁布的《企业会计准则——应用指南》以附录的形式公布了会计科目和主要账务处理，其主要目的是给予企业在会计科目的设置和选择上充分的自由。虽然取消了"待摊费用"科目和"预提费用"科目的核算内容和核算要求，但在会计实务中确实存在跨期摊提业务，所以我们在本书中还是保留了跨期摊提费用的核算，但在资产负债表日必须将"预提费用"科目余额调整为零。若有些企业完全按新准则所公布的科目进行核算，我们认为，对首次执行日"待摊费用"科目仍有余额的，考虑调入预付账款；"预提费用"科目的有些项目，比如利息等仍存在余额的，则根据预提费用的性质，调入"应付利息""其他应付款"或"应付账款"科目。以后发生的跨期摊提费用，则直接计入当期损益。

第四节　辅助生产费用的归集与分配

辅助生产是指为基本生产车间、企业行政管理部门等单位服务而进行的产品生产和劳务供应。其中有的是提供一种或多种劳务，如供电、供水、供气、供风、运输、机器设备修理等辅助生产；有的则生产多种产品，如从事工具、模具、修理用备件等的制造。辅助生产提供的产品和劳务，有时也对外销售，但主要是为本企业服务。辅助生产产品和劳务成本的高低，影响到企业产品成本的水平，因此，正确、及时组织辅助生产费用的归集与分配，对于节约费用、降低产品成本有着重要的意义。

一、辅助生产费用的归集

辅助生产费用的归集与分配是通过"辅助生产成本"科目进行的。一般应按车间以及产品或劳务的种类设置明细账，账内按照成本项目设置专栏或专行，进行明细核算。对于直接用于辅助生产产品或提供劳务的费用，应记入"辅助生产成本"科目的借方；对于单设"制造费用"科目的辅助生产车间发生的制造费用，则先记入"制造费用——辅助生产车间"科目的借方进行汇总，然后从"制造费用——辅助生产车间"科目的贷方，直接转入或分配转入"辅助生产成本"科目及其明细账的借方，计算辅助生产的产品或劳务的成本。辅助生产完工的产品或劳务的成本，经过分配以后从"辅助生产成本"科目的贷方转出，期末如有借方余额则为辅助生产的在产品。

【例3-16】辅助生产成本和制造费用明细账格式详见表3-18、表3-19、表3-20和表3-21。

表3-18　　　　　　　　　　辅助生产成本明细账

辅助车间：修理　　　　　　　　2024年4月　　　　　　　　　　单位：元

摘　要	材料	动力	职工薪酬	制造费用	合计	转出
材料费用分配表	2 100				2 100	
动力费用分配表		200			200	
工资、福利费分配表			1 600		1 600	
制造费用分配表				800	800	
辅助生产成本分配表						4 700
合　计	2 100	200	1 600	800	4 700	4 700

表3-19　　　　　　　　　　辅助生产成本明细账

辅助车间：运输　　　　　　　　2024年4月　　　　　　　　　　单位：元

摘　要	材料	动力	职工薪酬	制造费用	合计	转出
原材料费用分配表	1 100				1 100	
动力费用分配表		100			100	
工资、福利费分配表			750		750	
制造费用分配表				450	450	
辅助生产成本分配表						2 400
合　计	1 100	100	750	450	2 400	2 400

表3-20　　　　　　　　　　制造费用明细账

车间：辅助车间——修理　　　　2024年4月　　　　　　　　　　单位：元

摘　要	材料	动力	职工薪酬	折旧费	办公费	保险费	其他	合计	转出
材料费用分配表	250							250	
动力费用分配表		25						25	

续表

摘要	材料	动力	职工薪酬	折旧费	办公费	保险费	其他	合计	转出
工资、福利费分配表			225					225	
折旧费用分配表				100				100	
办公费（付款凭证×号）					90			90	
保险费（付款凭证×号）						50		50	
其他（付款凭证×号）							60	60	
制造费用分配表									800
合计	250	25	225	100	90	50	60	800	800

表 3-21　　　　　　　　　　　制造费用明细账

车间：辅助车间——运输　　　　　2024 年 4 月　　　　　　　　　　单位：元

摘要	材料	动力	职工薪酬	折旧费	办公费	保险费	其他	合计	转出
材料费用分配表	100							100	
动力费用分配表		25						25	
工资、福利费分配表			150					150	
折旧费用分配表				75				75	
办公费（付款凭证×号）					20			20	
保险费（付款凭证×号）						35		35	
其他（付款凭证×号）							45	45	
制造费用分配表									450
合计	100	25	150	75	20	35	45	450	450

如果企业辅助生产车间规模较小，发生的制造费用较少，也不对外销售产品或提供劳务，为了简化核算工作，辅助生产车间的制造费用可以不单独设置"制造费用——辅助生产车间"科目，不通过"制造费用"科目进行汇总，而直接记入"辅助生产成本"科目及其明细账的借方。此时，"辅助生产成本"明细账就是按照成本项目与制造费用项目相结合设置专栏，而不是按成本项目设置的专栏。

【例 3-17】红旗制造股份有限公司辅助生产成本明细账，根据前述各种费用分配表进行登记。其格式详见表 3-22 和表 3-23。

表 3-22　　　　　　　　　　　辅助生产成本明细账

车间名称：供电车间　　　　　　2024 年 4 月　　　　　　　　　　单位：元

摘要	材料	动力	职工薪酬	折旧费	修理费	保险费	其他	合计	转出
材料费用分配表（表3-9）	450							450	
动力费用分配表（表3-10）		1 500						1 500	
工资、福利费分配表（表3-11、表3-12）			456					456	
折旧费用分配表（表3-13）				875				875	
长期待摊费用分配表（表3-15）						80		80	

续表

摘 要	材料	动力	职工薪酬	折旧费	修理费	保险费	其他	合计	转出
修理费等费用支出（例3-12、例3-13）					540		839	1 379	
辅助生产成本分配表									4 740
合　计	450	1 500	456	875	540	80	839	4 740	4 740

表 3-23　　　　　　　　　　　辅助生产成本明细账
车间名称：供水车间　　　　　2024年4月　　　　　　　　　　　单位：元

摘 要	材料	动力	职工薪酬	折旧费	修理费	保险费	其他	合计	转出
材料费用分配表（见表3-9）	650							650	
动力费用分配表（见表3-10）		600						600	
工资、福利费分配表（见表3-11、表3-12）			228					228	
折旧费用分配表（见表3-13）				350				350	
长期待摊费用分配表（见表3-15）						60		60	
修理费等费用支出（例3-12、例3-13）					95		82	177	
辅助生产成本分配表									2 065
合　计	650	600	228	350	95	60	82	2 065	2 065

二、辅助生产费用的分配

归集在"辅助生产成本"科目及其明细账借方的辅助生产费用，由于辅助生产车间所生产的产品和劳务的种类不同，费用转出、分配的程序也不一样。所提供的产品，如工具、模具和修理用备件等产品成本，应在产品完工时，从"辅助生产成本"科目的贷方分别转入"低值易耗品"和"原材料"科目的借方；提供的劳务作业，如供水、供电、供气、修理和运输等所发生的费用，则要在各受益单位之间按照所耗数量或其他比例进行分配后，从"辅助生产成本"科目的贷方转入"基本生产成本""制造费用""管理费用""销售费用"等科目的借方。辅助生产费用的分配是通过编制辅助生产费用分配表进行的。

辅助生产提供的产品和劳务，虽然主要是为基本生产车间和企业行政管理部门等服务的，但在某些辅助生产车间之间也有相互提供产品和劳务的情况，如供电车间为修理车间提供电力，修理车间为供电车间修理设备。为了正确计算辅助生产提供产品和劳务的成本，在分配辅助生产费用时，应首先在各辅助生产车间之间进行费用的交互分配，然后才是对外（即辅助生产车间以外的各受益单位）分配费用。

辅助生产费用的分配，通常采用的分配方法有直接分配法、顺序分配法、交互分配法、代数分配法和计划成本分配法。

（一）直接分配法

直接分配法，是指各辅助生产车间发生的费用，直接分配给除辅助生产车间以外的各受益产品、单位，而不考虑各辅助生产车间之间相互提供产品或劳务的情况。

【例3-18】 红旗制造股份有限公司有供水和供电两个辅助生产车间，主要为本企业基本生产车间和行政管理部门等服务，供水车间本月发生费用为2 065元，供电车间本月发生费用为4 740元。各辅助生产车间供应产品或劳务数量详见表3-24。

表3-24

受益单位	耗水（米³）	耗电（度）
基本生产——JIA-11产品		5 150
基本生产车间	1 025	4 000
辅助生产车间——供电	500	
——供水		1 500
行政管理部门	400	600
专设销售机构	140	250
合　　计	2 065	11 500

采用直接分配法的辅助生产费用分配表详见表3-25。

表3-25　　　　　　　　　　　　辅助生产费用分配表
（直接分配法）

项　目		供水车间	供电车间	合计
待分配辅助生产费用（元）		2 065	4 740	6 805
供应辅助生产以外的劳务数量		1 565 米³	10 000 度	—
单位成本（分配率）		1.319*	0.474	
基本生产——JIA-11产品	耗用数量		5 150	—
	分配金额		2 441.10	2 441.10
基本生产车间	耗用数量	1 025	4 000	
	分配金额	1 351.98	1 896	3 247.98
行政管理部门	耗用数量	400	600	—
	分配金额	527.60	284.40	812
专设销售机构	耗用数量	140	250	—
	分配金额	185.42*	118.50	303.92
合　　计		2 065	4 740	6 805

* 小数点尾差四舍五入。

辅助生产单位成本分配率的计算公式为：

$$单位成本分配率 = \frac{待分配辅助生产费用}{辅助生产劳务（产品）总量 - 其他辅助生产劳务（产品）耗用量}$$

水单位分配率 = $\dfrac{2\,065}{2\,065 - 500}$ = 1.319 （元/米^3）

电单位分配率 = $\dfrac{4\,740}{11\,500 - 1\,500}$ = 0.474 （元/度）

根据辅助生产费用分配表编制会计分录：

借：基本生产成本　　　　　　　　　　　　　　　　　　　　　2 441.10
　　制造费用　　　　　　　　　　　　　　　　　　　　　　　3 247.98
　　管理费用　　　　　　　　　　　　　　　　　　　　　　　812
　　销售费用　　　　　　　　　　　　　　　　　　　　　　　303.92
　　贷：辅助生产成本——供水　　　　　　　　　　　　　　　　　　2 065
　　　　　　　　　　——供电　　　　　　　　　　　　　　　　　　4 740

采用直接分配法，由于各辅助生产费用只是对外分配，计算工作简便。但当辅助生产车间相互提供产品或劳务量差异较大时，分配结果往往与实际不符，因此，这种分配方法只适宜在辅助生产内部相互提供产品或劳务不多、不进行费用的交互分配对辅助生产成本和产品制造成本影响不大的情况下采用。

（二）顺序分配法

顺序分配法，又称梯形分配法，是指各辅助生产车间按受益多少的顺序依次排列，受益少的排在最前，先将费用分配出去，受益多的排在后面，后将费用分配出去。例如，红旗制造股份有限公司有供电和供水两个辅助生产车间，供电车间耗用水较少，而供水车间耗用电较多，这就可以按照供电、供水的顺序排列，先分配电费，再分配水费。

采用顺序分配法不进行交互分配，各辅助生产费用只分配一次，分配率的分子不仅包括某辅助生产车间的待分配费用，还包括分入的前面辅助生产车间的费用；分母不仅包括辅助生产车间以外的受益单位对该辅助生产产品或劳务的耗用量，还包括后面的辅助生产车间对该辅助生产产品或劳务的耗用量。这样，在计算出分配率以后，就可以利用该分配率将该种辅助生产费用分配给位于后面的辅助生产车间以及辅助生产车间以外的受益单位，进而根据其用途记入相应的成本费用账户。但是，当辅助车间较多时，受益多少的顺序就很难排列。这样，分配结果的正确性受到一定的影响，计算工作量有所增加。这种分配方法只适宜在各辅助生产车间或部门之间相互受益程度有明显顺序的情况下采用。该方法在我国会计实务中使用的较少，因此，具体核算在此就不再举例说明。

（三）交互分配法

交互分配法，是对各辅助生产车间的成本费用进行两次分配。首先，根据各辅助生产车间相互提供的产品或劳务的数量和交互分配前的单位成本（费用分配率），在各辅助生产车间之间进行一次交互分配；然后，将各辅助生产车间交互分配后的实际费用（交互分配前的成本费用加上交互分配转入的成本费用，减去交互分配转出的成本费用），再按提供产品或劳务的数量和交互分配后的单位成本（费用分配率），在辅助生产车间以外的各受益单位进行分配。

【例 3-19】 承用【例 3-18】的资料，假设红旗制造股份有限公司采用交互分配法编制辅助生产费用分配表。详见表 3-26。

表 3-26 辅助生产费用分配表
（交互分配法）
单位：元

项目		供水车间			供电车间			合计
		数量（米³）	单位成本（费用分配率）	分配金额	数量（度）	单位成本（费用分配率）	分配金额	
待分配辅助生产费用		2 065	1.00	2 065	11 500	0.41*	4 740	6 805
交互分配	辅助生产——供水			+615	−1 500		−615	
	辅助生产——供电	−500		−500			+500	
对外分配辅助生产费用		1 565	1.3930*	2 180	10 000	0.4625	4 625	6 805
对外分配	基本生产——JIA-11 产品				5 150		2 381.88	2 381.88
	基本生产车间	1 025		1 427.83	4 000		1 850	3 277.83
	行政管理部门	400		557.20	600		277.50	834.70
	专设销售机构	140		194.97*	250		115.62	310.59
	合计	1 565		2 180	10 000		4 625	6 805

* 小数点尾差四舍五入。

（1）表 3-26 中的计算分配如下：

①交互分配前的单位成本：

供水：$\dfrac{2\,065}{2\,065} = 1.00$

供电：$\dfrac{4\,740}{11\,500} = 0.41$

②交互分配：

供水分配电费：$1\,500 \times 0.41 = 615$（元）

供电分配水费：$500 \times 1.00 = 500$（元）

③交互分配后的实际费用（对外分配费用）：

供水：$2\,065 + 615 - 500 = 2\,180$（元）

供电：$4\,740 + 500 - 615 = 4\,625$（元）

④交互分配后的单位成本（对外分配单位成本）：

供水：$\dfrac{2\,180}{1\,565} = 1.3930$

供电：$\dfrac{4\,625}{10\,000} = 0.4625$

⑤对外分配：

基本生产——JIA-11 产品（电费）：$5\,150 \times 0.4625 = 2\,381.88$（元）

基本生产车间（电费）：$4\,000 \times 0.4625 = 1\,850$（元）

基本生产车间（水费）：1 025 × 1.3930 = 1 427.83（元）
行政管理部门（电费）：600 × 0.4625 = 277.50（元）
行政管理部门（水费）：400 × 1.3930 = 557.20（元）
销售部门（电费）：250 × 0.4625 = 115.62（元）
销售部门（水费）：140 × 1.3930 = 194.97（元）

（2）根据辅助生产费用分配表编制会计分录：

①交互分配：

借：辅助生产成本——供水　　　　　　　　　　　　　　　615
　　　　　　　　——供电　　　　　　　　　　　　　　　500
　　贷：辅助生产成本——供电　　　　　　　　　　　　　615
　　　　　　　　——供水　　　　　　　　　　　　　　　500

②对外分配：

借：基本生产成本——JIA-11产品　　　　　　　　　　　2 381.88
　　制造费用　　　　　　　　　　　　　　　　　　　　3 277.83
　　管理费用　　　　　　　　　　　　　　　　　　　　834.70
　　销售费用　　　　　　　　　　　　　　　　　　　　310.59
　　贷：辅助生产成本——供水　　　　　　　　　　　　2 180
　　　　　　　　——供电　　　　　　　　　　　　　　4 625

采用交互分配法，辅助生产内部相互提供产品或劳务全都进行了交互分配，从而提高了分配结果的正确性，但各辅助生产费用要计算两个单位成本（费用分配率），进行两次分配，因而增加了计算工作量。在各月辅助生产费用水平相差不大的情况下，为了简化计算工作，也可以用上月的辅助生产单位成本作为本月交互分配的单位成本。

（四）代数分配法

代数分配法，是在辅助生产车间之间相互提供产品或劳务情况下，运用代数中多元一次联立方程的原理分配辅助生产成本费用的一种方法。采用这种分配方法，首先，应根据各辅助生产车间相互提供产品和劳务的数量，求解联立方程式，计算辅助生产产品或劳务的单位成本；然后，根据各受益单位（包括辅助生产内部和外部各单位）耗用产品或劳务的数量和单位成本，计算分配辅助生产费用。

【例3-20】 承用【例3-18】的资料，假设红旗制造股份有限公司按代数分配法分配辅助生产成本，设每立方米水的成本为x，每度电的成本为y，列联立方程式如下：

$$\begin{cases} 2\,065 + 1\,500y = 2\,065x \\ 4\,740 + 500x = 11\,500y \end{cases}$$

在该方程组中，"1 500y"表示应分配计入供水车间的电费，"2 065 + 1 500y"则是供水车间发生的全部费用；"500x"表示应分配计入供电车间的水费，"4 740 + 500x"则是供电车间发生的全部费用。解该方程组：

解得 $\begin{cases} x = 1.3418 \\ y = 0.4705 \end{cases}$

采用代数分配法编制辅助生产费用分配表，详见表 3-27。

表 3-27 辅助生产费用分配表
（代数分配法）

项　　目			供水车间	供电车间	合计
待分配辅助生产费用（元）			2 065	4 740	6 805
供应辅助生产以外的劳务数量			2 065 米^3	11 500 度	—
用代数算出的实际单位成本（分配率）			1.3418*	0.4705	—
辅助生产车间	供水车间	耗用数量		1 500	—
		分配金额		705.75	670.90
	供电车间	耗用数量	500		—
		分配金额	670.90		670.90
基本生产——JIA-11 产品		耗用数量		5 150	—
		分配金额		2 423.08*	2 423.08*
基本生产车间		耗用数量	1 025	4 000	—
		分配金额	1 375.35*	1 882	3 257.35
行政管理部门		耗用数量	400	600	—
		分配金额	536.72	282.30	819.02
专设销售机构		耗用数量	140	250	—
		分配金额	187.85*	117.63*	305.48
合　　计			2 770.82	5 410.76	8 181.58

＊小数点尾差四舍五入。

根据辅助生产费用分配表编制会计分录：

借：辅助生产成本——供电	670.90
——供水	705.75
基本生产成本——JIA-11 产品	2 423.08
制造费用	3 257.35
管理费用	819.02
销售费用	305.48
贷：辅助生产成本——供水	2 770.82
——供电	5 410.76

采用代数分配法，其费用成本分配结果最正确。但在辅助生产车间较多的情况下，未知数较多，计算复杂，因而这种分配方法适宜在计算工作已经实现电算化的企业采用。

（五）计划成本分配法

计划成本分配法，是指辅助生产车间生产的产品或劳务，按照计划单位成本计算、分配辅助生产费用的方法。辅助生产为各受益单位（包括其他辅助生产车间）提供的产品或劳务，一律按产品或劳务的实际耗用量和计划单位成本进行分配；辅助生产车间实际发生的费用，包括辅助生产交互分配转入的费用在内，与按计划单位成本分配转出的费用之间的差额，也就是辅助生产产品或劳务的成本差异，可以追加分配给辅助生产以外的各受益单位，为了简化计算工作，也可以全部记入"管理费用"科目。

【例3-21】承用【例3-18】的资料，假设红旗制造股份有限公司按计划成本分配法分配辅助生产成本，每立方米水的计划成本为1.50元，每度电的计划成本为0.48元，编制辅助生产费用分配表，详见表3-28。

表3-28　　　　　　　　　辅助生产费用分配表
（按计划成本分配法）

待分配辅助生产费用	辅助生产车间名称		供水车间	供电车间	合计
	"辅助生产成本"科目发生额		2 065	4 740	6 805
	供应劳务数量		2 065 米³	11 500 度	—
	计划单位成本		1.50	0.48	—
辅助生产成本	供水车间	耗用数量		1 500	—
		分配金额		720	720
	供电车间	耗用数量	500		—
		分配金额	750		750
制造费用	基本生产车间	耗用数量	2 050	4 000	—
		分配金额	1 537.50	1 920	3 457.50
基本生产成本	JIA-11产品	耗用数量		5 150	—
		分配金额		2 472	2 472
管理费用	企业行政管理部门	耗用数量	400	600	—
		分配金额	600	288	888
销售费用	专设销售机构	耗用数量	140	250	—
		分配金额	210	120	330
按计划成本分配合计			3 097.50	5 520	8 617.50
辅助生产实际成本			2 785	5 490	8 275
辅助生产成本差异			-312.50	-30	-342.50

辅助生产实际成本为"待分配费用+分配转入的辅助生产费用"表中的辅助生产实际成本计算如下：

辅助生产实际成本：供水车间：2 065 + 720 = 2 785（元）
　　　　　　　　　供电车间：4 740 + 750 = 5 490（元）

编制会计分录：
（1）按计划成本分配：
　　借：辅助生产成本——供水车间　　　　　　　　　　　　　　720
　　　　　　　　　　——供电车间　　　　　　　　　　　　　　750

制造费用——基本生产车间	3 457.50
基本生产成本	2 472
管理费用	888
销售费用	330
贷：辅助生产成本——供水车间	3 097.50
——供电车间	5 520

（2）计算并结转辅助生产成本差异，为了简化核算，辅助生产成本差异记入"管理费用"科目。

借：管理费用	342.50
贷：辅助生产成本——供水车间	312.50
——供电车间	30

采用按计划成本分配法，由于辅助生产车间的产品或劳务的计划单位成本有现成资料，只要有各受益单位耗用辅助生产车间的产品或劳务量，便可进行分配，从而简化和加速了分配的计算工作；按照计划单位成本分配，排除了辅助生产实际费用的高低对各受益单位成本的影响，便于考核和分析各受益单位的经济责任；还能够反映辅助生产车间产品或劳务的实际成本脱离计划成本的差异。但是采用该种分配方法，辅助生产产品或劳务的计划单位成本必须比较正确。

三、辅助生产费用分配方法的使用

对于辅助生产费用分配的各种方法，世界各国都是有选择地使用，根据一项对英国、日本和澳大利亚的辅助生产费用分配方法的调查（见表3-29），辅助生产费用分配方法中的直接分配法由于易于计算和理解在会计实务中被广泛使用。尽管交互分配法在理论上最为完善，并且当企业普遍实现会计电算化后，采用交互分配法并不会增加额外的计算量，但仍未被经常使用，究其原因，很可能是由于使用交互分配法得出的数字与用直接分配法计算出的数字在某些情况下差别很小，从而并无特别强调的必要；更可能的是由于许多会计实务工作者难以理解该方法所致。据了解我国会计实务中大多数企业选择直接分配法分配辅助生产费用。

表3-29　　　　　　　　辅助生产费用分配方法的使用情况统计表

国家或地区 辅助生产费用分配方法	英 国	澳大利亚	日 本
直接分配法	64%	43%	58%
顺序分配法	6%	3%	27%
交互分配法（包括代数分配法和计划成本分配法）	14%	5%	10%
其他方法	8%	15%	4%
不分配	8%	34%	1%
合　　计	100%	100%	100%

四、辅助生产费用分配方法的对比

辅助生产费用的分配,通常采用的分配方法有直接分配法、顺序分配法、交互分配法、代数分配法和计划成本分配法。这五种分配方法的对比见表3-30。

表 3-30 辅助生产费用分配方法的对比

	直接分配法	顺序分配法	交互分配法	代数分配法	计划成本分配法
特点	各辅助生产车间发生的费用,直接分配给除辅助生产车间以外的各受益产品、单位,而不考虑各辅助生产车间之间相互提供产品或劳务的情况	各辅助生产车间按受益多少的顺序依次排列,受益少的排在最前,先将费用分配出去;受益多的排在后面,后将费用分配出去	首先,根据各辅助生产车间待分配费用在各辅助生产车间之间进行一次交互分配;然后,将各辅助生产车间交互分配后的实际费用,在辅助生产车间以外的各受益单位进行分配	首先,应根据各辅助生产车间相互提供产品和劳务的数量,求解联立方程式,计算出单位成本;然后,根据各受益单位(包括辅助生产内部和外部各单位),计算分配辅助生产费用	首先按照计划单位成本计算分配给包括其他辅助生产车间的各受益单位;然后将辅助生产产品或劳务的成本差异,可以追加分配给辅助生产以外的各受益单位
优缺点	计算工作简便。当辅助生产车间相互提供产品或劳务量差异较大时,分配结果往往与实际不符	当辅助车间较多时,受益多少的顺序就很难排列。这样,分配结果的正确性受到一定的影响,计算工作量有所增加	由于进行了二次分配,从而提高了分配结果的正确性,因而增加了计算工作量	费用成本分配结果最正确。但在辅助生产车间较多的情况下,未知数较多,计算复杂	简化和加速了分配的计算工作;便于考核和分析各受益单位的经济责任;还能够反映辅助生产车间产品或劳务的实际成本脱离计划成本的差异
适用条件	辅助生产内部相互提供产品或劳务不多、不进行费用的交互分配对辅助生产成本和产品制造成本影响不大	各辅助生产车间或部门之间相互受益程度有明显顺序	各辅助生产车间或部门之间相互受益程度无明显顺序	计算工作已经实现电算化的企业	计划单位成本必须比较正确

第五节 制造费用的归集与分配

企业在产品生产过程中,除了产品直接耗用各种材料费用、发生人工费用和其他费用外,还会发生各种制造费用等。因此,要正确地核算制造费用,这对于正确计算产品的制造成本具有重要的作用。由于辅助生产的制造费用归集与分配的核算已在上一节中阐述,本节着重阐述基本生产的制造费用归集与分配。

一、制造费用的归集

制造费用是指制造业企业为生产产品（或提供劳务）而发生的，应该计入产品成本但没有专设成本项目的各项生产费用。制造费用中大部分不是直接用于产品生产，而是间接用于产品生产，如机器物料消耗、车间辅助人员的薪酬，以及车间厂房的折旧费等。也有一部分直接用于产品生产，但管理上不要求单独核算，也不专设成本项目的费用，例如机器设备的折旧费、修理费等。生产工艺用动力，如果不专设成本项目，也不单独核算，应将其包括在制造费用中。制造费用还包括车间用于组织和管理生产的费用，例如车间管理人员的薪酬，车间管理用房屋和设备的折旧费、修理费、车间照明费、水费、取暖费、差旅费和办公费等，这些费用虽然具有管理费用性质，但由于车间是企业从事生产活动的单位，其管理费用和制造费用很难严格划分，为了简化核算工作，这些费用也作为制造费用核算。

制造费用的内容比较复杂，应该按照管理要求分别设立若干费用项目进行计划和核算，归类反映各项费用的计划执行情况。制造费用的项目有的可以按照费用的经济用途设立，如用于车间办公方面的各项支出设立"办公费"项目；有的可以按照费用的经济内容设立，如全车间的机器设备和房屋建筑物等固定资产的折旧，设立"折旧费"项目。

制造费用的核算，是通过"制造费用"总账科目进行归集与分配的。该科目应按车间（基本生产车间、辅助生产车间）、部门设置明细账，账内按照费用项目设专栏或专行，分别反映各车间、部门各项制造费用的支出情况。制造费用发生时，根据有关的付款凭证、转账凭证和前述各种费用分配表，记入"制造费用"科目的借方，并视具体情况，分别记入"原材料""应付职工薪酬""累计折旧""预提费用""银行存款"等科目的贷方；期末按照一定的标准进行分配时，从"制造费用"科目的贷方转出，记入"基本生产成本"等科目的借方；除季节性生产的车间外，"制造费用"科目期末应无余额。

【例 3-22】承用本章第二节至第四节中相关例子的资料。红旗制造股份有限公司根据各种费用分配表及付款凭证登记"制造费用"明细账，详见表 3-31。

表 3-31　　　　　　　　　　　　制造费用明细账
车间：基本生产车间　　　　　　　2024 年 4 月　　　　　　　　　　　　单位：元

摘要	机物料消耗	外购动力	职工薪酬	折旧费	修理费	水电费	保险费	低值易耗品	其他	合计	转出
材料费用分配表（见表 3-9）	200									200	
外购动力费用分配表（见表 3-10）		2 250								2 250	
工资、福利费分配表（见表 3-11、表 3-12）			912							912	
固定资产折旧费用分配表（见表 3-13）				10 000						10 000	
长期待摊费用分配表（见表 3-15）							250			250	
辅助生产费用分配表（见表 3-28）						3 457.50				3 457.50	

续表

摘要	机物料消耗	外购动力	职工薪酬	折旧费	修理费	水电费	保险费	低值易耗品	其他	合计	转出
低值易耗品摊销（例3-6）								1 144		1 144	
修理费等费用支出（例3-12、例3-13）					2 476.50				490	2 966.50	
制造费用分配表											21 180
合　　计	200	2 250	912	10 000	2 476.50	3 457.50	250	1 144	490	21 180	21 180

二、制造费用的分配

为了正确计算产品的生产成本，必须合理地分配制造费用。基本生产车间的制造费用是产品生产成本的组成部分，在只生产一种产品的车间，制造费用可以直接计入该种产品生产成本；在生产多种产品的车间中，制造费用则应该采用既合理又较简便的分配方法，分配计入各种产品的生产成本。即记入"基本生产成本"科目及其明细账"制造费用"成本项目。

由于企业各车间的生产工艺、生产流程以及机械化、自动化的程度不同，因而制造费用的发生、归集和分配的水平也有较大的差异，所以制造费用应该按照各车间内部分别进行分配，而不得将各车间的制造费用在整个企业范围内统一分配。制造费用分配方法一般有生产工时比例法、机器工时比例法和按年度计划分配率分配法等。

（一）生产工时比例法

生产工时比例法是按照各种产品所用生产工人工时的比例分配制造费用的一种方法。计算公式如下：

$$制造费用分配率 = \frac{制造费用总额}{车间产品生产工时总额}$$

某种产品应分配的制造费用 = 该种产品生产工时 × 制造费用分配率

按生产工时比例分配，可以是各种产品实际耗用的生产工时（实用工时）；如果产品的工时定额比较准确，制造费用也可以按定额工时的比例分配。计算公式如下：

$$制造费用分配率 = \frac{制造费用总额}{车间产品实用（定额）工时总额}$$

某种产品应分配的制造费用 = 该种产品实用（定额）工时 × 制造费用分配率

【例3-23】假设红旗制造股份有限公司基本生产车间JIA-11产品生产工时为6 000小时，YII-12产品生产工时为4 000小时，计算分配如下：

$$制造费用分配率 = \frac{21\ 180}{6\ 000 + 4\ 000} = 2.118$$

JIA-11产品制造费用 = 6 000 × 2.118 = 12 708（元）

YII-12产品制造费用 = 4 000 × 2.118 = 8 472（元）

按生产工时比例法编制制造费用分配表，详见表3-32。

第三章 成本核算的一般程序和生产费用的归集与分配

表 3-32　　　　　　　　　　　　　制造费用分配表

车间：基本生产车间　　　　　　　　　　　　　　　　　　　　　　　　　　　　　　单位：元

应借科目	生产工时（小时）	分配金额
基本生产成本——JIA-11 产品	6 000	12 708
——YII-12 产品	4 000	8 472
合　计	10 000	21 180

根据制造费用分配表，编制会计分录如下：

借：基本生产成本——JIA-11 产品　　　　　　　　　　　　　　　　12 708
　　　　　　——YII-12 产品　　　　　　　　　　　　　　　　　　8 472
　　贷：制造费用　　　　　　　　　　　　　　　　　　　　　　　　　　　　21 180

按生产工时比例分配是较为常用的一种分配方法，它能将劳动生产率的高低与产品负担费用的多少联系起来，分配结果比较合理。但是，必须正确组织好产品生产工时的记录和核算工作，以保证生产工时的正确、可靠。这种方法适用于机械化、自动化程度不高，产品成本中制造费用占的比重不大的劳动密集型企业。

（二）机器工时比例法

机器工时比例法是按照各种产品所用机器设备运转时间的比例分配制造费用的一种方法。这种方法适用于机械化、自动化程度较高且生产加工工艺差别不大的车间，因为在这种车间中，折旧费用、修理费用的大小与机器运转的时间有密切的联系。采用这种方法，必须正确组织各种产品所耗用机器工时的记录工作，以保证工时的准确性。该方法的计算程序、原理与生产工时比例法基本相同。

（三）按年度计划分配率分配法

按年度计划分配率分配法是按照年度开始前确定的全年适用的计划分配率分配费用的方法。采用这种分配方法，不论各月实际发生的制造费用多少，每月各种产品成本中的制造费用都按年度计划确定的计划分配率分配。年度内如果发现全年制造费用的实际数和产品的实际产量与计划数发生较大的差额时，应及时调整计划分配率。计算公式如下：

$$年度计划分配率 = \frac{年度制造费用计划总额}{年度各种产品计划产量的定额工时总额}$$

某月某产品制造费用 = 该月该种产品实际产量的定额工时数 × 年度计划分配率

【例 3-24】 红旗制造股份有限公司某基本生产车间全年制造费用计划 27 500 元；全年各种产品的计划产量为：JIA-11 产品 1 300 件，YII-12 产品 1 125 件；单件产品的工时定额为 JIA-11 产品 2.5 小时，YII-12 产品 2 小时。2024 年 4 月实际产量为：JIA-11 产品 120 件，YII-12 产品 75 件；本月实际发生制造费用 2 550 元。

（1）JIA-11 产品年度计划产量的定额工时 = 1 300 × 2.5 = 3 250（小时）

　　　YII-12 产品年度计划产量的定额工时 = 1 125 × 2 = 2 250（小时）

（2）制造费用年度计划分配率 = $\frac{27\ 500}{3\ 250 + 2\ 250} = 5$

（3）JIA-11产品本月实际产量的定额工时 = 120×2.5 = 300（小时）

YII-12产品本月实际产量的定额工时 = 75×2 = 150（小时）

（4）本月 JIA-11 产品制造费用 = 300×5 = 1 500（元）

本月 YII-12 产品制造费用 = 150×5 = 750（元）

该车间本月按计划分配率分配转出的制造费用为：

1 500 + 750 = 2 250（元）

假定"制造费用"科目4月初为贷方余额100元，则本月制造费用的实际发生额和分配转出额登记结果如图3-1所示。

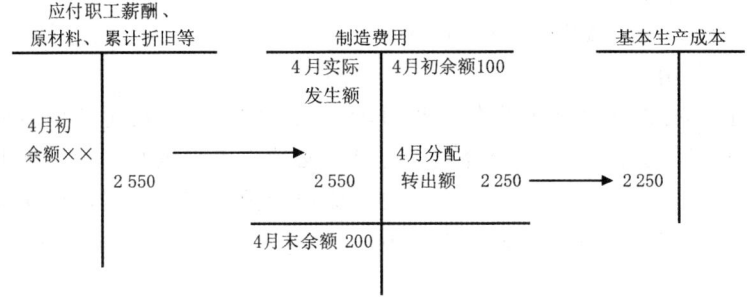

图3-1 科目记录示意图

采用年度计划分配率分配法时，"制造费用"总账科目及其明细账一般有月末余额，可能是借方余额，也可能是贷方余额。如为借方余额表示实际发生的制造费用大于按计划分配的费用，属于预付费用，为资产；如为贷方余额表示实际发生的制造费用小于按计划分配的费用，属于预提费用，为负债。"制造费用"科目如果有年末余额，就是全年制造费用的实际发生额与计划分配额的差额，一般应在年末调整计入12月的产品成本。实际发生额大于计划分配额，借记"基本生产成本"科目，贷记"制造费用"科目；实际发生额小于计划分配额，则用红字冲减，或者借记"制造费用"科目，贷记"基本生产成本"科目。

这种分配方法核算工作简便，特别适用于季节性生产的车间，因为它不受淡月和旺月产量相差悬殊的影响，从而不会使各月单位产品成本中制造费用忽高忽低，便于进行成本分析。但是，采用这种分配方法要求计划工作水平较高，否则会影响产品成本计算的正确性。

无论采用哪一种制造费用分配方法，都应根据分配计算的结果，编制制造费用分配表，据以进行制造费用的总分类核算和明细核算。制造费用的分配，除了采用按年度计划分配率分配法的企业外，"制造费用"科目都没有月末余额。

需要指出的是，在手工记账的环境下，一直单独采用某一种分配方法（如按生产工时的比例）分配制造费用，其目的是简化计算。但是，随着生产机械化、自动化、数字化、智能化，生产工艺的水平越来越高，制造费用占产品的比重也越来越大，且制造费用包括的内容多，费用项目性质差别大，单独采用某一种分配方法分配制造费用其分配结果极其不合理。在新信息技术广泛运用的背景下，计算已不再是阻碍选择制造费用分配方法的瓶颈。因此，企业应将制造费用各个项目按照一定的标准归类，同时选择不同的分配方法来分配制造费用。一般情况下，选择制造费用的分配标准需要考虑制造费用与产品、产量的关系，遵循相关性、易操作性、相对稳定性等原则。对于生产自动化、数字化、智能化水平较高的企业，其制造费用分配方法的选择，可参考本教材第五章第五节中的"作业成本法"的相关内容。

三、制造费用、制造成本和销售成本关系

制造费用是指工业企业为生产产品（或提供劳务）而发生的，应该计入产品成本，但没有专设成本项目的各项生产费用。制造费用中大部分不是直接用于产品生产的费用，而是间接用于产品生产的费用。

制造成本，也称工厂成本或生产成本，是指形成产品成本的直接和间接费用。在一个会计期间内，企业发生的制造成本为生产产品所消耗的原材料、半成品，支付的直接人工和制造费用。

销售成本是指已出售产品的制造成本。它和制造成本的关系用公式表示为：

销售成本 = 期初库存商品的制造成本 + 本期完工入库产品的制造成本 − 期末库存商品的制造成本

第六节　废品损失和停工损失的归集与分配

企业在生产经营过程中由于原材料质量不符合要求、生产工人违规操作、机器设备故障等原因而发生的损失称为生产损失。生产损失都是与产品生产直接有关，因此生产损失应由产品制造成本承担，是产品制造成本的组成部分。如果企业的生产损失在产品成本中所占的比重较大，对产品成本的影响也较大且经常发生，则生产损失就需单独进行核算，即单独归集生产损失，计算发生的生产损失数额。企业的生产损失主要包括废品损失和停工损失。

一、废品损失的归集与分配

生产中的废品，是指不符合规定的技术标准，不能按照原定用途使用，或者需要加工修理后才能使用的在产品、半成品和产成品，包括生产过程中发现的废品和入库后发现的废品。废品按其报损程度和修复价值，可分为可修复废品和不可修复废品。可修复废品是指技术上、工艺上可以修复，而且所支付的修复费用在经济上合算的废品。不可修复废品是指技术上、工艺上不可修复，或者虽可修复，但所支付的修复费用在经济上不合算的废品。

废品损失包括在生产过程中发现的、入库后发现的各种废品的报废损失和修复费用。废品的报废损失，是指不可修复废品的生产成本（制造成本）扣除回收的材料和废料价值后的损失；废品的修复费用，是指可修复废品在返修过程中所发生的修复费用。由废品的过失单位或个人负担的赔款，应从废品损失中扣除，扣除赔款后的损失，即废品净损失。对于降价出售不合格品的降价损失，产品入库后因管理不善而损坏变质的损失，以及实行包退、包修、包换"三包"的企业，产品出售以后发现的废品所发生的一切损失等，都不包括在废品损失内。废品损失核算的根据，是经过质量检验部门填制并审核后的废品通知单。

单独核算废品损失的企业，在会计科目中应增设"废品损失"科目；在成本项目中应增设"废品损失"项目。

废品损失的归集与分配，应根据废品损失计算表和分配表等有关凭证，通过"废品损失"科目进行。"废品损失"科目应按车间设置明细账，账内按产品品种和成本项目登记废品损失的详细资料。该科目的借方归集不可修复废品的生产成本和可修复废品的修复费用。不可修复废品的生产成本，根据不可修复废品损失计算表，借记"废品损失"科目，贷记"基本生产成本"科目；可修复废品修复费用，根据各种费用分配表，借记"废品损失"科目，贷记"原材料""应付职工薪酬""制造费用"等科目。该科目的贷方登记废品残料回收的价值和应收的赔款，即借记"原材料""其他应收款"等科目，贷记"废品损失"科目，应由本月生产的同种产品成本负担的废品净损失，应从"废品损失"科目贷方转入"基本生产成本"科目的借方（记入本月同种产品成本明细账废品损失成本项目）；该科目月末没有余额。

（一）不可修复废品损失的归集与分配

为了归集与分配不可修复的废品损失，必须首先计算废品的成本。废品成本是指生产过程中截至报废时为止所耗费的一切费用。扣除废品的残值和应收赔款，算出废品净损失，计入该种产品成本。由于不可修复废品的成本与合格产品的成本是归集在一起同时发生的，因此需要采取一定的方法予以确定。一般有两种方法：一是按废品所耗实际费用计算，二是按废品所耗定额费用计算。

1. 按废品所耗实际费用计算的方法

采用这一方法，就是在废品报废时根据废品和合格品发生的全部实际费用，采用一定的分配方法，在合格品与废品之间进行分配，计算出废品的实际成本，从"基本生产成本"科目贷方转入"废品损失"科目的借方。

【例 3-25】红旗制造股份有限公司某基本生产车间本月生产 JIA-11 产品 200 件，其中经验收入库发现废品 5 件；合格品生产工时为 5 850 小时，废品工时为 150 小时，全部生产工时为 6 000 小时。JIA-11 产品成本计算单（即基本生产成本明细账）所列合格品和废品的全部生产费用为：原材料 20 000 元，燃料和动力 11 880 元，职工薪酬 12 120 元，制造费用 7 200 元，共计 51 200 元。废品残料回收价值 120 元，原材料是生产开工时一次投入，原材料费用按合格品数量和废品数量的比例分配；其他费用按生产工时比例分配。根据上列资料，编制废品损失计算表。详见表 3-33。

表 3-33　　　　　　　废品损失计算表
车间名称：锻造车间　　　　　（按实际成本计算）
产品名称：JIA-11 产品　　　　2024 年 4 月　　　　　　　　　　　　单位：元

项目	数量（件）	直接材料	生产工时	燃料和动力	职工薪酬	制造费用	成本合计
费用总额	200	20 000	6 000	11 880	12 120	7 200	51 200
费用分配率		100		1.98	2.02	1.2	
废品成本	5	500	150	297	303	180	1 280
减：废品残料		120					120
废品损失		380	150	297	303	180	1 160

根据废品损失计算表，编制如下会计分录：

（1）结转废品成本（实际成本）：

借：废品损失——JIA-11产品　　　　　　　　　　　　　　　　　　1 280

　　贷：基本生产成本——JIA-11——直接材料　　　　　　　　　　　　500

　　　　　　　　　　　　　　　——燃料和动力　　　　　　　　　　　297

　　　　　　　　　　　　　　　——职工薪酬　　　　　　　　　　　　303

　　　　　　　　　　　　　　　——制造费用　　　　　　　　　　　　180

（2）回收废品残料价值：

借：原材料　　　　　　　　　　　　　　　　　　　　　　　　　　　120

　　贷：废品损失——JIA-11产品　　　　　　　　　　　　　　　　　120

（3）废品净损失转入该种合格产品成本：

借：基本生产成本——JIA-11产品——废品损失　　　　　　　　　1 160

　　贷：废品损失——JIA-11产品　　　　　　　　　　　　　　　1 160

在完工以后发现的废品，此时，单位废品负担的各项生产费用应与单位合格品完全相同，可按合格品产量和废品的数量比例分配各项生产费用，计算废品的实际成本。按废品的实际成本计算和分配废品损失，符合实际，但核算工作量较大。

2. 按废品所耗定额费用计算的方法

这种方法也称按定额成本计算方法。这是按废品的数量和各项费用定额计算废品的定额成本，再将废品的定额成本扣除废品残料回收价值，即为废品损失，而不考虑废品实际发生的费用。

【例3-26】红旗制造股份有限公司某基本生产车间本月生产YⅡ-12产品，验收入库时发现不可修复废品3件，回收废品残值50元，按定额成本计算废品成本和废品损失。编制废品损失计算表。详见表3-34。

表3-34　　　　　　　　　　　　　废品损失计算表

产品名称：YⅡ-12产品　　　　　　（按定额成本计算）

废品数量：6件　　　　　　　　　　2024年4月　　　　　　　　　　　单位：元

项目	直接材料	燃料和动力	职工薪酬	制造费用	成本合计
费用定额	200	60	40	50	350
废品定额成本	600	180	120	150	1 050
减：回收残值	50				50
废品损失	550	180	120	150	1 000

根据废品损失计算表编制如下会计分录：

（1）结转废品成本（定额成本）：

借：废品损失——YⅡ-12产品　　　　　　　　　　　　　　　　　1 050

　　贷：基本生产成本——YⅡ-12——直接材料　　　　　　　　　　　600

　　　　　　　　　　　　　　　——燃料和动力　　　　　　　　　　　180

　　　　　　　　　　　　　　　——职工薪酬　　　　　　　　　　　　120

　　　　　　　　　　　　　　　——制造费用　　　　　　　　　　　　150

（2）回收废品残料价值：

借：原材料　　　　　　　　　　　　　　　　　　　　　　　　　　　　50
　　贷：废品损失——YⅡ-12产品　　　　　　　　　　　　　　　　　　　　50

（3）废品损失转入该种合格品成本：

借：基本生产成本——YⅡ-12产品——废品损失　　　　　　　　　　1 000
　　贷：废品损失——YⅡ-12产品　　　　　　　　　　　　　　　　　　1 000

采用按废品所耗定额费用计算废品成本和废品损失的方法，核算工作比较简便，有利于考核和分析废品损失和产品成本。但必须具备比较准确的定额成本资料，否则会影响成本计算的正确性。

（二）可修复废品损失的归集与分配

可修复废品损失，指废品在修复过程中所发生的各项修复费用。而可修复废品返修以前发生的生产费用，在"基本生产成本"科目及有关的成本明细账中，不必转出，因为它不是废品损失。返修时发生的修复费用，应根据原材料、职工薪酬、辅助生产费用和制造费用等分配表记入"废品损失"科目的借方，以及有关科目的贷方。如有残值和应收赔款，根据废料入库凭证及其他有关结算凭证，从"废品损失"科目的贷方转入"原材料""其他应收款"等科目的借方。将废品净损失（修复费用减残值和赔款）从"废品损失"科目的贷方转入"基本生产成本"科目的借方及其有关成本明细账的废品损失成本项目。

不单独核算废品损失的企业，不设"废品损失"会计科目和废品损失成本项目，在回收废品残料时，记入"原材料"科目的借方和"基本生产成本"科目的贷方，并从所属有关产品成本明细账的"直接材料"成本项目中扣除残料价值。辅助生产一般不单独核算废品损失。

（三）废品损失的审核

企业的废品损失，无论是采用单独核算还是不单独核算，其最终的净损失都由发生废品损失当期同种产品的成本负担。因此，对废品损失的审核关系到企业产品成本的计量是否准确。在审核时必须加强对企业废品损失业务的真实性，有无任意扩大废品损失的核算范围以及废品损失确认金额是否准确等方面的审核。

二、停工损失的归集与分配

停工损失是指生产车间或车间内某个班组在停工期内发生的各项费用，包括停工期内支付的生产工人的薪酬、所耗燃料和动力费，以及应负担的制造费用等。过失单位、过失人员或保险公司负担的赔款，应从停工损失中扣除。计算停工损失的时间界限，由主管企业部门规定，或由主管企业部门授权企业自行规定。为了简化核算工作，停工不满一个工作日的，可以不计算停工损失。

发生停工的原因很多，应根据不同情况进行不同的处理。由于自然灾害引起的停工损失，应按规定转作营业外支出；其他停工损失，如原材料供应不足、机器设备发生故障，以及计划减产等原因造成停工时间不长而发生的停工损失，应计入产品成本。停工时车间应填列停工报告单,并经有关部门审核后,作为停工损失核算的根据。单独核算停工损失的企业,应增设"停工损失"会计科目和停工损失成本项目。停工损失的归集与分配,是通过设置"停工损失"科目进行的,该科目应按车间和成本项目进行明细核算。根据停工报告单和各种费用分配表、分配汇总表等有关凭证,将停工期内发生、应列作停工损失的费用记入"停工损失"科目的借方进行归集;过失单位及过失人员或保险公司的赔款,应从该科目的贷方转入"其他应收款"等科目的借方。将停工净损失从该科目贷方转出,属于自然灾害部分转入"营业外支出"科目的借方;应由本月产品成本负担的部分,则转入"基本生产成本"科目的借方,在停工车间生产多种产品时,还要采用合理的分配标准,分配计入该车间各产品成本明细账停工损失成本项目。"停工损失"科目月末无余额。

为了简化核算工作,辅助生产车间一般不单独核算停工损失。季节性生产企业的季节性停工,是生产经营过程中的正常现象,停工期间发生的各项费用不属于停工损失,不作为停工损失核算。不单独核算停工损失的企业,不设"停工损失"会计科目和停工损失成本项目。

第七节　期间费用的归集、结转与分配

前已述及,期间费用是指企业在生产经营过程中发生的,与产品生产活动没有直接联系,属于某一时期耗用的费用。期间费用包括:企业行政管理部门为组织和管理生产经营而发生的各项管理费用;企业为筹集生产经营所需资金而发生的财务费用;企业在产品销售过程中发生的各项费用,以及专设销售机构的各项经费。期间费用的归集与结转就是指管理费用、财务费用和销售费用的归集与结转。

一、管理费用的归集与结转

管理费用是指企业为组织和管理企业生产经营所发生的管理费用,包括企业在筹建期间内发生的开办费、董事会和行政管理部门在企业的经营管理中发生的或者应由企业统一负担的公司经费(包括行政管理部门的职工薪酬、物料消耗、低值易耗品摊销、办公费和差旅费等)、工会经费、董事会费(包括董事会成员津贴、会议费和差旅费等)、聘请中介机构费、咨询费(含顾问费)、诉讼费、业务招待费、技术转让费、矿产资源补偿费、研究费用、排污费以及企业生产车间(部门)和行政管理部门等发生的固定资产修理费等后续支出等。

管理费用不计入产品的生产成本,不参与产品成本计算,也不存在分配问题,而是作为期间费用直接计入当期损益。这种费用应该按年、季、月和费用项目编制费用计划,进行核算和考核。

管理费用的归集与结转,是通过"管理费用"总账科目和所属明细科目进行的。管理费用应按费用项目设置明细账,用来反映和考核各项费用的支出情况。发生或支付各项管理

费用时，记入该科目的借方和有关科目的贷方。在发生材料产品盘盈时，抵减管理费用的金额，应记入有关科目的借方和"管理费用"总账科目的贷方，同时要在"管理费用"明细账借方的"材料产品盘亏和毁损"专栏中用红字或负数登记。月末，结转管理费用时记入本科目的贷方和"本年利润"科目的借方，期末无余额。

根据前列各种费用分配表和有关凭证，登记管理费用明细账。

【例3-27】红旗制造股份有限公司生产2024年4月的管理费用，根据前列的各种费用分配表和有关凭证，登记管理费用明细账详见表3-35。

表3-35　　　　　　　　　　　管理费用明细账
2024年4月　　　　　　　　　　　　　　　　　单位：元

摘 要	消耗材料	职工薪酬	折旧费	修理费	水电费	保险费	低值易耗品	其他	合计	转出	余额
材料费用分配表（见表3-9）	300								300		
外购动力费用分配表（见表3-10）					1 500				1 500		
工资、福利费分配表（见表3-11、表3-12）		1 254							1 254		
固定资产折旧费用分配表（见表3-13）			3 600						3 600		
长期待摊费用分配表（见表3-15）						70			70		
辅助生产费用分配表（见表3-28）					888				888		
低值易耗品摊销（例3-5、例3-7）							843		843		
修理费等费用支出（例3-12、例3-13）				600				821.30	1 421.30		
转账凭证转出										9 876.30	
合　计	300	1 254	3 600	600	2 388	70	843	821.30	9 876.30	9 876.30	0

月末，将归集在"管理费用"总账科目和所属明细账借方的管理费用，计入当月损益，转入"本年利润"科目。编制会计分录：

借：本年利润　　　　　　　　　　　　　　　　　　　　　　9 876.30
　　贷：管理费用　　　　　　　　　　　　　　　　　　　　　　9 876.30

结转以后，"管理费用"总账科目和所属明细账应无余额。

二、财务费用的归集与结转

财务费用是指企业为筹集生产经营所需资金等而发生的筹资费用，包括利息支出（减利息收入）、汇兑损益以及相关的手续费、企业发生的现金折扣或收到的现金折扣等。财务费用不计入产品的制造成本，不参与产品成本计算，也不存在分配问题，而是作为期间费用，直接计入当期损益。企业为购建固定资产而筹集资金所发生的费用，在固定资产达到预定使用状态之前发生的，符合资本化条件的，应计入有关固定资产价值。财务费用也应该按年、季、月和费用项目编制费用计划，进行核算和考核。

财务费用的归集与结转，是通过"财务费用"总账科目和所属明细账进行的。财务费用应按费用项目设置明细账，用以反映和考核各项费用的支出情况。发生或预提利息支出时，记入"财务费用"科目的借方和"预提费用（应付利息）"或"银行存款"科目的贷方。在发生利息收入和汇兑收益时，应记入"银行存款"等科目的借方和"财务费用"科目的贷方。这些抵减财务费用的金额，既要记该总账科目的贷方，又应在财务费用明细账借方"利息支出"和"汇兑损失"栏中用红字或负数登记。月末结转财务费用时，借记"本年利润"科目，贷记"财务费用"科目。

【例 3-28】红旗制造股份有限公司生产2024年4月的财务费用，根据前列的各种费用分配表和有关凭证，登记财务费用明细账详见表 3-36。

表 3-36 财务费用明细账
2024 年 4 月 单位：元

摘 要	利息支出	汇兑损失	手续费	其他	合计	转出	余额
利息收入	100				100		
预提利息支出	2 400				2 400		
支付手续费			75		75		
结转						2 375	
本月合计	2 300		75		2 375	2 375	0

本月发生利息收入100元。编制如下会计分录：

借：银行存款　　　　　　　　　　　　　　　　　　　　　　100
　　贷：财务费用　　　　　　　　　　　　　　　　　　　　　　100

月末，将归集在"财务费用"总账科目和所属明细科目借方的财务费用，计入当月损益，转入"本年利润"科目。编制如下会计分录：

借：本年利润　　　　　　　　　　　　　　　　　　　　　　2 375
　　贷：财务费用　　　　　　　　　　　　　　　　　　　　　　2 375

结转以后，"财务费用"总账科目和所属明细账应无余额。

三、销售费用的归集与结转

销售费用是指企业销售商品和材料、提供劳务的过程中发生的各种费用，包括保险费、包装费、展览费和广告费、商品维修费、预计产品质量保证损失、运输费和装卸费等以及为销售本企业商品而专设的销售机构（含销售网点、售后服务网点等）的职工薪酬、业务费、折旧费以及与专设销售机构相关的固定资产修理费用等。它不计入产品的生产成本，不参与产品成本计算，也不存在分配问题，而是作为期间费用直接计入当期损益。这种费用应该按年、季、月和费用项目编制费用计划，进行核算和考核。

销售费用的归集与结转是通过"销售费用"总账科目和所属明细账进行的。销售费用应按费用项目设置明细账，进行明细核算，用以反映和考核各项费用的支出情况。发生和支付各项产品销售费用时，记入"销售费用"科目的借方，"银行存款""库存现金""应付账款""应付职工薪酬""包装物"等科目的贷方。月末,根据该科目和所属明细账借方归集的各项费用,将其实际发生额全部结转"本年利润"科目。结转以后,"销售费用"科目和所属明细账应无余额。

根据前列各种费用分配表和有关凭证,登记"销售费用"明细账。

【例3-29】红旗制造股份有限公司生产2024年4月的销售费用,根据前列的各种费用分配表和有关凭证,登记销售费用明细账详见表3-37。

表3-37　　　　　　　　　　　销售费用明细账
2024年4月
单位:元

摘　要	消耗材料	职工薪酬	折旧费	修理费	水电费	保险费	其他	合计	转出	余额
材料费用分配表(见表3-9)	200							200		
外购动力费用分配表(见表3-10)					900			900		
工资、福利费分配表(见表3-11、表3-12)		684						684		
固定资产折旧费用分配表(见表3-13)			400					400		
长期待摊费用分配表(见表3-15)						40		40		
辅助生产费用分配表(见表3-28)					330			330		
修理费等费用支出(例3-12、例3-13)				200			108.75	308.75		
转账凭证转出									2 862.75	
合　计	200	684	400	200	1 230	40	108.75	2 862.75	2 862.75	0

销售费用不计入产品成本,作为期间费用直接计入当期损益。月末,根据销售费用明细账所汇总记录的每月实际费用合计数,编制转账凭证,直接转入本月损益,借记"本年利润"科目,贷记"销售费用"科目。月末结转以后,"销售费用"总账和所属明细账应无余额。根据前述资料,编制结转销售费用分录如下:

借:本年利润　　　　　　　　　　　　　　　　　　　　　　　2 862.75
　　贷:销售费用　　　　　　　　　　　　　　　　　　　　　　　2 862.75

四、期间费用的分配

需要指出的是,根据《中华人民共和国国家发展和改革委员会第42号令》的规定,作为企业产品定价基础的定价成本包括制造成本和期间费用两部分。在企业只经营一种定价商品且没有多种经营的情况下,期间费用是不需要分配的。但如果企业是多种经营,就需要将共同的期间费用按一定的比例关系将其分配到定价商品的成本中。对于期间费用的分配,当前企业的通行做法是根据不同的费用项目,分别采取按产值(销售收入)、工作量(时)、资金占用额(占用量)等不同标准进行分配。比如,对于管理费用和销售费用,可以按不同产品的产值（销售收入）比例分配；对于财务费用，可以按照资金占用比例分配。但上述期间费用的分配方法缺乏一个可以遵循的权威标准，而且企业经营的某商品发生的管理费用和销售费用，与管理部门及销售部门的成本投入往往不是呈正向关系的。也就是说，某产品销售额高，但对其投入的管理费用和销售费用的水平却不一定高。对于财务费用而言，目前大部分企业几乎没有明确的资金占用比例，这也给财务费用的分配带来了很大的难度。因此，为提高期间费用分配的科学性、合理性，企业分配期间费用时也可以参照作业成本法分配制造费用的方法和程序操作。

第八节　生产费用在完工产品和月末在产品之间的分配

企业在生产过程中发生的生产费用，经过在各种产品之间进行分配和归集以后，应计入本月各种产品成本的生产费用，都已集中反映在"基本生产成本"科目及其所属各种产品成本明细账中。为了计算产品成本，还需要加上期初在产品费用，然后将其在本期完工产品和期末在产品之间进行分配。某种产品如果月末没有在产品，计入该种产品成本的全部生产费用，就是本月完工产品的成本；如果本月没有完工产品，计入该种产品的全部生产费用就是月末在产品成本；如果月末既有完工产品，又有在产品，那么该种产品本月发生的生产费用加月初在产品的生产费用，需要采用适当的分配方法，在本月完工产品和月末在产品之间进行分配，分别计算出完工产品成本和月末在产品成本。关于生产费用在完工产品和月末在产品之间分配的计算程序和方法有两种，用公式表示如下：

公式一：

月初在产品费用 + 本月生产费用 = 本月完工产品费用 + 月末在产品费用

公式二：

本月完工产品费用 = 本月生产费用 + 月初在产品费用 − 月末在产品费用

按公式一，月初在产品费用加上本月生产费用即全部生产费用，需要采用一定的方法在完工产品与月末在产品之间进行分配，计算完工产品成本和月末在产品成本。

按公式二，先对月末在产品进行估价，然后从全部生产费用中扣除月末在产品成本，即为完工产品成本。需要指出的是，如果月初、月末在产品数量很少，费用差额很小，也可以不计算在产品成本，当期发生的费用全部作为完工产品成本。

无论采取哪类分配方法，都必须正确组织在产品的数量核算，取得在产品收发和结存的数量资料，这是正确计算完工产品成本所必需的。

一、在产品数量的确定

（一）在产品收发结存的日常管理

在产品是指没有完成全部生产过程、不能作为商品销售的产品。在产品包括：正在车间加工中的在产品（含正在返修的废品）；已经完成一个或几个生产步骤，但还需要继续加工的半成品；等待验收入库的产品等。对外销售的自制半成品属于商品产品，虽已验收入库但不包括在在产品之内，不可修复废品也不包括在在产品之内。以上在产品是从广义或者就整个企业来说的。从狭义或者只就某一车间或某一生产步骤来说，在产品只包括本车间或本生产步骤正在加工中的那部分在产品，完工的半成品不包括在内。

在产品结存数量的确定，与其他材料物资结存数量的确定一样，应同时具备账面核算资料和实际盘点资料，做好在产品收发结存的日常管理工作和在产品的清查工作，既可以从账面上随时掌握在产品的动态，又可以查清在产品的实存数量。应该根据在产品实际盘存数量计算在产品成本。但如果在产品品种多、数量大，每月都要组织实地盘点确有困难的，可根据在产品业务核算资料的期末结存量来计算在产品成本。车间在产品收发结存的业务核算，通常是通过"在产品收发结存账"（即在产品台账）进行的，该账分车间并按照产品品种和在产品的名称（零部件名称）设置，提供车间各种在产品收发结存动态的业务核算资料。它是根据领料凭证、在产品内部转移凭证、产品检验凭证和产品交库凭证及时登记在产品收发结存账，最后由车间核算人员审核汇总。

【例 3-30】红旗制造股份有限公司在产品收发结存账详见表 3-38。

表 3-38　　　　　　　　　　　　在产品收发结存账

车间名称：第一车间
零部件名称：LBJ-134　　　　　　　　　　　　　　　　　　　　　　　　　　　单位：件

日期	摘要	收入		转出			结存	
		凭证号	数量	凭证号	合格品	废品	完工	未完工
4月5日	结存						6	4
4月10日			38		32			16
4月30日	合计		470		484	16	8	8

（二）在产品清查的核算

在产品的管理与固定资产及其他存货的管理一样，应该定期或不定期地进行清查，使在产品账实相符，保护在产品的安全完整。在没有建立在产品收发核算的车间，每月月末必须盘点一次在产品，以便取得实际盘存资料。根据实际盘点数和账面资料编制在产品盘存表，列明在产品的账面数、实有数、盘盈盘亏数，以及盘亏的原因和处理意见等，对于报废和毁损的在产品还要登记残值。对在产品盘存表要进行认真审核，并报有关部门审批，同时对在产品盘盈、盘亏进行账务处理。

在产品发生盘盈时，按计划成本或定额成本记入"基本生产成本"科目的借方，"待处理财产损溢"科目的贷方；按照规定核销时，则记入"待处理财产损溢"科目的借方，"管理费用"科目的贷方，冲减管理费用。

在产品发生盘亏和毁损时，记入"待处理财产损溢"科目的借方，"基本生产成本"科目的贷方，冲减在产品的账面价值。毁损在产品的残值，记入"原材料""银行存款"等科目的借方，"待处理财产损溢"科目的贷方，冲减其损失。按规定核销时，应根据不同情况分别将损失从"待处理财产损溢"科目的贷方转入有关科目的借方：其中由于自然灾害造成的损失,应由保险公司保险赔款部分,记入"银行存款"科目或"其他应收款"科目的借方,其余损失记入"营业外支出"科目的借方;应由过失单位或过失人员赔偿的记入"其他应收款"科目的借方,要求赔偿;由于车间管理不善造成的损失或其他损失转入"管理费用"科目的借方。

【例 3 - 31】红旗制造股份有限公司 2024 年 4 月某基本生产车间在产品清查结果:JIA - 11 产品的在产品盘盈 20 件,单位定额成本 20 元;YII - 12 产品的在产品盘亏 10 件,单位定额成本 35 元;过失人赔款 50 元;BIN - 03 产品的在产品毁损 200 件,单位定额成本 40 元,残料入库价值 500 元。系自然灾害损失应由保险公司赔款 5 000 元,其余经批准转账。

(1) 在产品盘盈的核算:
①盘盈时:
借:基本生产成本——JIA - 11 产品　　　　　　　　　　400(20×20)
　　贷:待处理财产损溢　　　　　　　　　　　　　　　　　　　400
②批准后:
借:待处理财产损溢　　　　　　　　　　　　　　　　　400
　　贷:管理费用　　　　　　　　　　　　　　　　　　　　　　400
(2) 在产品盘亏的核算:
①盘亏时:
借:待处理财产损溢　　　　　　　　　　　　　　　　　350(35×10)
　　贷:基本生产成本——YII - 12 产品　　　　　　　　　　　　350
②批准后:
借:其他应收款　　　　　　　　　　　　　　　　　　　50
　　管理费用　　　　　　　　　　　　　　　　　　　　300
　　贷:待处理财产损溢　　　　　　　　　　　　　　　　　　　350
(3) 在产品毁损的核算:
①毁损转账:
借:待处理财产损溢　　　　　　　　　　　　　　　　　8 000(40×200)
　　贷:基本生产成本——BIN - 03 产品　　　　　　　　　　　　8 000
②残料入库:
借:原材料　　　　　　　　　　　　　　　　　　　　　500
　　贷:待处理财产损溢　　　　　　　　　　　　　　　　　　　500
③批准后转账:
借:其他应收款(或银行存款)　　　　　　　　　　　　5 000
　　营业外支出　　　　　　　　　　　　　　　　　　　2 500
　　贷:待处理财产损溢　　　　　　　　　　　　　　　　　　　7 500

对于库存半成品和辅助生产的在产品的数量和清查的核算,与基本生产基本相同。只是它们清查的结果分别在"自制半成品"和"辅助生产成本"科目中核算。

二、在产品占用资金的测定

企业在生产过程中保持合理的在产品资金规模,既是正常、连续、均衡进行生产的前提,又是提高资金利用效率的关键。在产品资金需用量是从原材料投入生产开始,到产品制造完工尚未入库所占用的资金数额,包括在制品、自制半成品所需的资金数额。企业整个生产过程中的在产品资金占用受两个因素制约:一是在产品数量;二是在产品平均单位成本。

在测定在产品数量时,要充分考虑改善生产组织、提高劳动生产率、缩短生产周期等因素。生产周期是指产品从投料开始到产品入库为止所需的时间,包括产品工艺加工时间、上下道工序间必要的停留时间、半成品储备时间、产品制造完毕检验入库所需时间等。生产周期的长短与在产品资金占用的多少成正比,生产周期越长,生产过程所占用的资金就越多。

在产品平均单位成本是通过产品单位成本乘上在产品成本系数计算得到的。在产品成本系数是指在产品平均单位成本占产品单位成本的百分比。测定在产品资金需用量时,之所以要考虑在产品成本系数,是因为在产品成本不是一次投料形成的,而是在生产过程中逐渐发生的,到产品完工时才最终形成产品的全部成本。因此,处于生产过程不同阶段的产品,其成本是各不相同的,如果按产品的成本测算在产品资金需用量,必然使其偏高,造成资金的浪费;若按投料时的费用测算,又显得偏低,造成资金的不足。这就需要在产品成本的基础上打一个折扣,这个折扣就是在产品成本系数。

在产品成本系数的大小,取决于生产过程中料、工、费投入情况。在生产过程前期投入越多,在产品平均成本就越高,在产品成本系数就越大。

在产品成本系数是根据不同的生产性质、费用发生的特点以及生产组织的形式来确定其计算方法的。当产品生产过程比较复杂,原材料分多次投入的情况下,一般以各生产阶段的在产品单位成本和生产周期作为权数加权平均计算在产品成本系数。

三、完工产品和在产品之间分配费用方法的选择

完工产品和月末在产品之间分配费用,是成本计算工作中一个重要而复杂的问题。在产品结构复杂、零部件种类和加工工序较多的情况下更是这样。企业在选择完工产品和在产品之间分配费用的方法时应考虑下列条件:

(1) 月末在产品数量的多少。
(2) 各月在产品数量变化的大小。
(3) 各项费用在成本中比重的大小。
(4) 定额管理基础(定额是否准确、稳定)的好坏。

完工产品和在产品之间分配费用常用的分配方法有以下几种:

(一) 不计算在产品成本法

不计算在产品成本,是指将某种产品本月归集的生产费用全部计入该种完工产品成本,而月末在产品成本为零。采用该分配方法时,虽然有月末在产品,但不计算成本。该方法适用于各月月末在产品数量很小的产品。从前列公式二可以看出,如果各月月末在产品的数量很小,那么月初和月末在产品成本就很小,月初在产品费用与月末在产品成本的差额就更

小，算不算各月在产品费用对于完工产品费用的影响很小。因此，为了简化产品成本计算工作，可以不计算在产品成本。如各矿业行业的采矿，由于工作面小，在产品数量很少，月末在产品可以不计算成本。

（二）按年初数固定计算在产品成本法

按年初固定数计算在产品成本，是指各月末不具体计算当月在产品成本的实际数额，而固定地以年初数来反映。采用该分配方法，各月末在产品的成本固定不变。该方法适用于各月末在产品数量较小，或者在产品数量虽大，但各月之间变化不大的产品。这是因为，如果月末在产品数量较大，仍然不计算在产品成本，会使产品成本计算反映的在产品资金占用不实，不利于资金管理；这些在产品不计价入账，成为账外财产，还会影响对这些财产实行会计监督。对于月末在产品数量较小的产品来说，由于月初和月末在产品成本较小，月初在产品费用与月末在产品成本的差额很小，算不算各月在产品费用的差额对完工产品费用的影响不大；对于各月末在产品数量较大的产品来说，月初和月末在产品成本虽大，但由于各月末在产品数量变化不大，因而月初、月末在产品成本的差额仍然不大，算不算各月在产品费用的差额对于完工产品费用的影响仍然不大。因此，为了简化产品成本计算工作，上述两种产品的每月在产品成本都可以固定不变。如化工企业、炼铁企业的产品，由于化学反应装置和高炉的容积是固定的，其在产品成本可以采用该方法计算。但是，为了避免由于时间过长，在产品成本与实际出入过大，影响在产品成本计算的准确性。年终时，应根据实际盘点的在产品数量，重新调整计算确定在产品成本。

【例3-32】红旗制造股份有限公司2024年4月，KV121产品的在产品采用按年初固定数计算。上年末在产品成本为：直接材料120元、燃料和动力160元、直接人工200元、制造费用90元，合计570元。本月发生的生产费用及本月完工产品成本见表3-39。

表3-39　　　　　　　　　　　　　产品成本明细账

产品名称：KV121　　　　　　　　　2024年4月　　　　　　　　　　　　　单位：元

摘　要	直接材料	燃料和动力	直接人工	制造费用	合　计
月初在产品成本	120	160	200	90	570
本月生产费用	1 400	2 250	4 000	1 100	8 750
生产费用合计	1 320	2 410	4 200	1 190	9 320
本月完工产品成本	1 400	2 250	4 000	1 100	8 750
月末在产品成本	120	160	200	90	570

（三）在产品按完工产品成本计算法

按完工产品成本计算在产品成本，是指在产品视同完工产品分配费用。该方法适用于月末在产品已经接近完工，只是尚未包装或尚未验收入库的产品。因为在这种情况下的在产品已经接近完工产品成本，为了简化产品成本计算工作，在产品可以视同完工产品，按两者的数量比例分配原材料费用和各项加工费用。

(四) 在产品按所耗原材料费用计价法

按所耗原材料费用计算在产品成本,是指月末在产品成本只计算其所耗用的原材料费用,不计算职工薪酬等加工费用,也就是说,产品的加工费全部由完工产品成本负担。该方法适用于各月末在产品数量较大,各月在产品数量变化也较大,但原材料费用在成本中所占的比重较大的产品。这是因为,各月末在产品数量较大,各月在产品数量变化也较大的产品,既不能采用不计算在产品成本,也不能采用按年初固定数计算在产品成本,而必须具体计算每月末在产品成本。但是,由于该种产品的原材料费用所占比重较大,因而职工薪酬等加工费用比重不大,在产品成本中的加工费用,以及月初、月末在产品加工费用的差额不大,月初和月末在产品的加工费用基本上可以相互抵销。因此,为了简化计算工作,在产品可以不计算加工费用。此时,这种产品的全部生产费用,减去按所耗原材料费用计算的在产品成本,就是该种完工产品的成本。如酿酒、纺织、造纸等企业的产品,原材料费用占产品成本的比重较大,月末在产品成本可以采用该方法计算。

【例 3 – 33】红旗制造股份有限公司生产的 KV122 产品,该产品原材料费用在产品成本中所占比重较大,在产品只计算原材料费用。KV122 产品月初在产品原材料(即月初在产品费用)为 2 800 元;本月发生原材料费用 21 200 元,职工薪酬等加工费用共计 1 100 元;完工产品 425 件,月末在产品 75 件。该种产品的原材料费用是在生产开始时一次投入的,原材料费用按完工产品和在产品的数量比例分配。分配计算如下:

(1) 原材料费用分配率 $= \dfrac{2\ 800 + 21\ 200}{425 + 75} = 48$

(2) 完工产品原材料费用 $= 425 \times 48 = 20\ 400$(元)

(3) 月末在产品原材料费用(月末在产品成本)$= 75 \times 48 = 3\ 600$(元)

(4) 完工产品费用 $= 20\ 400 + 1\ 100 = 21\ 500$(元)

或 $2\ 800 + (21\ 200 + 1\ 100) - 3\ 600 = 21\ 500$(元)

(五) 约当产量比例法

采用这种分配方法,在产品既要计算原材料费用,又要计算职工薪酬等其他费用。将月末在产品数量按照完工程度折算为相当于完工产品的产量,即约当产量,然后按照完工产品产量与在产品的约当产量的比例分配计算完工产品费用和月末在产品成本,这种分配费用的方法叫作约当产量比例法。这种方法适用于月末在产品数量较大,各月末在产品数量变化也较大,产品成本中原材料费用和职工薪酬等加工费用比重相差不大的产品。

采用这种分配方法,原材料如果是在生产开始时一次投入的,完工产品与月末在产品的原材料费用仍应采用前述分配方法计算分配。由于单件完工产品与不同完工程度的在产品所发生的加工费用不相等,因而完工产品与月末在产品的各项加工费用,应按约定的产量比例分配计算,而不能按在产品的数量比例分配计算。有关计算公式如下:

在产品约当产量 = 在产品数量 × 完工百分比(完工率)

某项费用分配率 $= \dfrac{该项费用总额}{完工产品产量 + 在产品约当产量}$

完工产品该项费用 = 完工产品数量 × 费用分配率

在产品该项费用 = 在产品约当产量 × 费用分配率

或：在产品该项费用 = 费用总额 - 完工产品费用

【例3-34】红旗制造股份有限公司生产的KV131产品，本月完工750件，月末在产品150件，在产品完工程度为60%；月初在产品和本月原材料费用共计45 000元，职工薪酬等加工费为21 000元。原材料是生产开始时一次投入，原材料费用按照完工产品和月末在产品数量比例分配，职工薪酬等加工费用按照完工产品数量和月末在产品约当产量的比例分配。分配计算如下：

（1）计算月末在产品约当产量：

月末在产品约当产量 = 150 × 60% = 90（件）

（2）原材料费用分配：

$$原材料费用分配率 = \frac{45\ 000}{750 + 150} = 50$$

完工产品原材料费用 = 750 × 50 = 37 500（元）

在产品原材料费用 = 150 × 50 = 7 500（元）

（3）职工薪酬等加工费用分配：

$$职工薪酬等分配率 = \frac{21\ 000}{750 + 90} = 25$$

完工产品的职工薪酬 = 750 × 25 = 18 750（元）

在产品的职工薪酬 = 90 × 25 = 2 250（元）

（4）计算产品成本：

完工产品成本 = 37 500 + 18 750 = 56 250（元）

在产品成本 = 7 500 + 2 250 = 9 750（元）

采用约当产量比例法，必须正确计算在产品的约当产量，而在产品约当产量正确与否，主要取决于在产品完工程度的测定是否正确，这对于费用分配的正确性影响很大。测定在产品完工程度的方法一般有两种：

一种是平均计算，即一律按50%作为各工序在产品的完工程度。这是在各工序在产品数量和单位产品在各工序的加工量都相差不多的情况下，后面各工序在产品多加工的程度可以抵补前面各工序少加工的程度。这样，全部在产品完工程度均可按50%平均计算。

另一种是各工序分别测定完工率。为了提高成本计算的正确性，加速成本的计算工作，可以按照各工序的累计工时定额占完工产品工时定额的比率计算，事前确定各工序在产品的完工率。计算公式如下：

$$某工序在产品完工率 = \frac{前面各工序工时定额之和 + 本工序工时定额 \times 50\%}{产品工时定额}$$

在上面的公式中，本工序（即在产品所在工序）工时定额乘以50%，是因为该工序中各件在产品的完工程度不同，为了简化完工率的测算工作，本工序一律按平均完工率50%计算。在产品从上一道工序转入下一道工序时，因上一道工序已经完工，所以前面各道工序的工时定额应按100%计算。

【例3-35】红旗制造股份有限公司2024年4月生产的BIN-03产品单位工时定额20小时,经过三道工序制成。第一道工序工时定额为4小时,第二道工序工时定额为8小时,第三道工序工时定额为8小时。各道工序内各件在产品加工程度均按50%计算。各道工序完工率计算如下:

第一工序:$\frac{4 \times 50\%}{20} \times 100\% = 10\%$

第二工序:$\frac{4 + 8 \times 50\%}{20} \times 100\% = 40\%$

第三工序:$\frac{4 + 8 + 8 \times 50\%}{20} \times 100\% = 80\%$

根据各工序的月末在产品数量和各工序完工率,计算出月末各工序在产品的约当产量及其总数,据以分配费用。

假定【例3-35】中,BIN-03产品本月完工200件。第一工序在产品20件;第二工序在产品40件;第三工序在产品60件。根据各工序月末在产品的数量和各工序的完工率,分别计算各工序月末在产品的约当产量及其总数。约当产量计算表详见表3-40。

表3-40　　　　　　　　　　　　　约当产量计算表

产品名称:BIN-03　　　　　　　　　2024年4月　　　　　　　　　　　　单位:件

在产品所在工序	完工率(%)	在产品数量		完工产品产量	产量合计
		结存量	约当产量		
1	10	20	2		
2	40	40	16		
3	80	60	48		
合　　计		120	66	200	266

假定【例3-35】中,BIN-03产品月初加本月发生的生产费用为:原材料费用16 000元(原材料在生产开始时一次投料)、职工薪酬7 980元、制造费用8 512元。完工产品与月末在产品成本分配计算如下:

(1)原材料费用分配率 = $\frac{16\ 000}{200 + 120} = 50$

(2)完工产品原材料费用 = 200 × 50 = 10 000(元)
　　月末在产品原材料费用 = 120 × 50 = 6 000(元)

(3)职工薪酬分配率 = $\frac{7\ 980}{200 + 66} = 30$

(4)完工产品的职工薪酬 = 200 × 30 = 6 000(元)
　　月末在产品的职工薪酬 = 66 × 30 = 1 980(元)

(5)制造费用分配率 = $\frac{8\ 512}{200 + 66} = 32$

(6)完工产品制造费用 = 200 × 32 = 6 400(元)

月末在产品制造费用 = 66 × 32 = 2 112（元）

（7）完工产品成本：10 000 + 6 000 + 6 400 = 22 400（元）

月末在产品成本：6 000 + 1 980 + 2 112 = 10 092（元）

如果原材料不是在生产开始时一次投入，而是随着生产进度陆续投入，原材料费用也应该采用约当产量比例法分配。在产品的完工率（或投料率），应按每一工序的原材料消耗定额分别计算。具体计算又分为下列两种情况：

第一种情况：原材料随加工进度陆续投入，其投料程度与工时投入进度不一致，应按各工序原材料的消耗定额计算完工率。也就是说，在各工序中原材料也是按加工进度陆续投入，因此，在各工序中的在产品在本工序的投料程度按（平均）50%计算。

【例 3 – 36】红旗制造股份有限公司 2024 年 4 月生产的 DIN – 04 产品需经两道工序制成，原材料消耗定额为 500 千克，其中：第一道工序原材料消耗定额为 240 千克，月末在产品 200 件；第二道工序原材料消耗定额为 260 千克，月末在产品 150 件。完工产品 241 件。月初在产品和本月发生的原材料费用为 38 400 元。计算过程和结果详见表 3 – 41。

表 3 – 41

工序	本工序原材料消耗定额（千克）	完工率（投料率）	在产品约当产量（件）	完工产品产量（件）	合计（件）
1	240	$\frac{240 \times 50\%}{500} \times 100\% = 24\%$	200 × 24% = 48		
2	260	$\frac{240 + 260 \times 50\%}{500} \times 100\% = 74\%$	150 × 74% = 111		
合计	500	—	159	241	400

（1）原材料费用分配率 = $\frac{38\ 400}{159 + 241}$ = 96

（2）完工产品原材料费用 = 241 × 96 = 23 136（元）

月末在产品原材料费用 = 159 × 96 = 15 264（元）

第二种情况：原材料随加工进度分工序投入，但在每一道工序则是开始时一次投入。

【例 3 – 37】承用【例 3 – 36】资料，原材料随加工进度分工序投入，但在每一道工序则是开始时一次投入，其每道工序在产品完工率及原材料费用分配计算过程和结果详见表 3 – 42。

表 3 – 42

工序	本工序原材料消耗定额（千克）	完工率（投料率）	在产品约当产量（件）	完工产品产量（件）	合计（件）
1	240	$\frac{240}{500} \times 100\% = 48\%$	200 × 48% = 96		
2	260	$\frac{240 + 260}{500} \times 100\% = 100\%$	150 × 100% = 150		
合计	500	—	246	241	487

(1) 原材料费用分配率 = $\dfrac{38\,400}{246+241}$ = 78.85

(2) 完工产品原材料费用 = 241 × 78.85 = 19 002.85（元）

月末在产品原材料费用 = 246 × 78.85 = 19 397.10（元）

（六）在产品按定额成本计价法

按定额成本计算在产品成本，是指月末在产品成本按定额成本计算，该种产品的全部生产费用（如果有月初在产品，包括月初在产品费用）减去按定额成本计算的月末在产品成本，余额作为完工产品成本，每月生产费用脱离定额的节约差异或超支差异全部计入当月完工产品成本。该方法适用于各消耗定额或费用定额比较准确、稳定，而且各月末在产品数量变化不大的产品，这是因为：

第一，产品的各项消耗定额或费用定额比较准确，因而月初和月末单件在产品费用脱离定额的差异才不会大。由于各月末在产品数量变化不大，因而月初在产品费用脱离定额差异总额与月末在产品成本脱离定额差异总额的差额也大。因此，月末在产品不计算费用差异，对完工产品成本的影响不大，为了简化成本计算工作，可以这样分配费用。

第二，在修订消耗定额或费用定额的月份，月末在产品就按新的定额成本计算，产品的全部生产费用减去按新的定额成本计算的在产品成本以后的余额，全部作为完工产品成本，这就是说，完工产品成本中包括了月末在产品按新的定额成本计价所发生的差额，这样做不利于完工产品成本的考核和分析。例如，某种产品的全部生产费用为 9 000 元，由于消耗定额降低，月末在产品定额成本由 2 500 元降为 2 000 元，因而完工产品成本由 6 500（即 9 000 – 2 500）元，提高为 7 000（即 9 000 – 2 000）元。而上述完工产品成本的提高不是由于当月生产费用超支（当月工作不足的因素）造成的，而是由于以前月份生产技术进步，操作熟练程度提高等原因致使本月消耗定额降低，即以前月份工作成绩的结果。而要对完工产品成本进行正确的分析和评价，必须对月末在产品按新旧两种定额成本进行计价，并计算两者的差额，这要增加成本计算和分析的工作量。因此，采用在产品按定额成本计价法，产品的各项消耗定额还必须比较稳定，也就是不需要经常修订消耗定额。

【例 3 – 38】红旗制造股份有限公司生产的 KV141 产品由一道工序完成，采用按定额成本计算在产品成本，原材料在生产开始时一次投入，月末在产品 100 件，每件在产品原材料费用定额为 60 元，在产品单位定额工时为 18 小时，每小时各项加工费用的计划分配率为：燃料和动力 1.5 元、职工薪酬 5.3 元、制造费用 5.2 元。月末在产品定额成本计算如下：

原材料：100 × 60 = 6 000（元）

燃料和动力：100 × 18 × 1.5 = 2 700（元）

职工薪酬：100 × 18 × 5.3 = 9 540（元）

制造费用：100 × 18 × 5.2 = 9 360（元）

月末在产品定额成本计：6 000 + 2 700 + 9 540 + 9 360 = 27 600（元）

如果本例中某企业所产 KV141 产品由两道工序组成，第一道工序的月末在产品 80 件，第二道工序的月末在产品 20 件；各工序的定额工时为：第一道工序 30 小时，第二道工序

10 小时；其他资料不变，则月末在产品定额成本应按下列步骤计算：

第一道工序在产品累计工时定额：30×50% = 15（小时）

第二道工序在产品累计工时定额：30 + 10×50% = 35（小时）

月末在产品定额工时：80×15 + 20×35 = 1 900（小时）

原材料：100×60 = 6 000（元）

燃料和动力：1 900×1.5 = 2 850（元）

职工薪酬：1 900×5.3 = 10 070（元）

制造费用：1 900×5.2 = 9 880（元）

月末在产品定额成本计：6 000 + 2 850 + 10 070 + 9 880 = 28 800（元）

需要注意的是，采用这种分配方法时，如果产品成本中原材料费用所占比重较大，为了进一步简化成本计算工作，月末在产品成本也可以只按定额原材料费用计算。也就是说，月末在产品的这一项费用脱离定额的差异，以及其他各项实际费用都可以计入完工产品成本。这是将在产品按所耗原材料费用计价法和按定额成本计价法两者结合应用的一种分配方法。

（七）定额比例法

定额比例法，是指产品的生产费用在完工产品与月末在产品之间按照两者的定额消耗量或定额费用比例分配，分配计算完工产品成本和月末在产品成本。其中原材料费用，按原材料的定额消耗量或定额费用比例分配；职工薪酬等加工费用，可以按各该定额费用的比例分配，也可以按定额工时比例分配。由于职工薪酬等加工费用的定额费用，一般根据定额工时乘以每小时的各项费用定额计算，因而这些费用一般按定额工时比例分配，这样可以节省各项定额费用的计算工作。

该方法适用于各项消耗定额或费用定额比较准确、稳定，但各月末在产品数量变动较大的产品。这是因为，虽然由于产品的消耗定额或费用定额比较准确、稳定，因而月初和月末单件在产品费用脱离定额的差异不大，但由于各月末在产品数量变化较大，因而月初在产品费用脱离定额的差异总额与月末在产品成本脱离定额的差异总额的差额会较大。如果仍采用在产品按定额成本计价法，将月初、月末在产品成本脱离定额差异的差额计入完工产品成本，会对完工产品成本的正确性产生较大的影响，甚至会出现完工产品成本是负数的很不合理现象。如某种产品月初没有在产品，月末在产品为 80 000 件，本月完工产品为 1 件，则 80 000 件月末在产品的成本差异全部计入完工产品成本，这 1 件完工产品成本就会很不正常；如果成本差异是节约差异，这 1 件完工产品成本就会是负数，而且是一个很大的负数。因此，在上述条件下，不能采用在产品按定额成本计价法，而应采用定额比例法。

采用定额比例法时，如果原材料费用按定额原材料费用比例分配，各项加工费用均按定额工时比例分配，则其分配计算的公式如下：

公式一：

$$\text{费用分配率} = \frac{\text{月初在产品费用} + \text{本月生产费用}}{\text{完工产品定额原材料费用或定额工时} + \text{月末在产品定额原材料费用或定额工时}}$$

公式二：

$$\text{费用分配率} = \frac{\text{月初在产品费用} + \text{本月生产费用}}{\text{月初在产品定额原材料费用或定额工时} + \text{本月定额原材料费用或定额工时}}$$

上述以定额原材料费用为分母算出的费用分配率,是原材料费用分配率;以定额工时为分母算出的费用分配率,是职工薪酬等各项加工费用的分配率。公式一与公式二的分母不同,但可以通用。因为月初在产品定额费用(或定额工时)与本月定额费用(或定额工时)之和等于本月完工产品定额费用(或定额工时)与月末在产品定额费用(或定额工时)之和。

公式三:

完工产品原材料费用 = 完工产品定额原材料费用 × 原材料费用分配率

月末在产品原材料费用 = 月末在产品定额原材料费用 × 原材料费用分配率

完工产品某项加工费用 = 完工产品定额工时 × 该项费用分配率

月末在产品某项加工费用 = 月末在产品定额工时 × 该项费用分配率

【例3-39】红旗制造股份有限公司生产的KV142产品月初在产品费用为:原材料1 400元,职工薪酬600元,制造费用400元。本月生产费用:原材料8 200元,职工薪酬3 000元,制造费用2 000元。完工产品2 000件,原材料定额费用8 000元,定额工时5 000小时。月末在产品500件,原材料定额费用2 000元,定额工时1 000小时。完工产品与月末在产品之间,原材料费用按原材料定额费用比例分配,其他费用按定额工时比例分配。各项费用分配计算结果见表3-43。

表3-43　　　　　　　　　　　　产品成本明细账

产品名称:KV142产品　　　　　　　　　　　　　　　　　　　　　　　　单位:元

成本项目	月初在产品费用	本月费用	生产费用合计	费用分配率	完工产品费用		月末在产品成本	
					定额	实际费用	定额	实际费用
①	②	③	④=②+③	⑤=$\frac{④}{⑥+⑧}$	⑥	⑦=⑥×⑤	⑧	⑨=⑧×⑤
直接材料	1 400	8 200	9 600	0.96	8 000	7 680	2 000	1 920
直接人工	600	3 000	3 600	0.6	5 000*	3 000	1 000*	600
制造费用	400	2 000	2 400	0.4		2 000		400
合　　计	2 400	13 200	15 600			12 680		2 920

注:*单位为工时。

以上所述作为费用分配标准的月末在产品定额原材料费用和定额工时,都是根据月末各工序在产品的账面结存数量或实际盘存数量以及相应的消耗定额或费用定额具体计算出来的。如果在产品的种类和生产工序繁多,按照这种方法计算,工作量繁重。为简化成本计算工作,月末在产品的定额数据,也可以采用简化的倒挤方法计算。计算公式如下:

月末在产品定　　月初在产品定　　本月投入的定　　本月完工产品
额原材料费用 = 额原材料费用 + 额原材料费用 - 定额原材料费
或定额工时　　或定额工时　　或定额工时　　用或定额工时

在上列公式中,月初在产品定额原材料费用和定额工时,根据上月成本计算资料取得;

本月投入的定额原材料费用和定额工时,其中原材料费用是根据领料凭证所列原材料定额费用等数据计算求得,本月投入的定额工时,根据有关工时定额的原始记录计算求得。按照上列倒挤方法计算月末在产品的定额数据,虽然可以简化计算工作,但在发生在产品盘盈、盘亏的情况下,计算求得的成本资料,就不能如实反映产品成本的水平。为了提高成本计算的正确性,必须每隔一定时期对在产品进行一次实地盘点,根据在产品的实存数计算一次定额原材料费用和定额工时。

在具备了月初在产品的定额原材料费用和定额工时、本月投入的定额原材料费用和定额工时,以及本月完工产品定额原材料费用和定额工时资料的情况下,就可以采用前列公式二分配计算完工产品和月末在产品成本。

【例3-40】承用【例3-39】的资料。红旗制造股份有限公司生产的KV142产品月初在产品定额原材料费用1 500元,定额工时1 500小时。本月投入生产定额原材料费用8 500元,定额工时4 500小时。本月实际发生的费用和完工产品定额资料等同【例3-40】。各项费用分配计算结果详见表3-44。

表3-44 产品成本明细账

产品名称:KV142产品 单位:元

成本项目	月初在产品		本月投入		合计		费用分配率	完工产品费用		月末在产品成本	
	定额	实际	定额	实际	定额	实际		定额	实际	定额	实际
①	②	③	④	⑤	⑥=②+④	⑦=③+⑤	⑧=⑦÷⑥	⑨	⑩=⑨×⑧	⑪=⑥-⑨	⑫=⑪×⑧
直接材料	1 500	1 400	8 500	8 200	10 000	9 600	0.96	8 000	7 680	2 000	1 920
直接人工	1 500*	600	4 500*	3 000	6 000*	3 600	0.6	5 000*	3 000	1 000*	600
制造费用		400		2 000		2 400	0.4		2 000		400
合计		2 400		13 200		15 600			12 680		2 920

*单位为工时。

通过上述可以看出,采用定额比例法分配完工产品与月末在产品成本,不仅分配结果比较合理,还便于将实际费用与定额费用相比,考核和分析定额的执行情况。在采用上述公式二分配费用时,由于公式中分子和分母都是月初在产品和本月发生的费用,分子是实际数,分母是定额数,便于互相比较。但是,采用定额比例法,在月初消耗定额或费用定额降低时,如果月末在产品定额费用是采用前述倒挤的简化方法计算的,那么月初在产品定额费用应按新的定额重新计算。否则,由于本月定额费用和本月完工产品定额费用已按降低后的定额计算,月初在产品应降低而未降低的定额费用,全部挤入月末在产品定额费用中,使月末在产品定额费用虚增,影响完工产品与月末在产品之间费用分配的合理性。如果月末在产品定额费用是根据在产品数量和降低后的消耗定额、费用定额具体计算的,在采用公式二计算费用分配率的情况下,月初在产品定额费用也应按新的定额重新计算。否则,月初在产品应降低而未降低的定额费用,会使公式的分母数虚增,从而使费用分配率偏低,使实际费用分配不完。在月初消耗定额或费用定额不降低而是提高时,则会发生相反的结果。而按新的定额重新计算月初在产品定额费用,要增加核算的工作量。这正是前面所述,在采用定额比例法时,消耗定额或费用定额不仅要比较准确,而且要比较稳定的原因所在。

通过以上所述生产费用在各种产品之间,以及在同种产品的完工产品与月末在产品之间分配和归集以后,分别计算出各种产品的总成本和单位成本。

【例3-41】假定红旗制造股份有限公司的 JIA-11 产品在产品按定额成本计价,YII-12 产品在产品按年初固定成本计价,2024年4月所生产的 JIA-11、YII-12 产品成本明细账分别详见表3-45和表3-46。

表 3-45　　　　　　　　　　产品成本明细账

车间:基本生产车间
产品名称:JIA-11 产品　　　　　　产量 100 件　　　　　　　　　　单位:元

2024年		摘　要	直接材料	燃料和动力	直接人工	制造费用	废品损失	合　计
月	日							
4	1	月初在产品成本	265	200	570	115		1 150
	—	本月费用	8 000	9 000	7 980	12 600		37 580
	—	不可修复废品成本					1 160	1 160
	—	生产费用净额	8 265	9 200	8 550	12 715	1 160	39 890
	30	月末在产品成本	310	230	627	183		1 350
	30	产成品成本 总成本	7 955	8970	7 923	12 532	1 160	38 540
	30	单位成本	79.55	89.70	79.23	125.32	11.60	385.40

表 3-46　　　　　　　　　　产品成本明细账

车间:基本生产车间
产品名称:YII-12 产品　　　　　　产量 50 件　　　　　　　　　　单位:元

2024年		摘　要	直接材料	燃料和动力	直接人工	制造费用	废品损失	合　计
月	日							
4	1	月初在产品成本	170	280	171	179		800
	—	本月费用	2 900	6 000	5 700	8 400		23 000
	—	不可修复废品成本					1 000	1 000
	—	生产费用净额	3 070	6 280	5 871	8 579	1 000	
	30	月末在产品成本	170	280	171	179		800
	30	产成品成本 总成本	2 900	6 000	5 700	8 400	1 000	24 000
	30	单位成本	58.00	120.00	114.00	168.00	20.00	480.00

需要强调的是,企业应从本企业实际情况出发,选择既合理又简便的方法,在完工产品和月末在产品之间分配费用。

四、完工产品成本的结转

制造业企业生产产品发生的各项生产费用,在各种产品之间进行了分配,在此基础上又在同种产品的完工产品和月末在产品之间进行了分配，计算出各种完工产品的实际成本，据以考核和分析各种产品的成本计划执行和完成情况。

【例 3-42】制造业企业的完工产品，包括产成品、自制材料、工具和模具等。根据表 3-45 和表 3-46 红旗制造股份有限公司的 JIA-11 产品、YII-12 产品成本明细账，汇总编制产成品成本汇总表详见表 3-47。

表 3-47　　　　　　　　　　　　产成品成本汇总表

2024 年 4 月　　　　　　　　　　　　　　　　　　　　　　　单位：元

产品名称	直接材料	燃料和动力	直接人工	制造费用	废品损失	合计
JIA-11 产品	7 955	8 970	7 923	12 532	1 160	38 540
YII-12 产品	2 900	6 000	5 700	8 400	1 000	24 000
合　计	10 855	14 970	13 623	20 932	2 160	62 540

根据产成品成本明细账和产成品成本汇总表的资料，将完工产品成本从"基本生产成本"科目的贷方，转入有关科目的借方：其中完工入库产成品的成本，应转入"库存商品"科目的借方；完工自制材料、工具、模具等的成本，应分别转入"原材料""低值易耗品"科目的借方。"基本生产成本"科目的借方余额，就是基本生产月末在产品的成本，也就是占用在基本生产过程中的生产资金。完工验收入库的产成品，编制会计分录如下：

借：库存商品　　　　　　　　　　　　　　　　　　　　　62 540
　　贷：基本生产成本　　　　　　　　　　　　　　　　　　　　62 540

根据本章各种费用分配表、各项会计分录，分别登记有关的总分类账。详见表 3-48 至表 3-55。

表 3-48　　　　　　　　　　　　总　分　类　账

会计科目：基本生产成本　　　　　　　　　　　　　　　　　　　　单位：元

2024 年		凭证		摘　要	借方	贷方	借或贷	余额
月	日	种类	编号					
4	1			期初余额			借	1 950
	—			材料费用	10 660		借	12 610
	—	（略）	（略）	燃料和动力	15 000		借	27 610
	—			职工薪酬	13 680		借	41 290
	—			制造费用	21 180		借	62 470
	—			废品损失	2 160		借	64 630
	30			本月完工产品成本		62 540	借	2 090
	30			本月合计	62 680	62 540	借	2 090

表 3-49　　　　　　　　　　　　　总 分 类 账

会计科目：辅助生产成本　　　　　　　　　　　　　　　　　　　　　　　　　　　　单位：元

2024年		凭证		摘　要	借方	贷方	借或贷	余额
月	日	种类	编号					
4	一			材料费用	1 100		借	1 100
	一	（略）	（略）	动力	2 100		借	3 200
	一			职工薪酬	684		借	3 884
	一			折旧费	1 225		借	5 109
	一			修理费	635		借	5 744
	一			保险费	140		借	5 884
	一			其他费用	921		借	6 805
	30			本月分配转出		6 805	平	0
	30			本月合计	6 805	6 805	平	0

表 3-50　　　　　　　　　　　　　总 分 类 账

会计科目：制造费用　　　　　　　　　　　　　　　　　　　　　　　　　　　　　　单位：元

2024年		凭证		摘　要	借方	贷方	借或贷	余额
月	日	种类	编号					
4	一			机物料消耗	200		借	200
	一	（略）	（略）	动力	2 250		借	2 450
	一			职工薪酬	912		借	3 362
	一			折旧费	10 000		借	13 362
				修理费	2 476.50		借	15 838.50
				水电费	3 457.50		借	19 296
				保险费	250		借	19 546
				低值易耗品摊销	1 144		借	20 690
				其他费用	490		借	21 180
	30			本月分配转出		21 180	平	0
	30			本月合计	21 180	21 180	平	0

表 3-51　　　　　　　　　　　　　总 分 类 账

会计科目：废品损失　　　　　　　　　　　　　　　　　　　　　　　　　　　　　　单位：元

2024年		凭证		摘　要	借方	贷方	借或贷	余额
月	日	种类	编号					
4	一			不可修复废品	2 330		借	2 330
	一			废品残值		170	借	2 160
	30	（略）	（略）	废品净损失		2 160	平	0
	30			本月合计	2 330	2 330	平	0

表 3-52　　　　　　　　　　总　分　类　账

会计科目：库存商品　　　　　　　　　　　　　　　　　　　　　　　　　　　　　　　单位：元

2024年		凭证		摘　　要	借方	贷方	借或贷	余额
月	日	种类	编号					
4	1			期初余额				0
	—	（略）	（略）	本月入库产品成本	62 540		借	62 540
	30			本月合计	62 540		借	62 540

表 3-53　　　　　　　　　　总　分　类　账

会计科目：管理费用　　　　　　　　　　　　　　　　　　　　　　　　　　　　　　　单位：元

2024年		凭证		摘　　要	借方	贷方	借或贷	余额
月	日	种类	编号					
4	—			材料费用	300		借	300
	—	（略）	（略）	职工薪酬	1 254		借	1 554
	—			折旧费	3 600		借	5 154
	—			修理费	600		借	5 754
				水电费	2 388		借	8 142
				保险费	70		借	8 212
				低值易耗品摊销	843		借	9 055
				其他费用	821.30		借	9 876.30
	30			本月转出		9 876.30	平	0
	30			本月合计	9 876.30	9 876.30	平	0

表 3-54　　　　　　　　　　总　分　类　账

会计科目：财务费用　　　　　　　　　　　　　　　　　　　　　　　　　　　　　　　单位：元

2024年		凭证		摘　　要	借方	贷方	借或贷	余额
月	日	种类	编号					
4	—			利息收入		100	贷	100
	—			预提利息费用	2 400		借	2 300
	—	（略）	（略）	支付手续费	75		借	2 375
	30			本月转出		2 375	平	0
	30			本月合计	2 475	2 475	平	0

表 3-55 总 分 类 账

会计科目：销售费用　　　　　　　　　　　　　　　　　　　　　　　　　　　　　单位：元

2024 年		凭证		摘要	借方	贷方	借或贷	余额
月	日	种类	编号					
4	一			材料费用	200		借	200
	一	（略）	（略）	职工薪酬	684		借	884
				折旧费	400		借	1 284
				修理费	200		借	1 484
				水电费	1 230		借	2 714
				保险费	40		借	2 754
				其他费用	108.75		借	2 862.75
	30			本月转出		2 862.75	平	0
	30			本月合计	2 862.75	2 862.75	平	0

五、产品成本核算的基本程序

通过上述内容的学习，制造业企业产品成本核算的基本程序如图 3-2 所示。

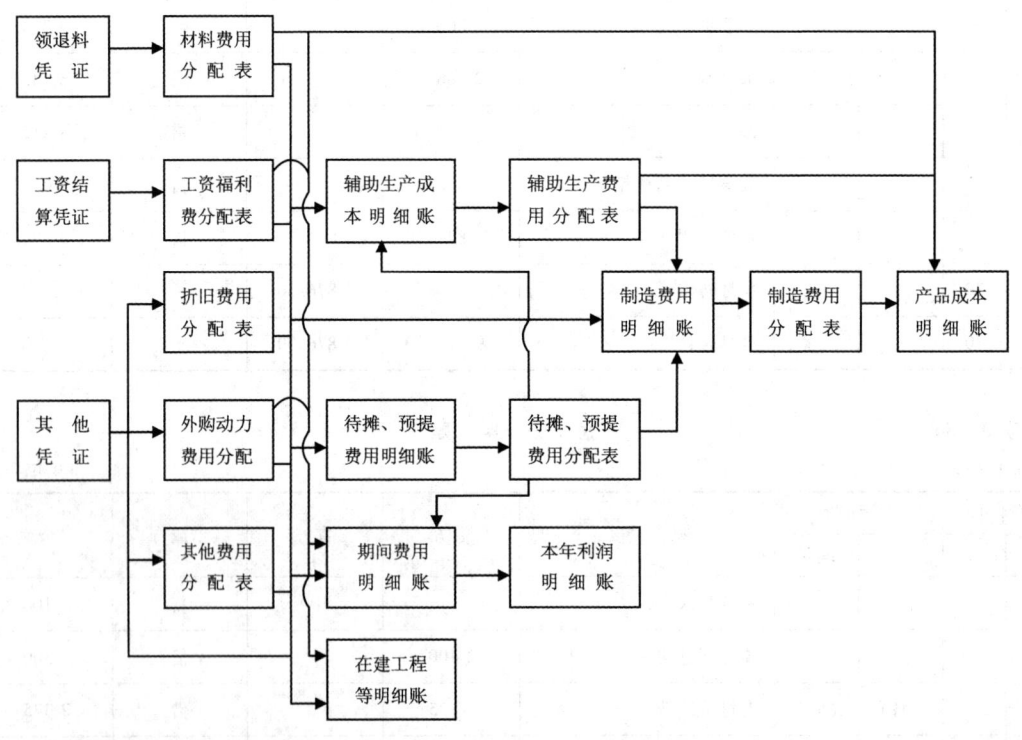

图 3-2　成本核算基本程序

上列成本核算基本程序图，与第二章所列的成本核算账务处理基本程序图是一致的。但在尚未学习成本核算的具体账表以前只能用会计科目账务处理程序来表示；在学习了成本核

第三章 成本核算的一般程序和生产费用的归集与分配

算的具体账表以后就可以用这些账表之间的联系更明确地表示制造业企业成本核算的基本程序。

案例解析

通过本章学习,在王会计的指导下,陈本慧顺利地完成了勤友精密智造有限责任公司9月生产QY01、QY02两种产品的成本核算工作,具体内容如下:

(1) 按原材料定额消耗量比例分配材料费用,填写材料费用分配表(见表3-56)并填制记账凭证。

QY01产品原材料定额消耗量 = $250 \times 0.3 = 75$(千克)

QY02产品原材料定额消耗量 = $500 \times 0.25 = 125$(千克)

材料费用分配率 = $\dfrac{500 \times 240}{75 + 125} = 600$

QY01产品材料费用分配金额 = $600 \times 75 = 45\,000$(元)

QY02产品材料费用分配金额 = $600 \times 125 = 75\,000$(元)

表3-56 材料费用分配表

2024年9月　　　　　　　　　　　　　　　　　　　　　　　　　单位:元

应借科目		直接计入金额	分配计入		材料费用合计
			定额消耗量(千克)	分配金额(分配率600)	
基本生产成本	QY01产品		75	45 000	45 000
	QY02产品		125	75 000	75 000
制造费用		5 000			5 000
合　计		5 000		120 000	125 000

根据上述资料,填制记账凭证如下:

借:基本生产成本——QY01产品　　　　　　　　　　　　　　　45 000
　　　　　　　　——QY02产品　　　　　　　　　　　　　　　75 000
　　制造费用　　　　　　　　　　　　　　　　　　　　　　　　5 000
　贷:原材料　　　　　　　　　　　　　　　　　　　　　　　　　125 000

(2) 按QY01产品、QY02产品的生产工时比例分配直接人工费用,填写工资费用分配表(见表3-57)和职工福利费分配表(见表3-58),并填制记账凭证。

生产工人工资费用分配率 = $\dfrac{52\,000}{250 \times 2.5 + 500 \times 2} = 32$

QY01产品生产工人工资费用分配金额 = $32 \times 625 = 20\,000$(元)

QY02产品生产工人工资费用分配金额 = $32 \times 1\,000 = 32\,000$(元)

表 3-57　　　　　　　　　　　　　工资费用分配表

2024 年 9 月　　　　　　　　　　　　　　　　　　　　　　　　　　　单位：元

应借科目		成本或费用项目	直接计入	分配计入			工资费用合计
				生产工时（小时）	分配率	分配金额	
基本生产成本	QY01 产品	直接人工		625	32	20 000	20 000
	QY02 产品	直接人工		1 000	32	32 000	32 000
		小计		1 625		52 000	52 000
制造费用		职工薪酬	8 000				8 000
管理费用		职工薪酬	4 000				4 000
销售费用		职工薪酬	6 000				6 000
合　计			18 000			52 000	70 000

根据上述资料，填制记账凭证如下：

借：基本生产成本——QY01 产品　　　　　　　　　　　　　20 000
　　　　　　　　　——QY02 产品　　　　　　　　　　　　　32 000
　　制造费用　　　　　　　　　　　　　　　　　　　　　　 8 000
　　管理费用　　　　　　　　　　　　　　　　　　　　　　 4 000
　　销售费用　　　　　　　　　　　　　　　　　　　　　　 6 000
　　贷：应付职工薪酬——工资、奖金、津贴和补贴　　　　　70 000

表 3-58　　　　　　　　　　　　　职工福利费分配表

2024 年 9 月　　　　　　　　　　　　　　　　　　　　　　　　　　　单位：元

应借科目		成本或费用项目	职工福利费
基本生产成本	QY01 产品	直接人工	2 800
	QY02 产品	直接人工	4 480
		小计	7 280
制造费用		职工薪酬	1 120
管理费用		职工薪酬	560
销售费用		职工薪酬	840
合　计			9 800

根据上述资料，填制记账凭证如下：

借：基本生产成本——QY01 产品　　　　　　　　　　　　　 2 800
　　　　　　　　　——QY02 产品　　　　　　　　　　　　　 4 480
　　制造费用　　　　　　　　　　　　　　　　　　　　　　 1 120
　　管理费用　　　　　　　　　　　　　　　　　　　　　　　 560
　　销售费用　　　　　　　　　　　　　　　　　　　　　　　 840

贷：应付职工薪酬——职工福利费　　　　　　　　　　　　　　　　　　　　9 800

（3）根据折旧计算表，填制计提固定资产折旧记账凭证如下：

　　借：制造费用　　　　　　　　　　　　　　　　　　　　　　　　　　　　　3 200
　　　　管理费用　　　　　　　　　　　　　　　　　　　　　　　　　　　　　　1 000
　　　　贷：累计折旧　　　　　　　　　　　　　　　　　　　　　　　　　　　　4 200

（4）采用交互分配法分配辅助生产费用，编制会计分录，并完成辅助生产费用分配表（见表3-59）。

表3-59　　　　　　　　　　　　　辅助生产费用分配表

2024年9月　　　　　　　　　　　　　　　　　　　　　　　　　　　　金额单位：元

项　目			交互分配			对外分配		
辅助生产车间名称			供汽	机修	合计	供汽	机修	合计
待分配的费用			46 000	26 000	72 000	44 000	28 000	72 000
劳务供应数量			23 000	1 625		21 000	1 500	
费用分配率			2	16		2.0952*	18.6667*	
辅助生产成本	供汽车间	数量		125				
		金额		2 000	2 000			
	机修车间	数量	2 000					
		金额	4 000		4 000			
	金额小计		4 000	2 000	6 000			
制造费用	基本生产车间	数量				20 000	3 000	
		金额				41 904	28 000	69 904
管理费用		数量				2 000		
		金额				2 096*		2 096
对外分配金额合计						44 000	28 000	72 000

注：标注"*"的表示尾差四舍五入。

交互分配：

供汽车间：$\dfrac{46\ 000}{2\ 000+20\ 000+1\ 000}=2$

机修车间：$\dfrac{26\ 000}{125+1\ 500}=16$

对外分配：

供汽车间：$\dfrac{46\ 000+2\ 000-4\ 000}{21\ 000}\approx2.095\ 2$

机修车间：$\dfrac{26\ 000+4\ 000-2\ 000}{1\ 500}\approx18.666\ 7$

根据上述资料，填制记账凭证如下：

　　借：辅助生产成本——供汽　　　　　　　　　　　　　　　　　　　　　　　2 000

　　　　　　　——机修　　　　　　　　　　　　　　　　　　　4 000
　　　贷：辅助生产成本——机修　　　　　　　　　　　　　　　　2 000
　　　　　　　——供汽　　　　　　　　　　　　　　　　　　　4 000
　借：制造费用　　　　　　　　　　　　　　　　　　　　　69 904
　　　管理费用　　　　　　　　　　　　　　　　　　　　　 2 096
　　　贷：辅助生产成本——供汽　　　　　　　　　　　　　　　44 000
　　　　　　　——机修　　　　　　　　　　　　　　　　　　　28 000

（5）按生产工人的工资比例分配制造费用，填制记账凭证，并完成制造费用分配表（见表3-60）。

表3-60　　　　　　　　　　　制造费用分配表

2024年9月　　　　　　　　　　　　　　　　　　　　　　　　　单位：元

产品名称	分配标准	分配率	分配金额
QY01	1 250	26.8382*	33 547.75
QY02	2 000	26.8382*	53 676.25*
合　计	3 250		87 224

注：标注"*"的表示尾差四舍五入。

制造费用合计：5 000 + 8 000 + 1 120 + 3 200 + 69 904 = 87 224（元）

分配率：$\dfrac{87\,224}{3\,250} \approx 26.8382$

QY01产品：26.8382 × 1 250 = 33 547.75（元）

QY02产品：26.8382 × 2 000 = 53 676.25*（元）

根据上述资料，填制记账凭证如下：

　借：基本生产成本——QY01产品　　　　　　　　　　　　　　33 547.75
　　　　　　　——QY02产品　　　　　　　　　　　　　　　　 53 676.25
　　　贷：制造费用　　　　　　　　　　　　　　　　　　　 87 224

（6）登记基本生产成本明细账（见表3-61、表3-62），并填制记账凭证。

表3-61　　　　　　　　　　基本生产成本明细账

产品名称：QY01产品
投产数量：250件　　　　　　　　　　　　　　　　　　　　　　单位：元

2024年		凭证号数	摘　要	成本项目			合计
月	日			直接材料	直接人工	制造费用	
9	略	略	原材料费用分配	45 000			45 000
	略	略	工资福利费分配		22 800		22 800
	略	略	制造费用分配			33 547.75	33 547.75
9	30		完工产品成本 总成本	45 000	22 800	33 547.75	101 347.75
			单位成本	180	91.20	134.19*	405.39

注：标注"*"的表示尾差四舍五入。

表 3-62 基本生产成本明细账

产品名称：QY02 产品
投产数量：500 件
单位：元

2024年		凭证号数	摘要		成本项目			合 计
月	日				直接材料	直接人工	制造费用	
9	略	略	原材料费用分配		75 000			75 000
	略	略	工资福利费分配			36 480		36 480
	略	略	制造费用分配				53 676.25	53 676.25
9	30		完工产品成本	总成本	75 000	36 480	53 676.25	165 156.25
				单位成本	150	72.96	107.35*	330.31

注：标注"*"的表示尾差四舍五入。

根据上述资料，填制记账凭证如下：
借：库存商品——QY01 产品　　　　　　　　　　　　101 347.75
　　　　　　——QY02 产品　　　　　　　　　　　　165 156.25
　　贷：基本生产成本——QY01 产品　　　　　　　　101 347.75
　　　　　　　　——QY02 产品　　　　　　　　　　165 156.25

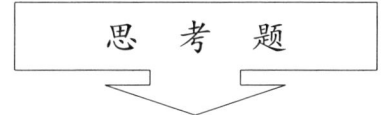

思 考 题

1. 原材料如果是间接计入费用，一般应采用哪些分配方法进行分配？
2. 如何进行预付费用和预提费用的核算？
3. 低值易耗品的摊销方法有哪些？有何优缺点？
4. 简述各辅助生产费用分配方法的特点、使用范围、优缺点，以及具体的分配方法和账务处理。
5. 简述制造费用按年度计划分配率分配方法的特点和适用范围。
6. 什么是废品损失？如何进行可修复废品损失和不可修复废品损失的核算？
7. 简述约当产量比例法的特点和适用范围。
8. 简述在产品按定额成本计价法的特点和适用范围。
9. 简述定额比例法的特点和适用范围。
10. 简述期间费用的内容及其核算。

第四章
产品成本计算的基本方法

PPT

【内容提示】

　　本章全面、系统地阐述了品种法、分批法、分步法三种我国常用的最基本的产品成本计算方法的特点、适用范围、核算程序和优缺点。通过本章学习，学生应了解各种基本方法的特点和适用范围；掌握各种基本方法的核算程序（计算程序和账务处理）以及具体的计算方法；在此基础上理解各种方法的优缺点和应用时应注意的问题。

【目标要求】

　　通过本项目学习，学生应：
- 了解各种产品成本计算的基本方法的特点和适用范围。
- 理解和掌握各种产品成本计算的基本方法的核算程序（含计算程序、具体方法和账务处理）。
- 理解各种产品成本计算的基本方法的优缺点和应用时应注意的问题。
- 培养注重细节、踏实做事的工匠精神和爱岗敬业、客观公正、提高技能、参与管理、强化服务的会计职业道德。
- 树立从实际工作需求出发应用所学知识解决问题的创新思维。

【案例引入】

　　随着工作的不断开展，陈本慧基本上能够独立开展成本核算工作了。2024年10月底，因公司业务发展需要，公司派汪会计到外地学习1个月，出发前汪会计将9月龙华商贸有限公司订购并投产的小批量产品的相关成本核算材料移交给陈本慧，并叮嘱她按要求完成该批量产品的成本核算。具体资料如下：

（1）10月生产的产品批号及产品完工情况如下：

901号：20件，9月3日投产，10月28日完工，本月工时2 400小时。
902号：10件，9月4日投产，10月30日完工，本月工时1 600小时。
1001号：8件，10月8日投产，11月25日完工，本月工时1 000小时。

（2）该批产品的"基本生产成本二级账"及各批"产品成本明细账"的部分记录见表4-1至表4-4。

表4-1　　　　　　　　　　　　　基本生产成本二级账
（各批产品总成本）　　　　　　　　　　　　　　　　　　　　　单位：元

| 2024年 | | 摘要 | 直接材料 | 生产工时 | 直接人工 | 制造费用 | 成本合计 |
月	日						
9	30	余额	27 000	7 000	16 000	19 000	
10	31	本月发生	23 000	5 000	20 000	29 000	
10	31	累计					
		全部产品累计间接计入费用分配率					
10	31	本月完工转出					
10	31	在产品					

表4-2　　　　　　　　　　　　　产品成本明细账
产品批号：901　　　　购货单位：龙华商贸　　　　投产日期：9月3日
产品名称：QY03　　　　产品产量：20件　　　　　完工日期：10月28日　　　　单位：元

| 2024年 | | 摘要 | 直接材料 | 生产工时 | 直接人工 | 制造费用 | 成本合计 |
月	日						
9	30	余额	15 000	4 000			
10	31	本月发生	7 000	2 400			
10	31	累计					
		全部产品累计间接计入费用分配率					
10	31	本月完工转出					
10	31	在产品					

表4-3　　　　　　　　　　　　　产品成本明细账
产品批号：902　　　　购货单位：龙华商贸　　　　投产日期：9月4日
产品名称：QY04　　　　产品产量：10件　　　　　完工日期：10月30日　　　　单位：元

| 2024年 | | 摘要 | 直接材料 | 生产工时 | 直接人工 | 制造费用 | 成本合计 |
月	日						
9	30	余额	12 000	3 000			
10	31	本月发生	3 000	1 600			
10	31	累计					
		全部产品累计间接计入费用分配率					
10	31	本月完工转出					
10	31	在产品					

表 4-4 产品成本明细账

产品批号：1001　　购货单位：龙华商贸　　投产日期：10 月 8 日
产品名称：QY04　　产品产量：8 件　　　完工日期：11 月 25 日　　　　单位：元

2024 年		摘要	直接材料	生产工时	直接人工	制造费用	成本合计
月	日						
10	31	本月发生	13 000	1 000			
10	31	累计					
		全部产品累计间接计入费用分配率					
10	31	本月完工转出					
10	31	在产品					

产品成本是在生产过程中形成的，计算什么的成本和采用什么方法计算成本，在很大程度上决定于生产的特点（包括工艺过程特点和生产组织特点）。另外，成本计算是为成本管理提供资料的，因而计算什么的成本和采用什么方法计算成本，还要考虑管理上的要求。为适应生产的特点和成本管理的要求，在产品成本计算工作中有着三种不同的成本计算对象，即产品品种、产品批别和产品生产步骤。为了计算上述三种成本计算对象的成本，采用了以产品成本计算对象为标志的品种法、分批法和分步法三种成本计算方法。

品种法、分批法和分步法之所以说是产品成本计算的基本方法，是因为这三种方法与不同生产类型的特点有着直接联系，并涉及成本计算对象的确定，因而从核算产品实际成本的角度来说是必不可少的方法。

第一节　品　种　法

品种法是按照产品品种归集生产费用，计算产品成本的一种方法。品种法是最基本的成本计算方法，产品成本计算的其他基本方法和辅助方法都是在品种法的基础上进一步发展和完善的。

一、品种法的适用范围

品种法主要适用于大量、大批的单步骤生产，例如发电、采掘等生产。在这种类型的生产中，产品的生产工艺过程不可能或者不需要划分为几个生产步骤，因而也就不可能或者不需要按照生产步骤计算产品成本。在大量、大批的多步骤生产中，如果企业或车间的规模较小，或者车间是封闭式的，即从原材料投入到产品出产的全过程，都是在一个车间内进行的，或者生产是按流水线组织的，管理上不要求按照生产步骤计算产品成本，也可以采用品种法计算产品成本。例如小型水泥厂、织布厂以及辅助生产的供水、供电、蒸汽车间等。

二、品种法的核算程序

（一）确定成本计算对象

在采用品种法计算产品成本的企业或车间里，成本计算对象就是产品品种。如果只生产一种产品，计算产品成本时，只需要为这种产品开设一本产品成本明细账，账内按成本项目设立专栏或专行。在这种情况下，所发生的全部生产费用都是直接计入费用，可以直接记入该产品成本明细账的有关成本项目，而不存在在各成本计算对象之间分配费用的问题。如果是生产多种产品，产品成本明细账就要按照产品品种分别设置，发生的生产费用中，能分得清是哪种产品耗用的，可以直接记入各该产品成本明细账的有关成本项目，分不清的则要采用适当的分配方法，在各成本计算对象之间进行分配，然后分别记入各产品成本明细账的有关成本项目。

（二）确定成本计算期

在大量、大批的单步骤生产中，由于是不断地重复生产一种或几种产品，不能在产品制造完工时立即计算其成本，因而一般是定期（每月月末）计算它的平均成本。

（三）生产费用在完工产品与在产品之间的分配

在单步骤生产中，月末计算成本时，一般不存在尚未完工的在产品，或者在产品数量很小，因而可以不计算在产品成本。在这种情况下，产品成本明细账中按成本项目归集的生产费用，就是该产品的总成本，再除以该产品的产量，就可求得该产品的平均单位成本。

在一些规模较小，而且管理上又不要求按照生产步骤计算成本的大量、大批的多步骤生产中，月末一般都有在产品，而且数量较多，这就需要选择适当的分配方法，将产品成本明细账中归集的生产费用在完工产品与月末在产品之间进行分配，以便计算完工产品成本和月末在产品成本。

确定不同的成本计算对象，采用不同产品成本计算方法，主要是为了适应企业或者生产车间的生产特点和满足成本管理要求，正确提供成本计算资料。但是不论什么制造业企业，不论什么生产类型的产品，也不论管理的要求如何，最终都必须按照产品品种算出产品成本。因此，按照产品品种计算成本，是产品成本计算最一般、最起码的要求。换言之，品种法是上述产品成本计算方法中最基本的方法。

三、品种法的核算程序举例

品种法是产品成本计算方法中最基本的方法，因而品种法的计算程序体现着产品成本计算的一般程序。列举一套完整的例子，把品种法所用的各种费用分配表和明细账连接起来，将产品成本计算与相应的账务处理结合起来，不仅便于从中系统、全面、具体地掌握品种法这一产品成本计算方法的特点，而且有利于深入理解成本计算的基本原理。

【例 4-1】红旗制造股份有限公司设有一个基本生产车间，大量生产 JW-131、JW-132 两种产品，其生产工艺过程属于单步骤生产。根据生产特点和管理要求，确定采用品种法计算产品成本。该企业还设有供电和供水两个辅助生产车间，辅助生产车间的制造费用不通过"制造费用"科目核算，发生时直接记入"辅助生产成本"科目。该企业本月没有发生废品损失，产品成本包括"直接材料""燃料和动力""直接人工"和"制造费用"四个成本项目。2024 年 4 月 JW-131、JW-132 两种产品的成本计算及相应的账务处理如下：

1. 根据各项费用的原始凭证和其他有关材料，编制各项费用分配表，分配和归集各项要素费用

（1）根据按原材料用途归类的领、退料凭证和有关的费用分配标准，编制原材料费用分配表，详见表 4-5。

表 4-5　　　　　　　　　　材料费用分配表（分配表 1）
2024 年 4 月

应借科目	直接记入金额（元）	分配计入		材料费用合计（元）
		定额消耗量（千克）	分配金额（分配率3.6）	
基本生产成本——JW-131 产品	6 080	5 200	18 720	24 800
——JW-132 产品	2 920	2 800	10 080	13 000
小　计	9 000	8 000	28 800	37 800
辅助生产成本——供电车间	2 200			2 200
——供水车间	2 400			2 400
小　计	4 600			4 600
制造费用	1 000			1 000
管理费用	1 200			1 200
销售费用	800			800
合　计	16 600		28 800	45 400

根据材料费用分配表编制会计分录，据以登记有关总账和明细账。会计分录如下：

借：基本生产成本——JW-131 产品　　　　　　　　　　　　　　24 800
　　　　　　　　——JW-132 产品　　　　　　　　　　　　　　13 000
　　辅助生产成本——供电车间　　　　　　　　　　　　　　　　2 200
　　　　　　　　——供水车间　　　　　　　　　　　　　　　　2 400
　　制造费用　　　　　　　　　　　　　　　　　　　　　　　　1 000
　　管理费用　　　　　　　　　　　　　　　　　　　　　　　　1 200
　　销售费用　　　　　　　　　　　　　　　　　　　　　　　　　800
　　贷：原材料　　　　　　　　　　　　　　　　　　　　　　　45 400

（2）根据各车间、部门耗电数量、电价和有关的费用分配标准（各种产品耗用的生产工时）编制外购动力费（电费）分配表，详见表 4-6。

表 4-6　　　　　　　　　外购动力费用分配表（分配表2）
　　　　　　　　　　　　　　2024 年 4 月　　　　　　　　　　　　　　　　　　　单位：元

应借科目		成本或费用项目	生产工时（分配率：0.4）	度数（分配率：0.6）	金额
基本生产成本	JW-131 产品	燃料和动力	45 000 小时		18 000
	JW-132 产品	燃料和动力	30 000 小时		12 000
	小　计		75 000 小时		30 000
辅助生产成本	供电车间	水电费		5 000 度	3 000
	供水车间	水电费		2 000 度	1 200
	小　计			7 000 度	4 200
制造费用		水电费		7 500 度	4 500
管理费用		水电费		5 000 度	3 000
销售费用		水电费		3 000 度	1 800
合　计				22 500 度	43 500

　　根据外购动力费用分配表编制会计分录，据以登记有关总账和明细账。会计分录如下：
　　借：基本生产成本——JW-131 产品　　　　　　　　　　　　　18 000
　　　　　　　　　　　——JW-132 产品　　　　　　　　　　　　　12 000
　　　　辅助生产成本——供电车间　　　　　　　　　　　　　　　 3 000
　　　　　　　　　　　——供水车间　　　　　　　　　　　　　　　 1 200
　　　　制造费用　　　　　　　　　　　　　　　　　　　　　　　 4 500
　　　　管理费用　　　　　　　　　　　　　　　　　　　　　　　 3 000
　　　　销售费用　　　　　　　　　　　　　　　　　　　　　　　 1 800
　　　　贷：银行存款（或应付账款）　　　　　　　　　　　　　　 43 500

（3）根据各车间、部门的职工薪酬结算凭证，编制职工薪酬分配表，详见表 4-7。

表 4-7　　　　　　　　　职工薪酬分配表（分配表3）
　　　　　　　　　　　　　　2024 年 4 月　　　　　　　　　　　　　　　　　　　单位：元

应借科目	成本或费用项目	工资总额	职工福利费
基本生产成本——JW-131 产品	直接人工	28 000	3 920
——JW-132 产品	直接人工	20 000	2 800
小　计		48 000	6 720
辅助生产成本——供电车间	职工薪酬	1 600	224
——供水车间	职工薪酬	800	112
小　计		2 400	336
制造费用	职工薪酬	3 200	448
管理费用	职工薪酬	4 400	616
销售费用	职工薪酬	2 400	336
合　计		60 400	8 456

根据职工薪酬分配表编制会计分录,据以登记有关总账和明细账。会计分录如下:

借:基本生产成本——JW-131产品　　　　　　　　　　　　　　31 920
　　　　　　　　——JW-132产品　　　　　　　　　　　　　　22 800
　　辅助生产成本——供电车间　　　　　　　　　　　　　　　 1 824
　　　　　　　　——供水车间　　　　　　　　　　　　　　　　 912
　　制造费用　　　　　　　　　　　　　　　　　　　　　　　　 3 648
　　管理费用　　　　　　　　　　　　　　　　　　　　　　　　 5 016
　　销售费用　　　　　　　　　　　　　　　　　　　　　　　　 2 736
　　贷:应付职工薪酬——工资、奖金、津贴和补贴　　　　　　　60 400
　　　　　　　　　——职工福利费　　　　　　　　　　　　　　 8 456

(4) 根据本月应计折旧固定资产原价和月折旧率,计算本月应计提固定资产折旧,编制折旧费用分配表,详见表4-8。

表4-8　　　　　　　　　　固定资产折旧费用分配表(分配表4)

2024年4月　　　　　　　　　　　　　　　　　　　　　　　　　　　单位:元

应借科目	部门	上月折旧额	上月增加固定资产		上月减少固定资产		本月折旧额
			原值	折旧额	原值	折旧额	
制造费用	基本生产车间	33 200	40 000	8 000			41 200
辅助生产成本	辅助生产车间——供电车间	4 000			6 000	600	3 400
	——供水车间	2 100	2 000	200	9 000	900	1 400
管理费用	行政管理部门	9 600					9 600
销售费用	专设销售机构	2 400					2 400
	合　计	51 300	42 000	8 200	15 000	1 500	58 000

根据固定资产折旧费用分配表编制会计分录,据以登记有关总账和明细账。会计分录如下:

借:制造费用　　　　　　　　　　　　　　　　　　　　　　　41 200
　　辅助生产成本——供电车间　　　　　　　　　　　　　　　 3 400
　　　　　　　　——供水车间　　　　　　　　　　　　　　　 1 400
　　管理费用　　　　　　　　　　　　　　　　　　　　　　　 9 600
　　销售费用　　　　　　　　　　　　　　　　　　　　　　　 2 400
　　贷:累计折旧　　　　　　　　　　　　　　　　　　　　　 58 000

(5) 根据4月银行存款付款凭证汇总编制的各项货币支出(假定全部用银行存款支付)汇总表,详见表4-9。

表 4-9　　　　　　　　　　　银行存款付款凭证汇总表　　　　　　　　　　　单位：元

应借科目			金　额
总账科目	明细科目	成本费用项目	
制造费用	基本生产车间	办公费	3 860
		修理费	1 880
		其他	712
	小计		6 452
辅助生产成本	供电车间	修理费	4 400
		其他	176
	供水车间	修理费	3 200
		其他	88
	小计		7 864
管理部门		办公费	2 460
		差旅费	1 340
		其他	1 500
	小计		5 300
合　计			19 616

为了简化，本例均汇总编制会计分录，汇总记账。会计分录如下：

借：制造费用　　　　　　　　　　　　　　　　6 452
　　辅助生产成本——供电车间　　　　　　　　4 576
　　　　　　　　——供水车间　　　　　　　　3 288
　　管理费用　　　　　　　　　　　　　　　　5 300
　　贷：银行存款　　　　　　　　　　　　　　　　　　19 616

2．归集与分配辅助生产费用

（1）根据上列各种费用分配表，登记辅助生产成本明细账，详见表 4-10、表 4-11。

表 4-10　　　　　　　　　　　辅助生产成本明细账

车间名称：供电车间　　　　　　　　　　　　　　　　　　　　　　　　　单位：元

2024 年		摘　要	材料	水电费	职工薪酬	折旧费	修理费	其他	合计	转出	余额
月	日										
4	30	根据分配表 1	2 200						2 200		
	30	根据分配表 2		3 000					3 000		
	30	根据分配表 3			1 824				1 824		
	30	根据分配表 4				3 400			3 400		
	30	根据银行付款凭证					4 400	176	4 576		
	30	待分配费用小计	2 200	3 000	1 824	3 400	4 400	176	15 000	15 000	
	30	根据分配表 5								15 000	
	30	合　计	2 200	3 000	1 824	3 400	4 400	176	15 000	15 000	0

表 4-11　　　　　　　　　　　辅助生产成本明细账

车间名称：供水车间　　　　　　　　　　　　　　　　　　　　　　　　　　　　单位：元

2024 年		摘　　要	材料	水电费	职工薪酬	折旧费	修理费	其他	合计	转出	余额
月	日										
4	30	根据分配表 1	2 400						2 400		
	30	根据分配表 2		1 200					1 200		
	30	根据分配表 3			912				912		
	30	根据分配表 4				1 400			1 400		
	30	根据银行付款凭证					3 200	88	3 288		
	30	待分配费用小计	2 400	1 200	912	1 400	3 200	88	9 200		9 200
	30	根据分配表 5								9 200	
	30	合　　计	2 400	1 200	912	1 400	3 200	88	9 200	9 200	0

（2）根据辅助生产成本明细账归集的费用以及供电车间和供水车间提供劳务数量，采用直接分配法分配辅助生产费用并编制辅助生产费用分配表，详见表 4-12。

本月供电车间供电 13 000 度，其中为供水车间供电 500 度，为基本生产车间供电 9 000 度，为行政管理部门供电 2 500 度，为专设销售机构供电 1 000 度。供水车间供水劳务 2 400 米^3，其中为供电车间供水 100 米^3，为基本生产车间供水 1 600 米^3，为行政管理部门供水 500 米^3，为专设销售机构供水 200 米^3。

表 4-12　　　　　辅助生产费用分配表（直接分配法，分配表 5）

2024 年 4 月　　　　　　　　　　　　　　　　　　　　　　　　　　　　　单位：元

项　　目		供水车间	供电车间	合　　计
待分配辅助生产费用（元）		9 200	15 000	24 200
供应辅助生产以外的劳务数量		2 300 米^3	12 500 度	—
单位成本（分配率）		4	1.2	—
基本生产车间	耗用数量	1 600 米^3	9 000 度	—
	分配数量	6 400	10 800	17 200
行政管理部门	耗用数量	500 米^3	2 500 度	—
	分配数量	2 000	3 000	5 000
专设销售机构	耗用数量	200 米^3	1 000 度	—
	分配金额	800	1 200	2 000
合　　计		9 200	15 000	24 200

表 4-12 中的费用分配率计算如下：

供电费用分配率 $= \dfrac{15\ 000}{12\ 500} = 1.2$（元/度）

供水费用分配率 $= \dfrac{9\ 200}{2\ 300} = 4$（元/米^3）

根据辅助生产费用分配表编制会计分录，据以登记有关总账和明细账。会计分录如下：

借：制造费用　　　　　　　　　　　　　　　　　　　　　　　　17 200
　　管理费用　　　　　　　　　　　　　　　　　　　　　　　　 5 000
　　销售费用　　　　　　　　　　　　　　　　　　　　　　　　 2 000
　　　贷：辅助生产成本——供电车间　　　　　　　　　　　　　15 000
　　　　　　　　　　　——供水车间　　　　　　　　　　　　　 9 200

3. 归集与分配基本生产车间的制造费用

（1）根据上列各种费用分配表，登记基本生产车间制造费用明细账，详见表4-13。

表4-13　　　　　　　　　　　　　制造费用明细账

车间：基本生产车间　　　　　　　　　　　　　　　　　　　　　　　　　　　　　　单位：元

2024年		摘　要	机物料	外购动力	职工薪酬	折旧费	修理费	办公费	水电费	其他	合计	转出	余额
月	日												
4	30	根据分配表1	1 000								1 000		
	30	根据分配表2		4 500							4 500		
	30	根据分配表3			3 648						3 648		
	30	根据分配表4				41 200					41 200		
	30	根据银行付款凭证					1 880	3 860		712	6 452		
	30	根据分配表5							17 200		17 200		
	30	待分配费用小计	1 000	4 500	3 648	41 200	1 880	3 860	17 200	712	74 000		74 000
	30	根据分配表6										74 000	
	30	合　计	1 000	4 500	3 648	41 200	1 880	3 860	17 200	712	74 000	74 000	0

（2）根据基本生产车间制造费用明细账归集的制造费用和JW-131、JW-132产品的生产工时，编制基本生产车间制造费用分配表分配制造费用，详见表4-14。

表4-14　　　　　　基本生产车间制造费用分配表（分配表6）

2024年4月　　　　　　　　　　　　　　　　　　　　　　　　　　　　　　　　　单位：元

应借科目		生产工时	分配金额（分配率：4）
总账科目	明细科目		
基本生产成本	JW-131产品	10 000	40 000
	JW-132产品	8 500	34 000
合　计		18 500	74 000

表4-10中的费用分配率计算如下：

$$\text{分配率} = \frac{74\ 000}{18\ 500} = 4\ (\text{元}/\text{小时})$$

根据辅助生产费用分配表编制会计分录，据以登记有关总账和明细账。会计分录如下：

借：基本生产成本——JW-131产品　　　　　　　　　　　　　　40 000

　　　　　　　——JW-132产品　　　　　　　　　　　　　　　　34 000
　　贷：制造费用　　　　　　　　　　　　　　　　　　　　　74 000

4. 根据各种费用分配表和其他有关资料，登记产品成本明细账，分别归集JW-131、JW-132两种产品的成本，并计算完工产品和月末在产品成本

JW-131产品月初在产品30件，月初在产品成本为：直接材料7 440元，燃料和动力5 400元，直接人工9 576元，制造费用12 000元；本月投产100件，完工110件，月末在产品已经接近完工，只是尚未包装或尚未验收入库。为了简化产品成本计算工作，在产品可以视同完工产品，按两者的数量比例分配原材料费用和各项加工费用。JW-132产品月初、月末均无在产品，本月投产80件全部完工。

（1）根据上月在产品成本明细账和本月各种费用分配表，登记产品成本明细账的月初在产品成本和本月生产费用。JW-131、JW-132两种产品的成本明细账登记详见表4-15、表4-16。

表4-15　　　　　　　　　　　产品成本明细账

产品名称：JW-131　　　　　　　　　　　　　　　　　　　　　　　　　　　　单位：元

2024年		摘要		产量（件）	直接材料	燃料和动力	直接人工	制造费用	合计
月	日								
3	31	在产品成本		30	7 440	5 400	9 576	12 000	34 416
4	30	根据分配表1			24 800				24 800
4	30	根据分配表2				18 000			18 000
4	30	根据分配表3					31 920		31 920
4	30	根据分配表6						40 000	40 000
4	30	本月生产费用合计			32 240	23 400	41 496	52 000	149 136
4	30	产成品成本	总成本	110	27 280	19 800	35 112	44 000	126 192
			单位成本	—	248	180	319.20	400	1 147.20
4	30	在产品成本		20	4 960	3 600	6 384	8 000	22 944

表4-15中的费用分配率计算如下：

直接材料分配率 $= \dfrac{32\,240}{130} = 248$（元/件）

直接燃料和动力分配率 $= \dfrac{23\,400}{130} = 180$（元/件）

直接人工分配率 $= \dfrac{41\,496}{130} = 319.20$（元/件）

制造费用分配率 $= \dfrac{52\,000}{130} = 400$（元/件）

（2）根据JW-131、JW-132两种产品的成本明细账中的产品成本，编制产品成本汇总表，结转产成品成本。详见表4-17。

表 4-16　　　　　　　　　　　　产品成本明细账

产品名称：JW-132　　　　　　　　　　　　　　　　　　　　　　　　　　　　　单位：元

2024年		摘　要		产量（件）	直接材料	燃料和动力	直接人工	制造费用	合　计
月	日								
4	30	根据分配表1			13 000				13 000
4	30	根据分配表2				12 000			12 000
4	30	根据分配表3					22 800		22 800
4	30	根据分配表6						34 000	34 000
4	30	本月生产费用合计			13 000	12 000	22 800	34 000	81 800
4	30	产成品成本	总成本	80	13 000	12 000	22 800	34 000	81 800
			单位成本	—	162.50	150	285	425	1 022.50

表 4-17　　　　　　　　　　　　产成品成本汇总表

2024年4月　　　　　　　　　　　　　　　　　　　　　　　　　　　　　　　　单位：元

产品名称	数量（件）	直接材料	燃料和动力	直接人工	制造费用	合计
JW-131产品	110	27 280	19 800	35 112	44 000	126 192
JW-132产品	80	13 000	12 000	22 800	34 000	81 800
合计	—	40 280	31 800	57 912	78 000	207 992

编制会计分录如下：

　　借：库存商品——JW-131产品　　　　　　　　　　　　　　　126 192
　　　　　　　　——JW-132产品　　　　　　　　　　　　　　　 81 800
　　　贷：基本生产成本——JW-131产品　　　　　　　　　　　　126 192
　　　　　　　　　　　——JW-132产品　　　　　　　　　　　　 81 800

5. 根据上列各种费用分配表、各项会计分录，分别登记有关的总分类账（详见表4-18至表4-21）。

表 4-18　　　　　　　　　　　　总　分　类　账

会计科目：基本生产成本　　　　　　　　　　　　　　　　　　　　　　　　　　单位：元

2024年		凭证		摘　要	借方	贷方	借或贷	余额
月	日	种类	编号					
4	1			期初余额			借	34 416
	—			材料费用	37 800		借	72 216
	—	(略)	(略)	燃料和动力费	30 000		借	102 216
	—			职工薪酬	54 720		借	156 936
	—			制造费用	74 000		借	230 936
	30			本月完工产品成本		207 992	借	22 944
	30			本月合计	196 520	207 992	借	22 944

表 4-19　　　　　　　　　　　总 分 类 账

会计科目：辅助生产成本　　　　　　　　　　　　　　　　　　　　　　　　　　单位：元

2024 年		凭证		摘　要	借方	贷方	借或贷	余额
月	日	种类	编号					
4	—			材料费用	4 600		借	4 600
	—	（略）	（略）	动力	4 200		借	8 800
	—			职工薪酬	2 736		借	11 536
	—			折旧费	4 800		借	16 336
	—			修理费	7 600		借	23 936
	—			其他费用	264		借	24 200
	30			本月分配转出		24 200	平	0
	30			本月合计	24 200	24 200	平	0

表 4-20　　　　　　　　　　　总 分 类 账

会计科目：制造费用　　　　　　　　　　　　　　　　　　　　　　　　　　　　单位：元

2024 年		凭证		摘　要	借方	贷方	借或贷	余额
月	日	种类	编号					
4	—			机物料消耗	1 000		借	1 000
	—	（略）	（略）	动力	4 500		借	5 500
	—			职工薪酬	3 648		借	9 148
	—			折旧费	41 200		借	50 348
	—			修理费	1 880		借	52 228
	—			水电费	17 200		借	69 428
	—			办公费	3 860		借	73 288
	—			其他费用	712		借	74 000
	30			本月分配转出		74 000	平	0
	30			本月合计	74 000	74 000	平	0

表 4-21　　　　　　　　　　　总 分 类 账

会计科目：库存商品　　　　　　　　　　　　　　　　　　　　　　　　　　　　单位：元

2024 年		凭证		摘　要	借方	贷方	借或贷	余额
月	日	种类	编号					
4	1			期初余额				0
	—	（略）	（略）	本月入库产品成本	207 992		借	207 992
	30			本月合计	207 992		借	207 992

通过上述举例，可以看出，产品成本计算实际上就是会计核算中成本费用科目的明细核算。为了正确地计算各种产品成本，必须正确地编制各种费用分配表和分配、归集各项费用的会计分录，并且按照平行登记的规则，既登记有关的总账科目，又登记各该总账科目所属

的明细账。最后，将各种生产费用分配、归集到基本生产成本科目及其所属的各种产品成本明细账中，计算各种产品的总成本和单位成本。

需要指出的是，品种法，过去在有些教材中被称作简单法或单一法，之所以这样命名，是因为20世纪50年代初我国向苏联学习时，苏联的工业会计教材中就是这样称谓的。现在国内出版的教材中有的还称其为简单法，并认为这种产品成本计算方法适用于简单生产（即本教材中所说的单步骤生产），这种生产的特点是产品品种单一，因此计算成本时，直接生产费用、间接生产费用都可以直接计入产品成本，不必进行费用的分配；另外，这种生产月末一般没有在产品或在产品数量很少，计算产品成本时也没有必要将汇集在基本生产成本明细账的生产费用在完工产品与在产品之间进行分配。由于成本计算工作简单，因而称之为简单法。但是，这样的称谓存在两个方面的问题：

一是单步骤生产企业的产品品种并不都是单一的。例如火电发电厂是典型的单步骤生产，但这种企业既供电又供热，因而计算产品成本时对间接计入费用也要进行分配，成本计算工作也不一定简单，如果将这种方法称之为简单法就名不副实。

二是虽然这种生产的产品品种单一，其成本计算对象"简单"，并不等于产品成本计算工作简单。例如小型工业企业，许多是多步骤的、大量、大批生产，按其生产特点本应采用分步法计算成本，但因企业生产规模小，核算工作基础薄弱，往往是按产品品种计算成本；还有不少规模较大的多步骤、大量、大批生产企业，由于其是按照产品品种设置封闭式车间进行生产，管理上不要求分步骤计算成本，因而也按产品品种计算成本。在这种企业或生产车间中，产品的品种和在产品数量较多，如果称其为简单法，就更名不副实。

基于上述两点，现在大多数成本会计教材和实际工作中把简单法称为品种法。

第二节　分　批　法

分批法是按照产品的批别归集生产费用、计算产品成本的一种方法。采用分批法计算产品成本时，企业根据市场和客户的要求，按预先规定的规格和数量组织产品的生产。

一、分批法的适用范围

分批法主要适用于小批、单件，管理上不要求分步骤计算成本的多步骤生产，如重型机器制造、船舶制造、精密工具仪器制造，以及服装、印刷工业等。在这种生产类型企业中，由于生产多是根据购货单位的订货单组织的，因此，分批法也称定单法。

二、分批法的核算程序

（一）确定成本计算对象

成本计算对象就是产品的批别（单件生产为件别）。在小批、单件生产中，产品的种类和每批产品的批量，大多根据购买单位的订单确定。但是，如果在一张订单中规定有几种产品，或虽然只有一种产品但其数量较大而又要求分批交货时，企业生产计划部门可以将上述订单按照产品品种划分批别，组织生产或将同类产品划分数批组织生产，计算成本。如果在一张订单中只规定一件产品，但其属于大型复杂的产品，其价值较大、生产周期较长，也可以按照产品的组成部分分批组织生产和计算成本。如果在同一时期内，企业接到不同购货单位，要求生产同一产品的几张订单，为了经济合理地组织生产，企业生产计划部门也可以将其合并为一批组织生产、计算成本。在这种情况下，分批法的成本计算对象，就不是购货单位的订货单，而是企业生产计划部门签发下达的生产任务通知单，单内应对该批生产任务进行编号，称为产品批号或生产令号。会计部门应根据产品批号设立产品成本明细账。生产费用发生后，就按产品批别进行归集；直接计入费用直接计入，间接计入费用则要采用适当的分配方法，在各批产品之间进行分配，然后记入各产品成本明细账。

（二）确定成本计算期

为了保证各批产品成本计算的正确性，各批产品成本明细账的设立和结算，应与生产任务通知单的签发和结束密切配合，协调一致。在此期间，如有产品完工，月末计算成本时，既要计算完工产品成本又要计算在产品成本，可见完工产品成本计算是不定期的，其成本计算期与产品的生产周期基本一致。

（三）生产费用在完工产品与在产品之间的分配

在单件生产中，产品完工前，产品成本明细账所记的生产费用，都是在产品成本；产品完工时，产品成本明细账所记的生产费用，就是完工产品的成本，因而在月末计算成本时，不存在在完工产品与在产品之间费用分配的问题。

在小批量生产中，由于产品批量较小，批内产品一般都能同时完工，或者在相距不久的时间内全部完工。月末计算成本时，或是全部已经完工，或是全都没有完工，因而一般也不存在在完工产品与在产品之间费用分配的问题。但是，如果批内产品有跨月陆续完工的情况，在月末计算成本时，一部分产品已完工，另一部分产品尚未完工，这时就有必要在完工产品与在产品之间分配费用，以便计算完工产品成本和月末在产品成本。如果跨月陆续完工的情况不多，月末完工产品数量占批量比重较小时，可以采用按计划单位成本、定额单位成本或近期相同产品的实际单位成本计算完工产品成本，从产品成本明细账中转出，剩余数额即为在产品成本。在该批产品全部完工时，还应计算该批产品的实际总成本和单位成本，但对已经转账的完工产品成本，不作账面调整。这样做主要是为了计算先交货的成本。这种分配方法核算工作虽简单，但分配结果不甚正确。因而，在批内产品跨月陆续完工情况较多，月末完工产品数量占批量比重较大时，为了提高成本计算的正确性，则应采用适当的方法，在完工产品与月末在产品之间分配费用，计算完工产品成本和月末在产品成本。为了使同一批产品尽量同时完工，避免跨月陆续完工的情况，减少在完工产品与月末在产品之间分配费用的工作，在合理组织生产的前提下，可以适当缩小产品的批量。

三、分批法核算程序举例

【例 4-2】 红旗制造股份有限公司根据购买单位（华旗商贸有限公司）订货单小批生

产 KJY11、KJY12 两种产品，采用分批法计算产品成本。有关资料如下：

（1）2024 年 4 月生产的产品批号有：

4010 批号：KJY11 产品 8 台，本月投产，本月完工 6 台。

4011 批号：KJY12 产品 10 台，本月投产，本月完工 2 台。

根据各种费用分配表，汇总本月（4 月）各批号生产费用资料，详见表 4-22。

表 4-22　　　　　　　　　　　　　　　　　　　　　　　　　　　　　　　　　　　　　　　单位：元

批号	直接材料	直接人工	制造费用
4010	9 376	11 200	34 160
4011	18 400	12 200	7 920

（2）在完工产品与在产品之间分配费用的方法。

4010 批号 KJY11 产品完工数量较大，原材料在生产开始时一次投入，其他费用在完工产品与在产品之间采用约当产量比例法分配，在产品完工程度为 50%。

4011 批号 KJY12 产品完工数量少，完工产品按计划成本结转。每台产品计划单位成本：原材料 1 840 元，工资及福利费 1 400 元，制造费用 960 元。

（3）根据上列各项资料，登记各批产品成本明细账，计算各批产品的完工产品成本和月末在产品成本，详见表 4-23、表 4-24。

表 4-23　　　　　　　　　　　　　　产品成本明细账

产品批号：4010　　　购货单位：华旗商贸有限公司　　　　　　　　　投产日期：4 月
产品名称：KJY11　　　批量：8 台　　　完工日期：4 月　　完工产量：6 台　　　单位：元

月	日	摘　要	直接材料	直接人工	制造费用	合计
4	30	本月生产费用	9 376	11 200	34 160	54 736
4	30	完工产品成本	7 032	9 600	29 280	45 912
4	30	完工产品单位成本	1 172	1 600	4 880	7 652
4	30	月末在产品成本	2 344	1 600	4 880	8 824

表 4-23 中的数字计算：

完工产品直接材料 $= \dfrac{9\ 376}{6+2} \times 6 = 7\ 032$（元）

月末在产品直接材料 $= \dfrac{9\ 376}{6+2} \times 2 = 2\ 344$（元）

在产品约当产量 $= 2 \times 50\% = 1$（台）

完工产品直接人工 $= \dfrac{11\ 200}{6+1} \times 6 = 9\ 600$（元）

月末在产品直接人工 $= \dfrac{11\ 200}{6+1} \times 1 = 1\ 600$（元）

完工产品制造费用 $= \dfrac{34\ 160}{6+1} \times 6 = 29\ 280$（元）

$$月末在产品制造费用 = \frac{34\ 160}{6+1} \times 1 = 4\ 880（元）$$

表 4-24　　　　　　　　　　　　产品成本明细账

产品批号：4011　　　　购货单位：华旗商贸有限公司　　　　　　　　投产日期：4月
产品名称：KJY12　　　批量：10 台　　完工日期：4月　　完工产量：2 台　　单位：元

月	日	摘　　要	直接材料	直接人工	制造费用	合计
4	30	本月生产费用	18 400	12 200	7 920	38 520
4	30	单台计划成本	1 840	1 400	960	4 200
4	30	完工产品（2台）计划成本	3 680	2 800	1 920	8 400
4	30	月末在产品成本	14 720	9 400	6 000	30 120

四、简化的分批法

在小批、单件生产的企业或车间中，如果同一月份投产的产品批数很多，几十批甚至上百批，且月末未完工的批数也较多，例如机械制造厂或修配厂就属于这种情况。在这种情况下，如果将当月发生的间接计入费用全部分配给各批产品，而不管各批产品是否已经完工，费用分配的核算工作将非常繁重。因此，在这类企业或车间中还采用着一种简化的分批法。

采用这种方法，仍应按照产品批别设立产品成本明细账，但在各批产品完工之前，账内只需按月登记直接计入费用（例如原材料费用）和生产工时。每月发生的间接计入费用，不是按月在各批产品之间进行分配，而是先将其在基本生产成本二级账中，按成本项目分别累计起来，只有在有完工产品的那个月份，才对完工产品按照其累计工时的比例分配间接计入费用，计算完工产品成本；而全部产品的在产品应负担的间接计入费用，仍以总数反映在基本生产成本二级账中，不进行分配，不分批计算在产品成本。因此，这种方法可称为不分批计算在产品成本的分批法。

对各批完工产品分配间接计入费用，一般是按照完工产品累计生产工时的比例进行分配。其计算公式如下：

$$全部产品累计间接计入费用分配率 = \frac{全部产品累计间接计入费用}{全部产品累计工时}$$

$$某批完工产品应负担的间接计入费用 = 该批完工产品累计工时 \times 全部产品累计间接计入费用分配率$$

【例 4-3】红旗制造股份有限公司 2024 年 5 月小批生产多种产品，由于产品批数多，为了简化成本计算工作，采用简化的分批法——不分批计算在产品成本的分批法计算成本。

(1) 5月生产批号有：

4020 号：JIA11 产品 6 件，4 月投产，5 月 25 日全部完工。

4021 号：JIA12 产品 10 件，4 月投产，5 月完工 6 件。

4022 号：JIA13 产品 4 件，4 月末投产，尚未完工。

5010 号：JIA14 产品 5 件，5 月初投产，尚未完工。

(2) 各批号产品 5 月末累计直接材料费用（直接材料在生产开始时一次投入）和工时为：

4020 号：直接材料 72 000 元，工时 18 024 小时。
4021 号：直接材料 96 000 元，工时 42 000 小时。
4022 号：直接材料 58 000 元，工时 16 200 小时。
5010 号：直接材料 49 520 元，工时 16 840 小时。

（3）5 月末，全部产品累计原材料费用 275 520 元，工时 93 064 小时，直接人工 93 064 元，制造费用 111 676.80 元。

（4）5 月末，完工产品工时 46 020 小时，其中 JIA12 产品 27 996 小时。

根据上列资料，登记基本生产成本二级账和各批产品成本明细账；计算和登记累计间接计入费用分配率；计算各批完工产品成本。红旗制造股份有限公司设立的基本生产成本二级账，如表 4-25 所示。

表 4-25 基本生产成本二级账

（各批产品总成本）

单位：元

月	日	摘要	直接材料	工时（小时）	直接人工	制造费用	合计
5	31	生产费用累计数	275 520	93 064	93 064	111 676.80	480 260.80
5	31	累计间接计入费用分配率			1.0	1.2	
5	31	完工产品成本	129 600	46 020	46 020	55 224	230 844
5	31	月末在产品成本	145 920	47 044	27 044	56 452.80	249 416.80

表 4-25 基本生产成本二级账中，5 月 31 日生产费用累计数系 4 月至 5 月末各批产品实际发生的生产工时和各项生产费用累计数，是根据原材料费用分配表、生产工时记录，与各批号产品成本明细账平行登记的，各项间接计入费用，是根据各该费用分配表汇总登记的。全部产品累计间接计入费用分配率的计算方法如下：

$$直接人工累计分配率 = \frac{93\ 064}{93\ 064} = 1.0$$

$$制造费用累计分配率 = \frac{111\ 676.80}{93\ 064} = 1.2$$

本月完工转出产品的原材料费用和生产工时，应根据各批产品产品成本明细账中完工产品的原材料费用和生产工时汇总登记；各项间接计入费用，可以根据账中完工产品工时分别乘以各项费用的累计分配率计算登记，也可以根据各批产品成本明细账中完工产品的各项费用分别汇总登记。以账中累计行的各栏数字分别减去本月完工产品转出数，即为 5 月末在产品的原材料费用、生产工时和各项间接计入费用。月末在产品的原材料费用和生产工时，也可以根据后列各批产品成本明细账中月末在产品的原材料费用和生产工时分别汇总登记；各项间接计入费用也可以根据其生产工时分别乘以各该费用累计分配率计算登记。两者计算结果应该相符。

表 4-25 中完工产品成本计算如下：

$$完工产品直接材料 = 72\ 000 + \frac{96\ 000}{10} \times 6$$
$$= 129\ 600（元）$$

完工产品工时 = 18 024 + 27 996
       = 46 020（小时）
完工产品直接人工 = 46 020 × 1.0
       = 46 020（元）
完工产品制造费用 = 46 020 × 1.2
       = 55 224（元）
完工产品成本 = 129 600 + 46 020 + 55 224
       = 230 844（元）

红旗制造股份有限公司设立的各批产品成本明细账，详见表 4–26 至表 4–29。

表 4–26　　　　　　　　　　　产品成本明细账

产品批号：4020　　购货单位：诚诚公司　　　　　　　　　　　　投产日期：4 月
产品名称：JIA11　　产品批量：6 件　　完工日期：5 月 25 日　　完工产量：6 件　　单位：元

月	日	摘　要	直接材料	工时（小时）	直接人工	制造费用	合计
5	31	生产费用累计数及累计间接计入费用分配率	72 000	18 024	1.0	1.2	
5	31	完工产品成本	72 000	18 024	18 024	21 628.80	111 652.80
5	31	完工产品单位成本	12 000	3 004	3 004	3 604.80	18 608.80

表 4–27　　　　　　　　　　　产品成本明细账

产品批号：4021　　购货单位：华远公司　　　　　　　　　　　　投产日期：4 月
产品名称：JIA12　　产品批量：10 件　　完工日期：5 月　　完工产量：6 件　　单位：元

月	日	摘　要	直接材料	工时（小时）	直接人工	制造费用	合计
5	31	生产费用累计数及累计间接计入费用分配率	96 000	42 000	1.0	1.2	
5	31	完工产品成本（6 件）	57 600	27 996	27 996	33 595.20	119 191.20
5	31	完工产品单位成本	9 600	4 666	4 666	5 599.20	19 865.20
5	31	月末在产品成本	38 400	14 004			

表 4–28　　　　　　　　　　　产品成本明细账

产品批号：4022　　购货单位：柳橙公司　　　　　　　　　　　　投产日期：4 月
产品名称：JIA13　　产品批量：4 件　　完工日期：　　　　　　　　　　　　单位：元

月	日	摘　要	直接材料	工时（小时）	直接人工	制造费用	合计
5	31	生产费用累计数	58 000	16 200			

表 4–29　　　　　　　　　　　产品成本明细账

产品批号：5010　　购货单位：承华公司　　　　　　　　　　　　投产日期：5 月
产品名称：JIA14　　产品批量：5 件　　完工日期：　　　　　　　　　　　　单位：元

月	日	摘　要	直接材料	工时（小时）	直接人工	制造费用	合计
5	31	生产费用累计数	49 520	16 840			

在上列各批号产品成本明细账中,在没有完工产品的月份,只登记原材料费用(直接计入费用)和生产工时,例如4022、5010两批号产品;在有完工产品的月份,包括批号内产品全部完工或部分完工,例如4020、4021两批号产品,除了登记发生的原材料费用和生产工时外,还应根据基本生产成本二级账登记各项间接计入费用的分配率,计算完工产品应分配的间接计入费用以及完工产品总成本和单位成本。

综上所述,简化的分批法与一般的分批法相比,具有以下特点:

第一,采用简化的分批法必须设立基本生产成本二级账。从计算产品实际成本的角度来说,采用其他成本计算方法,可以不设立基本生产成本二级账,但采用简化的分批法,则必须设立这种二级账。其作用在于:一是按月提供企业或车间全部产品的累计生产费用和生产工时资料;二是在有完工产品的月份,按照上列公式计算登记全部产品累计间接计入费用分配率,以及完工产品总成本和月末在产品总成本。

第二,每月发生的间接计入费用,不是按月在各批产品之间进行分配,而是先在基本生产成本二级账中累计起来,在有完工产品的月份,才按上列公式,在各批完工产品之间进行分配,计算完工产品成本;对未完工的在产品则不分配间接计入费用,即不分批计算在产品成本。显然,采用这种分批法,可以简化费用的分配和登记工作;月末未完工产品的批数越多,核算工作就越简化。

第三,采用这种方法,各批号完工产品之间分配间接计入费用的工作以及完工产品与月末在产品之间分配间接计入费用的工作,都是利用累计间接计入费用分配率,到产品完工时合并在一起进行的。因此,这种简化的分批法也称为累计间接计入费用分配法。

前已述及,这种简化的分批法适用于同一月份投产的产品批数很多,且月末未完工批数较多的企业。如果月末未完工的批数不多,则不宜采用。因为在这种情况下,绝大多数产品的批号仍然要分配登记各项间接计入费用,核算工作量并没有减少很多。此外,这种方法在各月间接计入费用水平相差悬殊的情况下也不宜采用。例如前几个月的间接计入费用水平低,而本月高,某批产品本月投产,当月完工,这时,按累计间接计入费用分配率分配计算该批完工产品成本,就会发生不应有的偏低。

值得一提的是,简化分批法是我国会计人员在成本计算方法方面的一个创造和发展。在学习简化分批法时应注意以下几个方面的问题:

第一,要了解简化分批法产生的背景。对于这个问题有的教材是这样表述的:"在小批、单件生产的企业或车间中,如果同一月份投产的产品批数很多,几十批甚至上百批,且月末未完工的批数也较多,例如机械制造厂或修配厂就属于这种情况。在这种情况下,如果将当月发生的间接计入费用全部分配给各批产品,而不管各批产品是否已经完工,费用分配的核算工作将非常繁重。因此,在这类企业或车间中还采用着一种简化的分批法。"

第二,要明确简化分批法不只是一种分配间接计入费用的方法,而且还是一种产品成本计算的方法。采用这种方法是将各批产品的间接计入费用在基本生产成本二级账中累计起来,待产品完工时才根据累计间接计入费用分配率分配计算各批完工产品成本。因此这种方法包括了产品成本计算的基本程序,因而是一种产品成本计算方法,而不只是一种分配间接计入费用的方法。

第三,要理解简化分批法的"简化"所在。采用简化分批法,由于生产费用的横向和纵向分配工作,利用累计的间接计入费用分配率,到产品完工时合并一次完成,因而大大简化了生产费用的分配和登记工作,如果月末未完工产品的批数越多,核算工作就越简化,这是简化分批法的"简化"所在。

第三节 分 步 法

分步法是按照产品的生产步骤归集生产费用,计算产品成本的一种方法。采用分步法计算产品成本时,企业要根据产品的生产过程,计算各步骤产品成本,最后计算出完工产品成本。

一、分步法的适用范围

分步法主要适用于大量、大批的多步骤生产,因为在这些企业中,产品生产可以分为若干个生产步骤进行。例如纺织企业生产可分为纺织、织布等步骤;冶金企业生产可分为炼铁、炼钢、轧钢等步骤;机器制造企业生产可分为铸造、加工、装配等步骤。为了加强成本管理,不仅要求按照产品品种归集生产费用,计算产品成本,而且要求按照产品的生产步骤归集生产费用,计算各步骤产品成本,提供反映各种产品及其各生产步骤成本计划执行情况的资料。

二、分步法的核算程序

(一) 确定成本计算对象

成本计算对象就是各种产品的生产步骤。因此,在计算产品成本时,应按照产品的生产步骤设立产品成本明细账。如果只生产一种产品,成本计算对象就是该种产成品及其所经的各生产步骤,产品成本明细账应该按照产品的生产步骤开立。如果生产多种产品,成本计算对象则应是各种产成品及其所经的各生产步骤。产品成本明细账应该按照每种产品的各个步骤开立。在进行成本计算、分配和归集生产费用时,单设成本项目的直接计入费用,直接计入各成本计算对象;单设成本项目的间接计入费用,单独分配计入各成本计算对象;不单设成本项目的费用,例如制造费用,一般是先按车间、部门或者费用用途,归集为综合费用,月末再直接计入或者分配计入各成本计算对象。

需要指出的是,在实际工作中,产品成本计算的分步与实际生产步骤的划分不一定完全一致。

(二) 确定成本计算期

在大量、大批的多步骤生产中,由于生产过程较长,可以间断,而且往往都是跨月陆续完工,因此,成本计算一般都是按月、定期地进行,而与产品的生产周期不相一致。

(三) 生产费用在完工产品与在产品之间的分配

由于在大量、大批的多步骤生产中，成本计算一般都是按月进行，与产品的生产周期不相一致，因而在月末计算产品成本时，各生产步骤一般都存在未完工的在产品。这样，为了计算完工产品成本和月末在产品成本，还需要根据企业具体情况，采用适当的方法，将汇集在产品成本明细账中的生产费用，在完工产品与在产品之间进行分配。

(四) 各步骤之间成本的结转

由于产品生产是分步骤进行的，上一步骤生产的半成品是下一步骤的加工对象。因此，为了计算各种产品的产成品成本，还需要按照产品品种，结转各步骤成本。也就是说，与其他成本计算方法不同，在采用分步法计算产品成本时，在各步骤之间还有个成本结转问题。这是分步法的一个重要特点。

由于各个企业生产工艺过程的特点和成本管理对各步骤成本资料的要求（要不要计算半成品成本）不同，各生产步骤成本的计算和结转采用两种不同的方法：逐步结转和平行结转。因而，产品成本计算的分步法也就相应地分为逐步结转分步法和平行结转分步法两种。

三、逐步结转分步法

在采用分步法的大量、大批多步骤生产中，有的产品制造过程是由一系列循序渐进的、性质不同的加工步骤所组成。例如棉纺织企业，生产工艺过程包括纺纱和织布两大步骤。在纺纱步骤中，原料（原棉）投入生产后，经过混棉、清花、梳棉、并条、粗纺、细纱等工序，纺成各种棉纱；然后送往织布步骤，经过络经、整经、浆纱、穿筘、织造、印染等工序，织成各种棉布，再经过整理、打包，即可入库待售。

在这类生产中，从原料投入到产品制成，中间要经过几个生产步骤的逐步加工，前面各步骤生产的都是半成品，只有最后步骤生产的才是产成品。鉴于这类生产工艺过程特点，为了加强对各生产步骤成本的管理，往往要求不仅计算各种产成品成本，而且要求计算各步骤半成品成本：首先，这是成本计算的需要。以上述纺织企业为例，为了计算棉布的成本，先要计算棉纱的成本。有一些半成品为本企业几种产品共同耗用，为了分别计算各种产成品的成本，也要先计算这些半成品的成本；其次，是成本控制的要求。在实行厂内经济责任制企业，为了有效地控制各生产步骤内部的生产耗费和资金占用水平，也要求计算并在各生产步骤之间结转半成品成本；最后，是对外销售的需要。有些企业生产的半成品不完全为企业自用，还经常作为商品对外销售。为了计算外售半成品成本，全面考核和分析商品产品成本计划的执行情况，也要求计算这些半成品的成本。

综上所述，逐步结转分步法就是为了计算半成品成本而采用的一种分步法。因此，这种方法亦称计列半成品成本分步法。

在这种分步法下，各步骤所耗用的上一步骤半成品的成本，要随着半成品实物的转移，从上一步骤的产品成本明细账转入下一步骤相同产品的产品成本明细账中，以便逐步计算各步骤的半成品成本和最后步骤的产成品成本。这一核算程序如图 4-1 所示。

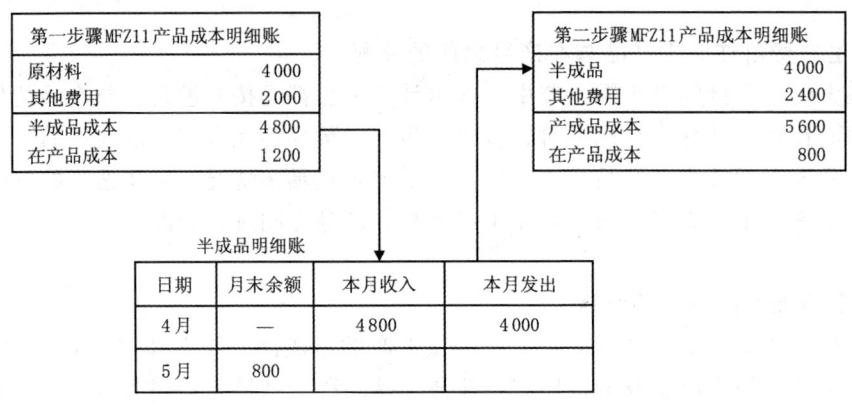

图 4-1 逐步结转分步法核算程序

在图 4-1 中，第一步骤完工半成品在验收入库时，应根据完工转出的半成品成本编制借记"自制半成品"科目，贷记"基本生产成本"科目的会计分录；第二步骤领用时，再编制相反的会计分录。如果半成品完工后不通过半成品库收发，而直接转入下一步骤，则半成品成本应在各步骤的产品成本明细账之间直接结转，不编制上述会计分录。

从图 4-1 的核算程序中可以看出，采用这种分步法，每月月末，各项生产费用（包括所耗上一步骤半成品成本）在各步骤产品成本明细账中归集以后，如果该步骤既有完工的半成品（最后步骤为产成品），又有正在加工中的在产品，为了计算完工的半成品的成本，还应将各步骤归集的生产费用，采用适当的分配方法，在完工半成品与正在加工中的在产品之间进行分配，然后通过半成品的逐步结转，在最后一步骤的产品成本明细账中，计算出完工产成品成本。上述核算程序表明，每一个步骤都是一个品种法，逐步结转分步法实际上是品种法的多次连接应用。

按照结转的半成品成本在下一步骤产品成本明细账中的反映方法，逐步结转分步法可以分为综合结转法和分项结转法两种方法。

（一）综合结转法

综合结转法的特点是将各步骤所耗用的上一步骤半成品成本，以"半成品"项目，综合记入各该步骤的产品成本明细账中。综合结转，可以按照半成品的实际成本结转，也可以按照半成品的计划成本（或定额成本）结转。

1. 半成品按实际成本综合结转

采用这种结转方法，各步骤所耗上一步骤的半成品费用，应根据所耗半成品的实际数量乘以半成品的实际单位成本计算。由于各月所产半成品的实际单位成本不同，因而所耗半成品实际单位成本的计算，可根据企业的实际情况，选择使用以下方法确定：

（1）先进先出法。以"先入库的先发出"这一假定为根据，并根据这种假定的成本流转顺序对发出和结存的半成品进行计价。

（2）全月一次加权平均法。用期初结存半成品数量和本期各批收入半成品数量作为权数计算半成品平均单位成本的计价方法，其计算公式如下：

加权平均单位成本 = $\dfrac{\text{期初结存半成品的实际成本} + \text{本期收入半成品的实际成本}}{\text{期初结存半成品的数量} + \text{本期收入半成品的数量}}$

发出半成品的实际成本 = 本期发出半成品的数量 × 加权平均单位成本

期末结存半成品的实际成本 = 期末结存半成品的数量 × 加权平均单位成本

为了提高各步骤成本计算的及时性，在半成品月初余额较大，且本月所耗半成品全部或者大部分是以前月份所产的情况下，本月所耗半成品费用也可按上月末半成品的加权平均单位成本计算。

【例 4 - 4】假定红旗制造股份有限公司 MFZ11 产品生产分两个步骤，分别由两个车间进行。第一车间生产半成品，交半成品库验收；第二车间按所需数量从半成品库领用，所耗半成品费用按全月一次加权平均单位成本计算。两个车间的月末在产品均按定额成本计价。成本计算程序如下：

首先，根据各种费用分配表、半成品交库单和第一车间在产品定额成本资料，登记第一车间 MFZ11 产品成本明细账，详见表 4 - 30。

表 4 - 30　　　　　　　　　　　　产品成本明细账

第一车间　MFZ11 半成品　　　　　　　　　　　　　　　　　　　　　　　　　　　单位：元

月	日	摘　要	产量（件）	直接材料	直接人工	制造费用	成本合计
4	1	月初在产品（定额成本）		24 000	15 200	11 600	50 800
4	30	本月费用		120 800	86 000	66 000	272 800
4	30	合　计		144 800	101 200	77 600	323 600
4	30	完工半成品成本	160	119 600	85 200	65 600	270 400
4	30	月末在产品（定额成本）		25 200	16 000	12 000	53 200

在上列产品成本明细账中，由于在产品按定额成本计价，因而完工转出的半成品成本应根据生产费用的累计数，减去按定额成本计算的月末在产品成本计算。

根据第一车间半成品交库单（单中按所列交库数量和上列 MFZ11 产品成本明细账中完工转出半成品的成本计价）编制下列会计分录：

借：自制半成品——MFZ11 半成品　　　　　　　　　　　　　　　270 400

　　贷：基本生产成本——第一车间——MFZ11 半成品　　　　　　　270 400

其次，根据计价后的半成品交库单和第二车间领用半成品的领用单，登记自制半成品明细账，详见表 4 - 31。

表 4 - 31　　　　　　　　　　　　自制半成品明细账

MFZ11 半成品　　　　　　　　　　　　　　　　　　　　　　　　　　　　　　　单位：元

月份	月初余额		本月增加		合计			本月减少	
	数量（件）	实际成本	数量（件）	实际成本	数量（件）	实际成本	单位成本	数量（件）	实际成本
4	40	67 200	160	270 400	200	337 600	1 688	180	303 840
5	20	33 760							

半成品加权平均单位成本 = $\dfrac{67\,200 + 270\,400}{40 + 160}$ = 1 688（元）

本月减少半成品的实际成本 = 180 × 1 688 = 303 840（元）

根据第二车间半成品领用单（单中按所列领用数量和自制半成品明细账中单位成本计价），编制下列会计分录：

  借：基本生产成本   303 840

    贷：自制半成品   303 840

最后，根据各种生产费用分配表、半成品领用单、产成品交库单，以及第二车间在产品定额成本资料，登记第二车间 MFZ11 产品成本明细账，详见表 4-32。

表 4-32   产品成本明细账

第二车间 MFZ11 产成品   单位：元

月	日	摘要	产量（件）	半成品	直接人工	制造费用	成本合计
4	1	月初在产品（定额成本）		110 400	13 800	14 400	138 600
4	30	本月费用		303 840	48 160	40 400	392 400
4	30	合计		414 240	61 960	54 800	531 000
4	30	完工产成品成本	200	359 040	52 160	44 400	455 600
4	30	单位成本		1 795.20	260.80	222	2 278
4	30	月末在产品（定额成本）		55 200	9 800	10 400	75 400

明细账中增设了"半成品"成本项目，其中本月半成品费用就是第二车间本月耗用第一车间半成品费用，是根据计价后的半成品领用单登记的，明显地反映出半成品费用综合结转的特点。

根据第二车间的产成品交库单所列产成品交库数量和上列第二车间产品成本明细账中完工产成品成本，编制下列会计分录：

  借：库存商品   455 600

    贷：基本生产成本   455 600

2. 半成品按计划成本综合结转

采用这种结转方法，半成品日常收发的明细核算均按计划成本计价；在半成品实际成本计算出来后，再计算半成品成本差异额和差异率，调整领用半成品的计划成本。而半产品收发的总分类核算则按实际成本计价。

半成品按计划成本综合结转所用账表的特点：

（1）自制半成品明细账不仅要反映半成品收发和结存的数量和实际成本，而且要反映其计划成本，以及成本差异额和成本差异率。

（2）在产品成本明细账中，对于所耗用半成品的成本项目，应分设"计划成本""成本差异""实际成本"三栏，以便于分析上一步骤半成品成本差异对本步骤成本的影响。

以【例 4-4】中的企业资料，列示在采用半成品按计划成本综合结转方法中，自制半成品明细账和产品成本明细账的格式详见表 4-33、表 4-34。

表 4-33　　　　　　　　　　　　自制半成品明细账

MFZ11 半成品　　　　　　　　　　计划单位成本：3 400 元　　　　　　　　　　　　　　　单位：元

月　份			4 月	5 月
月初余额	数量（件）	（1）	40	20
	计划成本	（2）	68 000	34 000
	实际成本	（3）	67 200	33 760
本月增加	数量（件）	（4）	160	
	计划成本	（5）	272 000	
	实际成本	（6）	270 400	
合计	数量（件）	（7）=（1）+（4）	200	
	计划成本	（8）=（2）+（5）	340 000	
	实际成本	（9）=（3）+（6）	337 600	
	成本差异	（10）=（9）-（8）	-2 400	
	成本差异率	（11）=（10）÷（8）×100%	-0.7059	
本月减少	数量（件）	（12）	180	
	计划成本	（13）	306 000	
	实际成本	（14）=（13）+（13）×（11）	303 840	

半成品按计划成本综合结转方法中，自制半成品明细账中指标的计算公式如下：

$$半成品成本差异率 = \frac{月初结存半成品成本差异 + 本月收入半成品成本差异}{月初结存半成品计划成本 + 本月收入半成品计划成本} \times 100\%$$

发出半成品成本差异 = 发出半成品计划成本 × 半成品成本差异率

发出半成品实际成本 = 发出半成品计划成本 ± 发出半成品成本差异

根据上例公式，表 4-33 中的指标计算如下：

① 半成品成本差异率 = $\frac{(-800) + (-1 600)}{68 000 + 272 000} \times 100\% = -0.7059\%$

② 发出半成品成本差异 = 306 000 × (-0.7059%) = -2 160（元）

③ 发出半成品实际成本 = 306 000 - 2 160 = 303 840（元）

表 4-34　　　　　　　　　　　　产品成本明细账

第二车间　MFZ11 产成品　　　　　　　　　　　　　　　　　　　　　　　　　　　　　单位：元

月	日	摘　要	产量（件）	半成品			直接人工	制造费用	成本合计
				计划成本	成本差异	实际成本			
4	1	月初在产品（定额成本）		110 400	—	110 400	13 800	14 400	138 600
4	30	本月费用		306 000	-2 160	303 840	48 160	40 400	392 400
4	30	合计		416 400	-2 160	414 240	61 960	54 800	531 000
4	30	完工产成品成本	200	361 200	-2 160	359 040	52 160	44 400	455 600
4	30	产成品单位成本		1 806	-10.8	1 795.20	260.80	222	2 278
4	30	月末在产品（定额成本）		55 200	—	55 200	9 800	10 400	75 400

与按实际成本综合结转半成品成本法相比，按计划成本综合结转半成品成本法具有以下优点：

第一，可以简化和加速半成品收发凭证的计价和记账工作；半成品成本差异率如果不是按半成品品种计算，而是按类计算，更可以省去大量的计算工作；如果本月耗用的半成品大部分甚至全部是以前月份生产的，本月所耗半成品成本差异调整也可以按上月半成品成本差异率计算。这样，不仅简化了计算工作，各步骤的成本计算还可以同时进行，从而加速产品成本的计算工作。

第二，在各步骤的产品成本明细账中，由于分别反映所耗半成品的计划成本、成本差异和实际成本，因而在分析各步骤产品成本时，可以剔除上一步骤半成品成本变动对本步骤产品成本的影响，有利于分清经济责任，考核各步骤的经济效益。

3. 综合结转的成本还原

从【例4-4】中的第二车间产品成本明细账中可以看出，采用综合结转法的结果，表现在产成品成本中的绝大部分费用是第二车间所耗半成品的费用，而直接人工、制造费用只是第二车间发生的费用，在产品成本中所占比重很小。显然，这不符合产品成本构成的实际情况，不能据以从整个企业角度考核和分析产品成本的构成和水平。因此，在管理上要求从整个企业角度考核和分析产品成本的构成和水平时，还应将综合结转算出的产成品成本进行成本还原。所谓成本还原，就是从最后一个步骤起，把所耗上一步骤半成品的综合成本还原成直接材料、直接人工、制造费用等原始成本项目，从而得到按原始成本项目反映的产成品成本资料。

【例4-5】承用【例4-4】中的资料，第二车间MFZ11产品成本明细账中算出的本月产成品所耗上一车间半成品费用为359 040元，按照第一车间产品成本明细账中算出的本月所产该种半成品成本270 400元的成本构成进行还原，求出按原始成本项目反映的MFZ11产成品成本。根据两个车间产品成本明细账的有关资料，编制产成品成本还原计算表详见表4-35。

表4-35　　　　　　　　　产成品成本还原计算表

产品名称：MFZ11产品　　　　　　产品产量：200件　　　　　　　　　单位：元

项　目	还原分配率	半成品	直接材料	直接人工	制造费用	成本合计
还原前产成品成本		359 040		52 160	44 400	455 600
本月所产半成品成本			119 600	85 200	65 600	270 400
成本还原	1.32781	-359 040	158 806*	113 130*	87 104*	0
还原后产成品总成本			158 806	165 290	131 504	455 600
还原后产成品单位成本			794.03	826.45	657.52	2 278

*小数点四舍五入。

表4-35中还原前产成品成本，根据第二车间MFZ11产品成本明细账中的完工产成品成本填列，其中"半成品"成本项目359 040元是成本还原的对象；本月所产半成品成本，根据第一车间MFZ11半产品成本明细账中完工半成品成本填列，其中各成本项目之间的比例是成本还原的依据。进行成本还原的步骤：

（1）计算还原分配率：还原分配率即每一元本月所产半成品成本相当于产成品所耗半成品费用若干元，计算公式为：

$$还原分配率 = \frac{本月产成品所耗上一步骤半成品综合成本}{本月所产该种半成品成本合计}$$

本例中：

$$还原分配率 = \frac{359\,040}{270\,400} = 1.32781$$

（2）以还原分配率分别乘以本月所产该种半成品各个成本项目的费用，即可将本月产成品所耗半成品的综合成本，按照本月所产该种半成品的成本构成进行分解、还原，求得按原始成本项目反映的还原对象成本。还原后的三个项目费用之和等于还原对象，应与产成品所耗半成品费用 359 040 元相抵销。

（3）将表 4-35 中第一行的"直接人工""制造费用"与第三行产成品所耗半成品费用还原值中的直接材料、直接人工、制造费用按成本项目分别相加，即为第四行按原始成本项目反映的还原后的产成品总成本。显然，将第一行与第四行数字相比较，产成品总成本相同，但各项费用构成不同。

这样还原算出的产成品所耗半成品成本的构成，就是本月所产半成品的成本构成。因为产成品成本中所耗半成品还原后的各项费用，是以本月所产半成品的各项费用，分别乘以相同的倍数（还原分配率）计算求得的，因而两者的各项费用之间的比例关系不变，也就是说，是将第二车间产成品中的半成品费用，按本月第一车间生产的该种半成品成本构成还了原。

如果 MFZ11 产品生产步骤不是两步，而是三步，按照上述方法，应先从第三步起，将其所耗第二步骤生产的半成品综合成本进行分解、还原，但还原后的"半成品"项目还会有未还原尽的综合费用，即第二步骤产品消耗的第一步骤半成品的成本，这时还应再进行一次还原，直至"半成品"项目的综合费用全部分解、还原为原始成本项目时为止。

由于以前月份所产半成品的成本构成与本月所产半成品的成本构成不可能完全一致，因此，在各月所产半成品的成本构成变动较大的情况下，按照上述方法进行成本还原，对还原结果的正确性就会有较大的影响。如果半成品的定额成本或计划成本比较准确，为了提高还原结果的正确性，产成品所耗半成品费用可以按定额成本或计划成本的单位成本构成进行还原。

综上所述，可以看出，采用综合结转法逐步结转半成品成本，从各步骤的产品成本明细账中可以看出各步骤产品所耗上一步骤半成品费用的水平和本步骤加工费用的水平，从而有利于各生产步骤的管理。但如果管理上要求提供按原始成本项目反映的产成品成本资料，成本还原工作繁重。因此，这种结转方法只适宜在管理上要求计算各步骤完工产品所耗半成品费用，而不要求进行成本还原的情况下采用。

（二）分项结转法

分项结转法的特点是将各步骤所耗用的上一步骤半成品成本，按照成本项目分项转入各该步骤产品成本明细账的各个成本项目中。如果半成品通过半成品库收发，在自制半成品明细账中登记半成品成本时，也要按照成本项目分别登记。

分项结转,可以按照半成品的实际成本结转,也可以按照半成品的计划成本结转,然后按成本项目分项调整成本差异。由于后一种做法计算工作量较大,因而一般多采用按实际成本分项结转的方法。

【例4-6】承用【例4-4】中的MFZ11产品成本资料,说明采用分项结转法的成本计算程序。

(1) 根据前面列示的第一车间MFZ11产品成本明细账、第一车间半成品交库单和第二车间半成品领用单登记自制半成品明细账,详见表4-36。表4-36中MFZ11半成品单位成本的各成本项目,都是按全月一次加权平均法计算的。

表4-36　　　　　　　　　　　自制半成品明细账

MFZ11 半成品　　　　　　　　　　　　　　　　　　　　　　　　　　　　　单位:元

月份	摘要	数量(件)	实际成本			
			直接材料	直接人工	制造费用	成本合计
4	月初余额	40	29 568	21 504	16 128	67 200
	本月增加	160	119 600	85 200	65 600	270 400
	合计	200	149 168	106 704	81 728	337 600
	单位成本		745.84	533.52	408.64	1 688
	本月减少	180	134 251.20	96 033.60	73 555.20	303 840
5	月初余额	20	14 916.80	10 670.40	8 172.80	33 760

(2) 根据各种生产费用分配表、第二车间半成品领用单、自制半成品明细账、第二车间产成品交库单和第二车间在产品定额成本等资料,登记第二车间MFZ11产品成本明细账,详见表4-37。

表4-37　　　　　　　　　　　产品成本明细账

第二车间　MFZ11 产成品　　　　　　　　　　　　　　　　　　　　　　　　单位:元

月	日	摘要	产量(件)	直接材料	直接人工	制造费用	成本合计
4	1	月初在产品(定额成本)		60 984	44 352	33 264	138 600
4	30	本月本步生产费用			48 160	40 400	88 560
4	30	本月耗用半成品费用		134 251.20	96 033.60	73 555.20	303 840
4	30	合计		195 235.20	188 545.60	147 219.20	531 000
4	30	完工产成品成本	200	162 059.20	164 417.60	129 123.20	455 600
4	30	产成品单位成本		810.29	822.09	645.62	2 278
4	30	月末在产品(定额成本)		33 176	24 128	18 096	75 400

在第二车间产品成本明细账(见表4-37)中,计算求得的按成本项目反映的MFZ11产成品的成本资料,与前述产成品成本还原计算表中的还原后产成品成本资料(总成本和单位成本)完全相符,但是两者的成本构成并不相同。这是因为产成品成本还原计算表中产成品所耗半成品的各项费用,是按本月所产半成品的成本结构还原算出的,没有考虑以

前月份所产半成品，即月初结存半成品成本构成的影响。而上列第二车间产品成本明细账中产成品所耗半成品的各项费用，则包括了以前月份所产半成品成本构成的影响。

综上所述，采用分项结转法逐步结转半成品成本，可以直接地提供按原始成本项目反映的产成品成本资料，不需要进行成本还原。但成本结转工作比较复杂，而且在各步骤完工产品成本中看不出所耗上一步骤半成品的费用和本步骤加工费用的水平，不便于进行完工产品成本分析。因此，这种结转方法一般适用于管理上不要求分别提供各步骤完工产品所耗半成品费用和本步骤加工费用资料，但要求按原始成本项目反映产品成本的企业。

总结以上所述，逐步结转分步法的优缺点可以概括如下：

（1）逐步结转分步法的成本计算对象是企业产成品及其各步骤的半成品，这就为考核和分析企业产品成本计划和各生产步骤半成品成本计划的执行情况，为正确计算半成品销售成本提供了资料。

（2）不论是综合结转还是分项结转，半成品成本都是随着半成品实物的转移而结转，各生产步骤产品成本明细账中的生产费用余额，反映留存在各个生产步骤的在产品成本，因而还能为在产品的实物管理和生产资金管理提供资料。

（3）采用综合结转法结转半成品成本时，由于各生产步骤产品成本中包括所耗上一生产步骤半成品成本，从而能全面反映各步骤完工产品中所耗上一步骤半成品费用水平和本步骤加工费用水平，有利于各步骤的成本管理。采用分项结转法结转半成品成本时，可以直接提供按原始成本项目反映的产品成本，满足企业考核和分析产品构成和水平的需要。

（4）这一方法的核算工作比较复杂，核算工作的及时性也较差。如果采用综合结转法，需要进行成本还原；如果采用分项结转法，结转的核算工作量大；如果半成品按计划成本结转，还要计算和调整半成品成本差异；如果半成品按实际成本结转，各步骤则不能同时计算成本。因此，应用这一方法时，必须从实际出发，根据管理要求，权衡利弊，做到既满足管理要求，提供所需的各种资料，又能简化核算工作。

四、平行结转分步法

在采用分步法的大量、大批多步骤生产中，有的产品生产过程，首先是对各种原材料平行地进行连续的加工，成为各种半成品——零件和部件，然后再装配成各种产成品。例如，机械制造企业的车间一般按生产工艺过程设置铸工、锻工、加工、装配等车间。铸工车间利用生铁、钢、铜等各种原料熔铸各种铸件；锻工车间利用各种外购钢材锻造各种锻件。铸件和锻件都是用来进一步加工的毛坯。加工车间对各种铸件、锻件、外购半成品和外购材料进行加工，制造各种产品的零件和部件；然后转入装配车间进行装配，生产各种机械产品。由于在这类生产企业中，各生产步骤所产半成品的种类很多，但半成品外售的情况却较少，管理上不要求计算半成品成本，因而为了简化和加速成本计算工作，可以不计算各步骤所产半成品成本，也不计算各步骤所耗上一步骤的半成品成本，即各步骤之间不结转所耗半成品成本，而只计算本步骤所发生的各项生产费用以及这些费用中应计入产成品的"份额"；然后，将各步骤应计入同一产成品成本的份额平行结转、汇总，即可计算出该种产品的产成品成本。这种平行结转各步骤成本的方法，称之为平行结转分步法，或称不计列半成品成本分步法。这种方法的成本计算程序如图4-2所示。

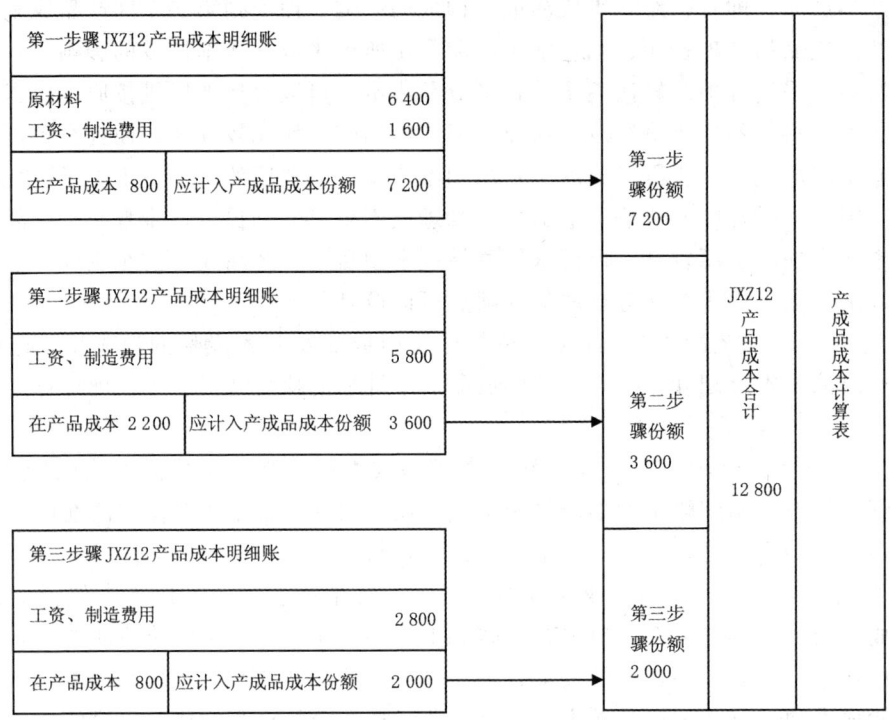

图4-2 平行结转分步法核算程序

从图4-2所示的成本计算程序中,可以看出平行结转分步法的特点:

(1) 各生产步骤不计算半成品成本,只计算本步骤所发生的生产费用。除第一步骤生产费用中包括所耗用的原材料和各项加工费用外,其他各步骤只计算本步骤发生的各项加工费用。

(2) 各步骤之间不结转半成品成本。不论半成品实物是在各生产步骤之间直接转移,还是通过半成品库收发,都不进行总分类核算。也就是说,半成品成本不随半成品实物转移而结转。

(3) 为了计算各步骤生产费用中应计入产成品的"份额",必须将每一步骤发生的费用划分为耗用于产成品部分和尚未最后制成的在产品部分。这里的在产品包括:一是尚在本步骤加工中的在产品;二是本步骤已完工转入半成品库的半成品;三是已从半成品库转到以后各步骤进一步加工、尚未最后制成的半成品。这是就整个企业而言的广义在产品。

(4) 将各步骤费用中应计入产成品的"份额"平行结转、汇总计算该种产成品的总成本和单位成本。

如何正确确定各步骤生产费用中应计入产成品成本的份额,即每一生产步骤的生产费用如何正确地在完工产成品和广义在产品之间进行分配,是采用这一方法的关键所在。在实际工作中,通常是采用在产品按定额成本计价法或定额比例法来计算分配。

【例4-7】红旗制造股份有限公司2024年4月生产JXZ12产品,生产费用在完工产品与在产品之间的分配采用定额比例法,其中原材料费用按定额原材料费用比例分配;其他各项费用均按定额工时比例分配。其成本计算程序如下:

1. 有关JXZ12产品的定额资料见表4-38

表4-38　　　　　　　　　　　　JXZ12产品定额资料

2024年4月　　　　　　　　　　　　　　　　　　　　　单位：元

车间份额	月初在产品		本月投入		本月产成品				
	定额直接材料费用	定额工时（小时）	定额直接材料费用	定额工时（小时）	单件定额		产量（件）	定额直接材料费用	定额工时（小时）
					直接材料费用	工时（小时）			
第一车间份额	21 120	4 880	12 800	2 800	100	30	200	20 000	6 000
第二车间份额		2 600		6 910		40	200		8 000
合　计	21 120	7 480	12 800	9 710	100	70	200	20 000	14 000

2. 根据JXZ12产品的定额资料、各种生产费用分配表和产成品交库单，登记第一、第二车间的产品成本明细账（见表4-39、表4-40）

表4-39　　　　　　　　　　　　产品成本明细账

第一车间　　　JXZ12产品　　　　　2024年4月　　　　　　　　　　单位：元

摘　要	产成品产量（件）	直接材料		定额工时	直接人工	制造费用	成本合计
		定额	实际				
月初在产品		21 120	22 420	4 880	10 040	19 620	52 080
本月生产费用		12 800	14 892	2 800	8 392	12 636	35 920
合　计		33 920	37 312	7 680	18 432	32 256	88 000
费用分配率			1.1		2.4	4.2	
产成品成本中本步份额	200	20 000	22 000	6 000	14 400	25 200	61 600
月末在产品		13 920	15 312	1 680	4 032	7 056	26 400

表4-40　　　　　　　　　　　　产品成本明细账

第二车间　　　JXZ12产品　　　　　2024年4月　　　　　　　　　　单位：元

摘　要	产成品产量（件）	直接材料		定额工时	直接人工	制造费用	成本合计
		定额	实际				
月初在产品				2 600	5 820	9 740	15 560
本月生产费用				6 910	15 102	14 986	30 088
合计				9 510	20 922	24 726	45 648
费用分配率					2.2	2.6	
产成品成本中本步份额	200			8 000	17 600	20 800	38 400
月末在产品				1 510	3 322	3 926	7 248

上述产品明细账（见表 4 - 39、表 4 - 40）中的有关数字计算、登记方法如下：

（1）定额原材料费用和定额工时，根据表 4 - 38 中的 JXZ12 产品定额资料计算登记。月末在产品定额资料，根据月初在产品定额资料、本月投入定额资料和产成品定额资料，采用倒挤的方法计算求得。计算公式如下：

月末在产品定额原材料费用 = 月初在产品定额原材料费用 + 本月投入的定额原材料费用 - 本月完工产品定额原材料费用
（定额工时）　　（定额工时）　　（定额工时）　　（定额工时）

以第一车间定额原材料费用和定额工时计算为例（详见表 4 - 39）：

月末在产品定额原材料费用 = 21 120 + 12 800 - 20 000 = 13 920（元）

月末在产品定额工时 = 4 880 + 2 800 - 6 000 = 1 680（小时）

（2）本月生产费用，即本步骤为生产 JXZ12 产品所发生的各项生产费用，应根据各种生产费用分配表登记。由于原材料是在生产开始时一次投入，采用平行结转分步法在各生产步骤间不结转半成品成本，因而，只有第一车间有原材料费用（定额和实际），第二车间则没有本月耗用的半成品费用。

（3）费用分配率计算。采用定额比例法在完工产品与在产品之间分配费用，应首先计算费用分配率，其中原材料费用按定额原材料费用比例分配；其他各项费用均按定额工时比例分配。以【例 4 - 7】中第一车间为例，各项费用分配率及产成品成本（见表 4 - 39）中各步骤份额的计算如下：

$$直接材料分配率 = \frac{22\ 420 + 14\ 892}{21\ 120 + 12\ 800} = 1.1$$

产成品成本中第一车间直接材料份额 = 20 000 × 1.1 = 22 000（元）

月末在产品直接材料 = 13 920 × 1.1 = 15 312（元）

或：　　　　　　　 = 22 420 + 14 892 - 22 000 = 15 312（元）

$$直接人工分配率 = \frac{10\ 040 + 8\ 392}{4\ 880 + 2\ 800} = 2.4$$

产成成本中第一车间直接人工份额 = 6 000 × 2.4 = 14 400（元）

月末在产品直接人工 = 1 680 × 2.4 = 4 032（元）

或：　　　　　　　 = 10 040 + 8 392 - 14 400 = 4 032（元）

$$制造费用分配率 = \frac{19\ 620 + 12\ 636}{4\ 880 + 2\ 800} = 4.2$$

产成品成本中第一车间制造费用份额 = 6 000 × 4.2 = 25 200（元）

月末在产品直接人工 = 1 680 × 4.2 = 7 056（元）

或：　　　　　　　 = 19 620 + 12 636 - 25 200 = 7 056（元）

3. 将第一车间和第二车间产品成本明细账中应计入产成品成本的份额，平行结转、汇总记入 JXZ12 产品成本汇总表（见表 4 - 41）

表 4-41　　　　　　　　　　JXZ12 产品成本汇总表

2024 年 4 月　　　　　　　　　　　　　　　　　单位：元

车间份额	产量（件）	直接材料	直接人工	制造费用	成本合计
第一车间份额	200	22 000	14 400	25 200	61 600
第二车间份额	200		17 600	20 800	38 400
合计	200	22 000	32 000	46 000	100 000
单位成本	200	110	160	230	500

综上所述，平行结转分步法与逐步结转分步法相比较，具有以下优点：

(1) 采用这一方法，各步骤可以同时计算产品成本，然后将应计入完工产品成本的份额平行结转、汇总计入产成品成本，不必逐步结转半成品成本，从而可以简化和加速成本计算工作。

(2) 采用这一方法，一般是按成本项目平行结转、汇总各步骤成本中应计入产成品成本的份额，因而能够直接提供按原始成本项目反映的产成品成本资料。

但是，由于采用这一方法各步骤不计算、不结转半成品成本，因而存在以下缺点：

(1) 不能提供各步骤半成品成本资料及各步骤所耗上一步骤半成品费用资料，因而不能全面地反映各步骤生产耗费的水平，不利于各步骤的成本管理。

(2) 由于各步骤间不结转半成品成本，使半成品实物转移与费用结转脱节，因而不能为各步骤在产品的实物管理和资金管理提供资料。

从以上对比分析中可以看出，平行结转分步法的优缺点正好与逐步结转分步法的优缺点相反。因此，平行结转分步法只适宜于在半成品种类较多，逐步结转半成品成本工作量较大，管理上又不要求提供各步骤半成品成本资料的情况下采用；并在采用时加强各步骤在产品收发结存的数量核算，以便为在产品的实物管理和资金管理提供资料，弥补这一方法的不足。

五、分步法的改革与发展

中华人民共和国成立初期，分步法只应用于连续加工式的多步骤生产中，而且只采用逐步结转法。后来学习苏联成本计算的经验，在半成品种类较多又不需要计算半成品成本的企业中，采用了平行结转法；我国会计人员还在此基础上创造了简化的平行结转法。

在 20 世纪 50 年代的教材中，称多步骤生产为复杂生产，复杂生产按产品加工方式又分为连续加工式复杂生产和装配式复杂生产。当时比较普遍的认识是，逐步结转分步法适用于连续加工式复杂生产，而平行结转分步法适用于装配式复杂生产。这种认识直到现在还能在有些教材（包括本教材）中看到其影响。

20 世纪 60 年代初期，以中国人民大学为主的会计学家在教学工作中提出：分步法包括逐步结转分步法和平行结转分步法。这两种方法既适用于连续加工式的多步骤生产，也适用于装配式的多步骤生产，也就是适用于大量、大批的多步骤生产。

案例解析

通过本章学习，陈本慧根据汪会计移交的9月份龙华商贸有限公司订购并投产的小批量产品的相关成本核算材料，经认真分析采用简化分批法将该批量产品的成本进行核算，见表4-42至表4-45。

表4-42　　　　　　　　　　基本生产成本二级账
（各批产品总成本）　　　　　　　　　　　　　　　　　　　　单位：元

2024年		摘要	直接材料	生产工时	直接人工	制造费用	成本合计
月	日						
9	30	余额	27 000	7 000	16 000	19 000	62 000
10	31	本月发生	23 000	5 000	20 000	29 000	72 000
10	31	累计	50 000	12 000	36 000	48 000	134 000
		全部产品累计间接费用分配率			36 000÷12 000 =3	48 000÷12 000 =4	
10	31	本月完工转出	37 000	6 400+4 600 =11 000	11 000×3 =33 000	11 000×4 =44 000	114 000
10	31	在产品	13 000	12 000-11 000 =1 000	36 000-33 000 =3 000	48 000-44 000 =4 000	20 000

表4-43　　　　　　　　　　产品成本明细账

产品批号：901　　　　购货单位：龙华商贸　　　　投产日期：9月3日
产品名称：QY03　　　产品产量：20件　　　　　　完工日期：10月28日　　　单位：元

2024年		摘要	直接材料	生产工时	直接人工	制造费用	成本合计
月	日						
9	30	余额	15 000	4 000			
10	31	本月发生	7 000	2 400			
10	31	累计	22 000	6 400			
		全部产品累计间接费用分配率			3	4	
10	31	本月完工转出	22 000	6 400	19 200	25 600	66 800
10	31	在产品					

表 4-44　　　　　　　　　　　　产品成本明细账

产品批号：902　　　购货单位：龙华商贸　　　投产日期：9 月 4 日
产品名称：QY04　　产品产量：10 件　　　　　完工日期：10 月 30 日　　　单位：元

2024 年		摘要	直接材料	生产工时	直接人工	制造费用	成本合计
月	日						
9	30	余额	12 000	3 000			
10	31	本月发生	3 000	1 600			
10	31	累计	15 000	4 600			
		全部产品累计间接费用分配率			3	4	
10	31	本月完工转出	15 000	4 600	13 800	18 400	47 200
10	31	在产品					

表 4-45　　　　　　　　　　　　产品成本明细账

产品批号：1001　　购货单位：龙华商贸　　　投产日期：10 月 8 日
产品名称：QY04　　产品产量：8 件　　　　　完工日期：11 月 25 日　　　单位：元

2024 年		摘要	直接材料	生产工时	直接人工	制造费用	成本合计
月	日						
10	31	本月发生	13 000	1 000			
10	31	累计	13 000	1 000			
		全部产品累计间接费用分配率					
10	31	本月完工转出					
10	31	在产品	13 000	1 000			

通过学习和实践，陈本慧进一步理解了简化分批法不仅是一种分配间接计入费用的方法，还是一种产品成本计算的方法。采用这种方法是将各批产品的间接计入费用在基本生产成本二级账中累计起来，待产品完工时才根据累计间接计入费用分配率分配计算各批完工产品成本。因此这种方法包括产品成本计算的基本程序，因而是一种产品成本计算方法，而不只是一种分配间接计入费用的方法。

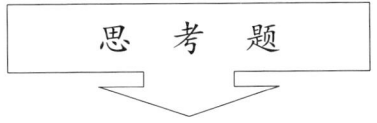

思 考 题

1. 简述品种法的含义、核算程序和适用范围。
2. 简述分批法的含义、核算程序和适用范围。
3. 简述简化分批法的含义、核算程序和适用范围。

4. 简述分步法的含义、核算程序和适用范围。
5. 什么是成本还原？如何还原？
6. 简述逐步结转分步法（包括综合结转和分项结转）的特点、优缺点和适用范围。
7. 简述平行结转分步法的特点、优缺点和适用范围。

第五章
产品成本计算的辅助方法

PPT

【内容提示】

本章全面、系统地阐述了我国会计实务中常用的成本计算的辅助方法的特点、适用范围、核算程序和优缺点。同时也介绍了近年来从西方引进并已被我国部分企业采用的标准成本法、变动成本法和作业成本法的基本原理，以及各种成本计算方法的实际应用。通过本章学习，学生应了解各种辅助方法的特点和适用范围；掌握各种辅助方法的核算程序（计算程序和账务处理）以及具体的计算方法；在此基础上理解各种方法的优缺点和应用时应注意的问题。

【目标要求】

通过本项目学习，学生应：
- 了解各种产品成本计算的辅助方法的特点和适用范围。
- 理解和掌握各种产品成本计算的辅助方法的核算程序（计算程序、具体方法和账务处理）。
- 理解各种产品成本计算的辅助方法的优缺点和应用时应注意的问题。
- 培养注重细节、踏实做事的工匠精神和爱岗敬业、诚实守信、廉洁自律、客观公正、坚持准则、提高技能、参与管理、强化服务的会计职业道德。
- 树立诚信、合理、合法、合规的成本管理会计岗位责任意识。

【案例引入】

随着工作的不断深入，陈本慧发现勤友精密智造有限责任公司生产的 RTC01、RTC02、RTC03、RTC04 四种产品的结构、所用材料和工艺过程基本相同，若按产品品种归集生产费用，计算产品成本，则计算工作极为繁重，为简化成本计算工作，陈本慧思考再三仍没找到很好的解决办法，于是他向师傅汪会计求助。听完陈本慧的疑问后，汪会计首先强调陈本慧应加强成本核算理论的学习,同时指出:在大量、大批生产产品的企业,产品成本计算一般采用品种法,以产品品种为成本计算对象,每一种产品都要分别设置生产成本明细账。但是,在一些工业企业中,生产的产品品种、规格繁多,若按产品的品种、规格归集生产费用,计算产品成本,则成本计算工作极为繁重。在这种情况下,如果不同品种、规格的产品可以按照一定标准进行分类,就可以采用分类法来计算产品成本,简化成本计算工作。

听完师傅的解释,陈本慧决定将公司生产的 RTCO1、RTCO2、RTCO3、RTCO4 四种产品归类为智能小家电类进行成本核算,2024 年 11 月,智能小家电类产品的原材料费用按照各种产品的原材料费用系数进行分配,原材料费用系数按原材料费用定额确定,并确定 RTCO3 产品为标准产品;其他费用按定额工时的比例进行分配。智能小家电类产品的产量和产品成本明细账等资料见表 5-1 和表 5-2。

表 5-1　　　　智能小家电类产品的产量、费用定额、工时定额资料
2024 年 11 月

产品名称	材料费用定额(元)	单位产品工时定额(小时)	产量(件)
RTCO1	2 460	300	400
RTCO2	1 968	290	300
RTCO3	1 640	260	650
RTCO4	1 476	240	800

表 5-2　　　　智能小家电类产品成本明细账
2024 年 11 月　　　　　　　　　　　　　　　　单位:元

	直接材料	燃料和动力	直接人工	制造费用	合计
月初在产品成本	8 320	340	640	2 288	12 488
本月发生费用	3 340 268	920 460	1 080 000	943 276	6 284 004
合　计	3 349 488	920 800	1 080 640	945 564	6 296 492
完工产品成本	3 336 560	920 160	1 079 200	942 880	6 278 800
月末在产品成本	12 928	640	1440	2 684	17 692

汪会计听完陈本慧的分析后,要求陈本慧根据上述资料,计算智能小家电类产品中 RTCO1、RTCO2、RTCO3、RTCO4 各种产品的产成品成本,将计算结果填入表 5-3 中,并填制完工入库产品成本的记账凭证(用会计分录代替),同时说明分类法的成本核算程序。

表 5-3　　　　智能小家电类类内各种产成品成本计算表
2024 年 11 月　　　　　　　　　　　　　　　　单位:元

项目	产量	原材料费用系数	原材料费用总系数	单位产品定额工时(小时)	定额总工时(小时)	直接材料	燃料和动力	直接人工	制造费用	成本合计
分配率										
RTCO1 产品										
RTCO2 产品										
RTCO3 产品										
RTCO4 产品										
合计										

在实际工作中，除了采用第四章述及的三种成本计算的基本方法外，还采用分类法、定额法以及从国外引进的变动成本法、标准成本法和作业成本法等。这些方法与生产类型的特点没有直接联系，不涉及成本计算对象。它们的应用或者是为了简化成本计算工作，或者是为了加强成本管理，只要具备条件，在哪种生产类型企业都能应用。因此，从计算产品实际成本的角度来说，它们不是必不可少的。基于上述情况，这些方法通称为辅助方法，一般应与各种类型生产中采用的基本方法结合起来使用，而不能单独使用。

标准成本法、变动成本法和作业成本法都是西方现代成本管理会计的重要组成部分。它们不仅仅是一种成本计算的方法，更是一种成本控制、成本分析和企业管理的手段。因此标准成本法、变动成本法和作业成本法的运用，有利于企业采用科学的成本分析、成本控制以及企业管理的方法，确定各部门的工作业绩，促进企业经营决策的科学化。

第一节 分 类 法

在大量、大批生产产品的企业，产品成本计算一般采用品种法，以产品品种为成本计算对象，每一种产品都要分别设置生产成本明细账。但是，在一些制造业企业中，生产的产品品种、规格繁多，若按产品的品种、规格归集生产费用，计算产品成本，则成本计算工作极为繁重。在这种情况下，如果不同品种、规格的产品可以按照一定标准进行分类，就可以采用分类法来计算产品成本，简化成本计算工作。

一、分类法的特点

分类法是为了简化各类产品成本计算工作而采用的一种计算产品成本的方法。其主要特点是：按照产品的类别归集生产费用，计算该类产品成本；类内不同品种（或规格）产品的成本按照一定的分配方法分配确定。

二、分类法的成本计算程序

分类法的成本计算程序（见图5-1）如下所述：

（1）根据产品所用原材料和工艺技术过程的不同，将产品划分为若干类，按照产品的类别开立产品成本明细账，按类归集产品的生产费用，计算各类产品的成本。

（2）选择合理的分配标准，分别将每类产品的成本在类内的各种产品之间进行分配，计算每类产品内各种产品的成本。

同类产品内各种产品之间分配费用的标准，一般有定额消耗量、定额费用、售价以及产品的体积、长度和重量等。在选择费用的分配标准时，主要应考虑与产品生产耗费高低的关系，即应选择与产品各项耗费的高低有密切联系的分配标准。

在类内各种产品之间分配费用时，各成本项目可以按同一个分配标准进行分配；为了使分配结果更为合理，也可以根据各成本项目的性质，分别按照不同的分配标准进行分配。例

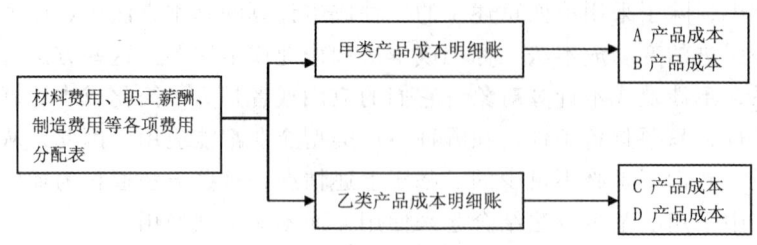

图 5-1 分类法的成本计算程序

如，直接材料费用可以按照直接材料定额消耗量或直接材料定额费用比例进行分配，直接人工等其他费用可以按照定额工时比例进行分配。

此外，为了简化分配工作，可以将分配标准折算成相对固定的系数，按照固定的系数在类内各种产品之间分配费用。确定系数时，一般是在类内选择一种产量较大、生产比较稳定，或规格折中的产品作为标准产品，将这种产品的系数定为"1"；再用其他各种产品的分配标准额分别与标准产品的分配标准额相比，计算出其他各种产品的分配标准额与标准产品的分配标准额的比率，即系数。在分类法中，按照系数分配类内各种产品成本的方法，也叫系数法。系数一经确定，在一定时期内应相对稳定。在实际工作中，也有的采用按照标准产品产量比例分配类内各种产品成本的方法，即将各种产品的产量按照系数进行折算，折算成为标准产品产量；然后，按照标准产品产量的比例分配类内各种产品成本，这也是一种系数分配法。

【例 5-1】红旗制造股份有限公司生产的产品品种、规格繁多，但可以按照一定标准进行分类，为了简化成本计算工作，采用分类法计算成本。2024 年 4 月生产的产品所耗用的材料基本相同，其中 JB11、JB12、JB13 三种产品的结构、所用材料和工艺过程基本相同，合并为一类（A 类）；生产的 KY101、KY102、KY103 三种产品的结构、所用材料和工艺过程基本相同，合并为一类（B 类）。本月生产 A、B 两类产品消耗的直接材料 468 000 元，直接人工 238 800 元，制造费用 271 200 元。各类产品之间分配费用的标准为：原材料按定额费用比例分配，其中 A 类产品的定额费用为 260 000 元，B 类产品的定额费用为 130 000 元；其他费用按定额工时比例分配，其中 A 类产品的定额工时为 99 500 小时，B 类产品的定额工时为 49 750 小时。类内各种产品之间分配费用的标准为：原材料费用按各种产品的原材料费用系数分配，原材料费用系数按原材料费用定额确定；其他费用按定额工时比例分配。其成本计算程序如下：

1. 计算 A、B 两类产品本月的生产费用

$$\text{直接材料分配率} = \frac{468\ 000}{260\ 000 + 130\ 000} = 1.2$$

A 类产品应分配的直接材料 = 260 000 × 1.2 = 312 000（元）

B 类产品应分配的直接材料 = 130 000 × 1.2 = 156 000（元）

$$\text{直接人工分配率} = \frac{238\ 800}{99\ 500 + 49\ 750} = 1.6\ （\text{元/小时}）$$

A 类产品应分配的直接人工 = 99 500 × 1.6 = 159 200（元）

B 类产品应分配的直接人工 = 49 750 × 1.6 = 79 600（元）

制造费用分配率 = $\frac{271\ 200}{99\ 500 + 49\ 750}$ = 1.8（元/小时）

A 类产品应分配的制造费用 = 99 500 × 1.8 = 179 100（元）

B 类产品应分配的制造费用 = 49 750 × 1.8 = 89 550（元）

2. 按产品类别（以 A 类为例）开设产品成本明细账，B 类别产品成本明细账略。

根据各项生产费用分配表登记产品成本明细账，计算该类产品成本（A 类在产品成本按定额成本计算），详见表 5-4。

表 5-4　　　　　　　　　　　　产品成本明细账

产品名称：A 类　　　　　　　2024 年 4 月　　　　　　　　　　单位：元

摘　　要	直接材料	直接人工	制造费用	成本合计
月初在产品成本（定额成本）	56 000	25 000	30 000	111 000
本月费用	312 000	159 200	179 100	650 300
生产费用合计	368 000	184 200	209 100	761 300
产成品成本	320 800	163 200	185 600	669 600
月末在产品成本（定额成本）	47 200	21 000	23 500	91 700

3. 计算类内各种产品的成本（以 A 类为例）

A 类中与 JB11、JB12、JB13 三种产品成本计算有关的数据以及成本计算过程如下：

（1）根据直接材料费用定额计算直接材料费用系数，详见表 5-5。

表 5-5　　　　　　　　　　　各种产品的成本计算

产品名称	单位产品直接材料费用				原材料费用系数
	直接材料名称或编号	消耗定额（千克）	计划单位（元）	费用定额（元）	
JB11	TG01	200	0.5	100	$\frac{320}{400}$ = 0.8
	TG02	100	0.8	80	
	TG03	140	1	140	
	小计			320	
JB12（标准产品）	TG01	240	0.5	120	1
	TG02	200	0.8	160	
	TG03	120	1	120	
	小计			400	
JB13	TG01	240	0.5	120	$\frac{480}{400}$ = 1.2
	TG02	300	0.8	240	
	TG03	120	1	120	
	小计			480	

(2) 分别计算 JB11、JB12、JB13 三种产品的产成品成本。根据各种产品的产量、直接材料费用系数和工时消耗定额，分别计算 A 类 JB11、JB12、JB13 三种产品的产成品成本，详见表 5-6。

在表 5-6 中，各种费用分配率计算如下：

直接材料分配率 = $\dfrac{320\,800}{1\,600}$ = 200.5

直接人工分配率 = $\dfrac{163\,200}{32\,000}$ = 5.1

制造费用分配率 = $\dfrac{185\,600}{32\,000}$ = 5.8

表 5-6　　　　　　　　　　各种产成品成本计算表

2024 年 4 月　　　　　　　　　　　　　　　　　　　　　　单位：元

项目	产量（件）	直接材料费用系数	直接材料费用总系数	工时消耗定额	定额工时	直接材料	直接人工	制造费用	成本合计
①	②	③	④=②×③	⑤	⑥=②×⑤	⑦=④×分配率	⑧=⑥×分配率	⑨=⑥×分配率	⑩
分配率						200.5	5.1	5.8	—
JB11 产品	400	0.8	320	15	6 000	64 160	30 600	34 800	129 560
JB12 产品	800	1	800	20	16 000	160 400	81 600	92 800	334 800
JB13 产品	400	1.2	480	25	10 000	96 240	51 000	58 000	205 240
合　计	—	—	1 600	—	32 000	320 800	163 200	185 600	669 600

在产品成本计算表（见表 5-6）中，各项费用的合计数是分配对象，它应该根据该类产品成本明细账中产成品成本一行中的数字填列。表 5-6 中的原材料费用分配率，应根据原材料费用合计数除以原材料费用总系数的合计数计算填列；原材料费用分配率分别乘以各种产成品的原材料费用总系数，即可求得各种产成品的原材料费用。

表 5-6 中直接人工、制造费用的分配率，则应根据各该项费用的合计数，分别除以定额工时的合计数计算填列；以各该项费用分配率，分别乘以各种产成品的定额工时，即可求得各该种产成品的各该项费用。

三、分类法的适用范围、优缺点和应用条件

（一）分类法的适用范围

分类法与生产的类型无直接关系，它可以在各种类型的生产中应用，即凡是产品品种、规格繁多，又可以按照一定标准划分为若干类别的企业或车间，均可以采用分类法计算成本。例如，钢铁厂生产的各种型号和规格的生铁、钢锭和钢材，针织厂生产的各种不同种类和规格的针织品，灯泡厂生产的各种不同类别和瓦数的灯泡，食品厂生产的各种饼干和面包等。它们的生产类型有所不同，但都可以采用分类法计算成本。

有些制造业企业，特别是化工企业，对同一原料进行加工，可以同时生产出几种主要产

品。例如，原油经过提炼，可以同时生产出各种汽油、煤油和柴油等产品，这些产品，所用原料和工艺技术过程相同，因而最宜于（也只能）归为一类，因而采用分类法计算成本。

此外，企业可能生产一些零星产品，例如，为协作单位生产少量的零部件，或自制少量材料和工具等。这些零星产品，虽然所用原材料和工艺过程不一定完全相近，但其品种规格多，且数量少，费用比重小。为了简化核算工作，也可以把它们归为几类，采用分类法计算成本。

应当指出的是，有些制造业企业，特别是轻工企业，有时可能生产出品种相同，但质量不同的产品。如果这些产品所用的原材料和工艺技术过程完全相同，质量上的差别是由于工人操作造成的，那么，这些质量等级不同的产品的单位成本应该相同，而不能把分类法原理应用到这些产品的成本计算中去，也就是说，不能按照它们的不同售价分配费用，为不同等级的产品确定不同的单位成本；否则，就会掩盖次级产品由于售价较低造成的损失，不利于企业加强成本管理，提高产品质量。如果不同质量的产品，是由于所用原材料的质量或工艺技术上的要求不同而产生的，那么，这些产品应是同一品种不同规格的产品，可归为一类，采用分类法计算成本。

（二）分类法的优缺点和应用条件

采用分类法计算产品成本，领料单、工时记录等原始凭证和原始记录可以只按产品类别填列，在各种费用分配表中可以只按产品类别分配费用，产品成本明细账可以只按产品类别开立，从而不仅能简化成本计算工作，而且能够在产品品种、规格繁多的情况下，分类掌握产品成本的情况。但是，由于在类内各种产品成本的计算中，不论是间接计入费用还是可以直接计入的费用，都是按一定的分配标准按比例进行分配的，因而，计算结果有一定的假定性。因此，在分类法下，产品的分类和分配标准（或系数）的选定是否适当，是一个关键性的问题。在产品的分类上，应以所耗原材料和工艺技术过程是否相近为标准。因为所耗原材料和工艺技术过程相近的各种产品，成本水平也往往接近。在对产品分类时，类距既不能定的过小，使成本计算工作复杂化，也不能定得过大，造成成本计算上的"大锅烩"，影响成本计算的正确性。在产品结构、所耗原材料或工艺技术发生较大变动时，应及时修订分配系数，或另选分配标准，以保证成本计算的正确性。

四、副产品成本的计算

（一）副产品成本计算的特点

副产品是指在生产主要产品的过程中附带生产出的非主要产品。例如，在原油的加工过程中产生的渣油、石油焦；制皂过程中产生的甘油等。

副产品虽然不是企业的主要产品，所占的费用比重不大，但它亦有一定的经济价值，因而也应该加强管理和核算。为了简化核算工作，对副产品，可以不单独计算成本，而采用与分类法相类似的方法计算成本。即将副产品与主产品合为一类开立成本计算单，归集它们所发生的各项生产费用，计算该类产品的总成本；然后，将副产品按照一定的方法计价，从总成本中扣除（一般是在总成本的直接材料项目中扣除），以扣除后的成本作为主产品的成本。

副产品成本可以按照售价减去税金和按正常利润率计算的销售利润后的余额计价，也可以在此基础上确定固定的单价，以固定的单价计价。副产品成本的合理计价，对于正确计算主、副产品的成本是十分重要的。副产品成本的计价既不能过高，也不能过低，否则不仅不能正确反映副产品的成本，而且会影响主产品成本的正确性。

有的副产品与主产品分离后，还需要单独进行加工。例如，在制皂过程中产生的含有甘油的盐水，在与主产品分离后，还要加入某些辅助材料，经进一步加工，才能生产出甘油，在这种情况下，还应根据副产品加工生产的特点和管理的要求单独计算成本。

（二）副产品成本计算举例

【例 5-2】 红旗制造股份有限公司 2024 年 4 月在生产 FZ01 产品（主产品）的过程中，还生产出可以制造 GY01 产品（副产品）的原料。这种原料经过加工处理后，即成 GY01 产品。FZ01、GY01 产品都是单步骤的大量生产，在同一车间进行。GY01 产品的原料按固定单价每千克 0.8 元计价，FZ01、GY01 产品月初、月末在产品均按原料的定额费用计价。FZ01、GY01 两种产品的成本计算程序为：

（1）分配各种生产费用。原料和辅助材料为直接计入费用，直接计入各产品成本明细账。其他费用按生产工时比例在 FZ01、GY01 两种产品之间分配，分配结果详见表 5-7。

表 5-7　　　　　　　　　职工薪酬、制造费用分配表

2024 年 4 月　　　　　　　　　　　　　　　　　　　单位：元

项　目	工时（小时）	直接人工	制造费用
本月发生额	19 800	108 900	118 800
分配率		5.5	6
FZ01 产品	18 000	99 000	108 000
GY01 产品	1 800	9 900	10 800
合　计	19 800	108 900	118 800

（2）根据有关费用分配表、产品产量月报表，以及在产品定额资料，登记 FZ01 产品成本明细账。详见表 5-8。

表 5-8　　　　　　　　　　　产品成本明细账

产品名称：FZ01 产品（主产品）　　2024 年 4 月　　　　　　　　　单位：元

摘　要	产量（千克）	直接材料		直接人工	制造费用	成本合计
		原料	辅助材料			
月初在产品（定额成本）		72 000				72 000
本月生产费用		564 000	10 000	99 000	108 000	781 000
扣减副产品原料 2 000 千克（每千克 0.8 元）		16 000				16 000
合计		620 000	10 000	99 000	108 000	837 000
产成品	10 000	552 000	10 000	99 000	108 000	769 000
单位成本		55.2	1	9.9	10.8	76.9
月末在产品（定额成本）		68 000				68 000

(3) 根据 FZ01 产品成本明细账有关费用分配表、产品产量月报，以及在产品定额资料，登记 GY01 产品的成本明细账，详见表 5-9。

表 5-9　　　　　　　　　　　　产品成本明细账

产品名称：GY01 产品（副产品）　　　2024 年 4 月　　　　　　　　　　单位：元

摘　要	产量（千克）	直接材料		直接人工	制造费用	成本合计
		原料	辅助材料			
月初在产品（定额成本）		800				800
本月生产费用		16 000	800	9 900	10 800	37 500
合计		16 800	800	9 900	10 800	38 300
产成品	4 000	15 840	800	9 900	10 800	37 340
单位成本		3.96	0.2	2.48	2.7	9.34
月末在产品（定额成本）		960				960

如果副产品的加工处理时间不长，费用不大，为了简化计算工作，副产品也可以按照计划单位成本计价，而不计算其实际成本。这样，从主、副产品的生产费用总额中，扣除按计划单位成本计算的副产品成本后的余额，即为主产品的成本。

【例 5-3】假定【例 5-2】中 GY01 产品（副产品）的计划单位成本为 9.42 元，其中原料 3.92 元，辅助材料 0.2 元，直接人工 2.5 元，制造费用 2.8 元。那么，GY01 产品按计划单位成本计算时，编制的 FZ01 产品成本计算单，详见表 5-10。

表 5-10　　　　　　　　　　　　产品成本明细账

产品名称：FZ01 产品（主产品）　　　2024 年 4 月　　　　　　　　　　单位：元

摘　要	产量（千克）	直接材料		直接人工	制造费用	成本合计
		原料	辅助材料			
月初成产品（定额成本）		72 000				72 000
本月生产费用		564 000	10 800	108 900	118 800	802 500
减：GY01 产品成本（计划成本）	4 000	15 680	800	10 000	11 200	37 680
合计		620 320	10 000	98 900	107 600	836 820
产成品	10 000	552 320	10 000	98 900	107 600	768 820
单位成本		55.23	1	9.89	10.76	76.88
月末在产品（定额成本）		68 000				68 000

有些制造业企业，在生产过程中会产生一些废气、废液和废料。随着生产的发展和科学技术的不断进步，"三废"的综合利用也是不断发展的。"三废"一经利用也就成了副产品，也就应该按照副产品的成本计算方法计算成本。

有些制造业企业，除生产主要产品外，有时还为其他单位提供少量加工、修理等作业。在这些作业费用比重很小的情况下，为了简化核算，也可以比照副产品的成本计算方法，将其与主要产品合为一类归集费用,然后将这些作业按照固定价格计价,从总的生产费用中扣除,以扣除后的余额作为主要产品的成本。

在制造业企业的基本生产车间,除生产主要产品外,还为企业内部的其他车间、部门提供少量的加工和修理作业的情况下,这些作业可以按照计划单位成本计价结算,不必计算和调整其成本差异,将其成本差异由主要产品负担。这样做,不仅可以简化计算工作,而且便于受益车间的成本考核和分析。

(三) 西方国家对副产品的定义及核算的规定

西方国家对副产品的定义一般为:"有许多加工过程都会产生一些过程产品,如果其中一种产品比另一种产品价值小,则前一种就叫作副产品。"副产品会计核算的主要问题是发生在分离前的成本(即共同成本)是否有一部分应该分配到副产品中去。

对于不需要进一步加工的副产品,可以将其销售收入或估计销售价值冲减主产品成本。

对于需要进一步加工的副产品成本的计算方法有三种:一是只将进一步加工的成本归由副产品负担;二是将共同成本和分离后成本都归由副产品负担;三是把分离时的市场价值作为副产品的成本。

第二节 定 额 法

定额法是指以定额成本为目标成本,及时揭示生产费用脱离定额的差异,加强成本控制,并根据定额成本、脱离定额差异和定额变动差异计算产品实际成本的一种成本管理和成本计算方法。

一、定额法的特点

在前面所介绍的成本计算方法,即品种法、分批法、分步法和分类法下,生产费用的日常核算,都是按照其实际发生额进行,产品的实际成本也都是根据实际生产费用计算的。因此,生产费用和产品成本脱离定额的差异及其发生的原因,只有在月末时通过实际资料与定额资料的对比和分析才能得到反映,而不能在月份内生产费用发生的当时就得到反映,因而不利于更好地加强定额管理,不利于及时对产品成本进行控制和管理,不能更有效地发挥成本计算对于节约费用、降低成本的作用。

定额法就是为了克服上述几种成本计算方法的弱点,解决及时反映和监督生产费用和产品成本脱离定额的差异,把产品成本的计划、控制、核算和分析结合在一起,以便加强成本管理而采用的一种成本计算方法。其主要特点是:

(1) 事前制定产品的消耗定额、费用定额和定额成本作为降低成本的目标。

(2) 在生产费用发生的当时,就将符合定额的费用和发生的差异分别核算,以加强对成本差异的日常核算、分析和控制。

（3）月末，在定额成本的基础上，加减各种成本差异，计算产品的实际成本，为成本的定期考核和分析提供数据。

二、定额法的核算程序

(一) 定额成本的计算

采用定额法计算产品成本，必须首先制定产品的原材料、动力、工时等消耗定额，并根据各项消耗定额和原材料的计划单价、计划的工资率（计划每小时生产工资）或计件工资单价、制造费用率（计划每小时制造费用）等资料，计算产品的各项费用定额和产品的单位定额成本。

产品的定额成本与计划成本既有相同之处，又有不同之处。相同之处是：两者都是以生产耗费的消耗定额和计划单价为根据确定的目标成本。例如：

原材料费用定额＝产品原材料消耗定额×原材料计划单价

生产工资费用定额＝产品生产工时定额×生产工资计划单价

制造费用定额＝产品生产工时定额×制造费用计划单价

生产工人工资和制造费用，通常是按生产工时比例分配计入产品成本的，因而其计划单价通常是计划的每小时各项费用额。各项费用定额的合计数，就是单位产品的定额成本或计划成本。

两者的不同之处是：计算计划成本所依据的消耗定额是计划期（一般为一年）内平均消耗定额，也称计划定额，在计划期内通常是不变的。而计算定额成本所依据的消耗定额是现行的定额，是企业在当时生产技术条件下，在各项消耗上应达到的标准，它应随着生产技术的进步、劳动生产率的提高不断修订。此外，计算计划成本的原材料等的计划单价，在计划期内通常也是不变的；计算定额成本的生产工资和制造费用的计划单价，则可能变动。因此，计划成本在计划期内通常是不变的，而定额成本在计划期内则是变动的。

由此可知，所谓产品的定额成本，也就是根据各种有关的现行定额计算的成本。制定定额成本，可以使企业的成本考核和控制更加有效，更加符合实际，从而保证成本计划的完成。

产品的单位定额成本的制定，应包括零件、部件的定额成本和产成品的定额成本，通常由计划、会计等部门共同制定。一般是先制定零件的定额成本，然后汇总计算部件和产成品的定额成本。如果产品的零、部件较多，为了简化计算工作，可以不计算零件的定额成本，而直接根据零件定额卡所列的零件的原材料消耗定额、工序计划和工时消耗定额，以及原材料的计划单价、计划的工资率和计划的制造费用率等，计算部件定额成本，然后汇总计算产成品定额成本；或者根据零、部件定额卡和原材料计划单价、计划的工资率和计划的制造费用率等，直接计算产成品定额成本。

需要指出的是，编制定额成本计算表时，所采用的成本项目和成本计算方法，应与编制计划成本、计算实际成本时所采用的成本项目和成本计算方法一致，以便于成本考核和成本分析工作的进行。

零件定额卡和部件定额成本卡的格式分别详见表 5-11 和表 5-12。

表 5–11　　　　　　　　　　　零 件 定 额 卡

零件编号、名称：TC326　　　　　　2024 年 × 月

材料编号、名称	计量单位	材料消耗定额
CL1001	千克	16
工序编号	工时定额（小时）	累计工时定额（小时）
1	10	10
2	6	16
3	4	20

表 5–12　　　　　　　　　　部件定额成本卡

部件编号、名称：TC369　　　　　　2024 年 × 月

所需零件编号、名称	零件数量	材料定额						金额合计	工时定额
		CL1001			CL1002				
		数量	计划单价	金额	数量	计划单价	金额		
LJ202	2	40	3	120				120	64
LJ303	4				20	5	100	100	36
装配									10
合计				120			100	220	110

定额成本项目					定额成本合计
原材料	职工薪酬		制造费用		
	计划工资率	金额	计划费用率	金额	
220	3	330	3.2	352	902

产成品定额成本计算卡的格式与部件定额成本计算卡的格式类似，在此就不再列示。

（二）脱离定额差异的核算

脱离定额的差异，是指在生产过程中，各项生产费用的实际支出脱离现行定额或预算的数额。脱离定额差异的核算，就是在发生生产费用时，为符合定额的费用和脱离定额的差异，分别编制定额凭证和差异凭证，并在有关的费用分配表和明细分类账中分别予以登记。这样，就能及时正确地核算和分析生产费用脱离定额的差异，控制生产费用支出。因此，对定额差异的核算是实行定额法的重要内容。为了防止生产费用的超支，避免浪费和损失，差异凭证填制以后，还必须按照规定办理审批手续。在有条件的企业，可以将脱离定额差异的日常核算同车间或班组经济责任制结合起来，依靠各生产环节的职工控制生产费用。

1. 原材料脱离定额差异的核算

在各成本项目中，原材料费用（包括自制半成品费用），一般占有较大比重，且属于直接计入费用，因而更有必要和可能在费用发生的当时就按产品核算定额费用和脱离定额的差异，并以不同的凭证予以反映。原材料脱离定额差异的核算方法，一般有限额法、切割核算法和盘存法三种。

(1) 限额法。为了控制材料的领用，在定额法下，原材料的领用应该实行限额领料（或定额发料）制度，符合定额的原材料应根据限额领料单等定额凭证领发。由于增加产量，需要增加用料时，在追加限额手续后，也可以根据定额凭证领发。由于其他原因发生的超额用料或代用材料的用料，则应填制专设的超额领料单、代用材料领料单等差异凭证，经过一定的审批手续后领发。为了减少凭证的种类，这些差异凭证也可用普通领料单代替，但应以不同的颜色或加盖专用的戳记，以便区别。在差异凭证中，应填写差异的数量、金额以及发生差异的原因。差异凭证的签发，须经过一定的审批手续，其中由于采用代用材料、利用废料和材料质量低劣等原因而引起的脱离定额差异，通常由技术部门审批。对于采用代用材料和废料利用，还应在有关的限额领料单中注明，并从原定的限额中扣除。

在每批生产任务完成以后，应根据车间余料编制退料手续，退料单也是一种差异凭证。退料单中的原材料数额和限额领料单中的原材料余额，都是原材料脱离定额的节约差异。

应当指出的是，原材料脱离定额差异是产品生产中实际用料脱离现行定额而形成的成本差异，而限额法并不能完全控制用料，上述差异凭证所反映的差异往往只是领料差异，而不一定是用料差异。这是因为，投产的产品数量不一定等于规定的产品数量；所领原材料的数量也不一定等于原材料的实际消耗量，即期初、期末车间可能有余料。

【例 5 - 4】红旗制造股份有限公司某限额领料单规定的 KLS101 产品数量为 1 000 件，每件产品的原材料消耗定额为 10 千克，则领料限额为 10 000 千克；本月实际领料 9 500 千克，领料差异为少领 500 千克。现假定有以下三种情况：

第一种情况：本期投产产品数量符合限额领料单规定的产品数量，即也是 1 000 件，且期初、期末均无余料。则上述少领 500 千克的领料差异就是用料脱离定额的节约差异。

第二种情况：本期投产产品数量仍为 1 000 件，但车间期初余料为 300 千克，期末余料为 400 千克。则：

原材料定额消耗量 = 1 000 × 10 = 10 000（千克）

原材料实际消耗量 = 9 500 + 300 - 400 = 9 400（千克）

原材料脱离定额差异 = 9 400 - 10 000 = -600（千克）[节约差异]

第三种情况：本期投产产品数量为 900 件，车间期初余料为 300 千克，期末余料为 400 千克。则：

原材料定额消耗量 = 900 × 10 = 9 000（千克）

原材料实际消耗量 = 9 500 + 300 - 400 = 9 400（千克）

原材料脱离定额差异 = 9 400 - 9 000 = +400（千克）[超支差异]

由此可见，只有投产产品数量等于规定的产品数量，且车间期初、期末均无余料或期初、期末余料数量相等时，领料（或发料）差异才是用料脱离定额的差异。

(2) 切割核算法。对于某些贵重材料或经常大量使用的，且又需要经过在准备车间或下料工段切割后才能进一步进行加工的材料，例如板材、棒材等，还应采用材料切割核算单。通过材料切割核算单，核算用料差异，控制用料。

材料切割核算单，应按切割材料的批别开立，在单中要填明发交切割材料的种类、数额、消耗定额和应切割成的毛坯数量。切割完毕后，要填写实际切割成的毛坯数量和材料的实际消耗量；然后根据实际切割成的毛坯数量和消耗定额，即可求得材料定额消耗量，再将此与材料实际消耗量相比,即可确定脱离定额差异。材料定额消耗量、脱离定额的差异,以及发生差异的原因均应填入单中,并由主管人员签字。材料切割核算单的格式详见表5-13。

表 5-13　　　　　　　　　　　　　材料切割核算单

材料编号或名称:CL3301　　　材料计量单位:千克　　　材料计划单价:16 元
产品名称:QB-101　　　　　　零件编号或名称:LJ368　　图纸号:T-123
切割工人工号或姓名:张韶雨　　　　　　　　　　　　　　机床编号:J-456
发交切割日期:2024 年×月×日　　　　　　　　　　　　　完工日期:2024 年×月×日

发料数量	退回余料数量	材料实际消耗量	废料回收数量
434	14	420	20

单件消耗定额	单件回收废料定额	应割成的毛坯数量	实际割成的毛坯数量	材料定额消量	废料定额回收量
16	0.4	52	50	400	10

材料脱离定额差异		废料脱离定额差异			差异原因	责任者
数量	金额	数量	单价	金额	未按规定要求操作,因而多留了边料,减少了毛坯	切割工人
20	160	-10*	0.8	-8		

注: *回收废料超过定额的差异可冲减材料费用,故列负数;相反,低于定额的差异列正数。

采用材料切割核算单进行材料切割的核算,能及时反映材料的使用情况和发生差异的具体原因,有利于加强对材料消耗的控制和监督。在有条件的情况下,如与车间或班组的经济核算结合起来,则可以收到更好的效果。

(3)盘存法。在大量生产,不能按照上述分批核算原材料脱离定额差异的情况下,除仍要使用限额领料单等定额凭证和超额领料单等差异凭证,以便控制日常材料的实际消耗外,应定期(按工作班、工作日或按周、旬等)通过盘存的方法核算差异。具体来说,盘存法的核算过程主要包括以下步骤:

①根据完工产品数量和在产品盘存(实地盘存或账面结存)数量算出投产产品数量,再乘以原材料消耗定额,算出原材料定额消耗量。其中投产产品数量的计算公式如下:

本期投产产品数量=本期完工产品数量+期末在产品数量-期初在产品数量

②根据限额领料单、超额领料单、退料单等材料凭证以及车间余料的盘存数量,计算原材料实际消耗量。

③将原材料实际消耗量与定额消耗量进行比较,进而确定原材料脱离定额的差异。

应当指出的是,按照上列公式计算本期投产产品数量,必须具备下述条件:即原材料在生产开始时一次投入,期初和期末在产品都不再耗用原材料。如果原材料是随着生产的进行陆续投入,在产品还要耗用原材料,那么上列公式中的期初和期末在产品数量应改为按原材料消耗定额计算的期初和期末在产品的约当产量。

【例5-5】红旗制造股份有限公司计算生产 YI22 产品耗用材料。YI22 产品期初在产品为 50 件,本期完工产品为 1 000 件,期末在产品为 100 件。生产 YI22 产品用原材料系在生产开始时一次投入,YI22 产品的原材料消耗定额为每件 16 千克,原材料的计划单价为每千克 10 元。限额领料单中载明的本期已实际领料数量 16 500 千克。车间期初余料为 100 千克,期末余料为 50 千克。有关数据计算如下:

投产产品数量 = 1 000 + 100 - 50 = 1 050（件）
原材料定额消耗量 = 1 050 × 16 = 16 800（千克）
原材料实际消耗量 = 16 500 + 100 - 50 = 16 550（千克）
原材料脱离定额差异（数量）= 16 550 - 16 800 = -250（千克）（节约）
原材料脱离定额差异（金额）= -250 × 10 = -2 500（元）（节约）

对于原材料的定额消耗量和脱离定额的差异，应分批或定期地按照成本计算对象进行汇总，编制原材料定额费用和脱离定额差异汇总表。表中应填明该批或该种产品所耗各种原材料的定额消耗量、定额费用和脱离定额的差异，并分析说明差异产生的主要原因。该表既可以用来汇总反映和分析材料消耗定额的执行情况，又可以代替原材料费用分配表登记产品成本明细账，还可以报送有关领导或向职工公布，以便根据差异发生的原因采取措施，进一步挖掘降低原材料消耗的潜力。

【例 5 - 6】现以红旗制造股份有限公司 JIA11 产品为例，列示其 2024 年 4 月原材料定额费用和脱离定额差异汇总表，详见表 5 - 14。

表 5 - 14　　　　　　　　　原材料定额费用和脱离定额差异汇总表
产品名称：JIA11　　　　　　　　　2024 年 4 月 1 ~ 30 日　　　　　　　　　单位：元

原材料类别	材料编号	单位	计划单位成本	定额费用		计划价格费用		脱离定额差异		差异原因
				数量	金额	数量	金额	数量	金额	
原　料	T101	千克	5	5 000	25 000	5 100	25 500	+100	+500	略
主要材料	G102	千克	4	4 000	16 000	3 800	15 200	-200	-800	略
辅助材料	M103	千克	4	1 000	4 000	950	3 800	-50	-200	略
合　　计					45 000		44 500		-500	

自制半成品的定额消耗量、定额费用和脱离定额的差异的核算方法与原材料相同，在此不再赘述。

2. 生产工人工资脱离定额差异的核算

在计件工资形式下，生产工人工资属于直接计入费用，因而其脱离定额差异的核算与原材料相类似。凡符合定额的生产工人工资可反映在工票、工作班产量记录、工序进程单等产量记录中；脱离定额的差异部分，应设置"工资补付单"等差异凭证予以反映，单中也应填明差异发生的原因，并要经过一定的审批手续。

在计时工资形式下，生产工人工资脱离定额的差异不能在平时按照产品直接计算，只有在月末实际生产工人工资总额确定以后，才能按照下列公式计算：

$$计划单位小时工资 = \frac{某车间计划产量的定额生产工人工资}{该车间计划产量的定额生产工时}$$

$$实际单位小时工资 = \frac{该车间实际生产工人工资总额}{该车间实际生产工时总额}$$

某产品的定额生产工资 = 该产品实际产量的定额生产工时 × 计划单位小时工资
某产品的实际生产工资 = 该产品实际产量的定额生产工时 × 实际单位小时工资

某产品生产工资脱离定额的差异＝该产品实际生产工资－该产品定额生产工资

从以上计算公式可以看出，要降低单位产品的计时工资，必须降低单位小时的生产工资和单位产品的生产工时。为此，企业不仅要严格控制工资总额，使之不超过计划，还要充分利用工时，使生产工时总额不低于计划，并且要控制单位产品的工时消耗，使之不超过工时定额。为了降低单位产品的计时工资费用，在定额法下，应加强日常控制，通过核算工时脱离定额差异的方法，监督生产工时的利用情况和工时消耗定额的执行情况。为此，在日常核算中，要按照产品核算定额工时、实际工时和工时脱离定额的差异，并及时分析发生差异的原因。

在定额法下，不论采用哪一种工资形式，都应根据上述核算资料，按照成本计算对象汇总编制定额生产工资和脱离定额差异汇总表。在该表中，汇总反映产品的定额工资、实际工资、工资脱离定额的差异及其产生的原因（在计时工资形式下，还应汇总反映各种产品工时脱离定额的情况）等资料，以考核和分析各种产品工资定额的执行情况，并据以计算产品的工资费用。

3. 制造费用及其他费用脱离定额（或计划）的核算

一般说来，制造费用属于间接计入费用，在日常核算中不能按照产品直接确定费用脱离定额的差异，而只能根据月份的费用计划，按照费用的发生地点和费用项目，核算脱离计划的差异，据以对费用的发生进行控制和监督。对于其中的材料费用，也可以采用限额领料单、超额领料单等定额凭证和差异凭证进行控制；对生产工具、零星费用，则可采用"领用手折""费用定额卡"等凭证进行控制。在这些凭证中，先要填明领用的计划数，然后登记实际发生数和脱离计划的差异。对于超计划领用，也要经过一定的审批手续。

由上述可知，制造费用差异的日常核算，通常是指脱离费用计划的差异核算。各种产品应负担的制造费用脱离定额的差异，只有到月末实际费用分配给各种产品以后，才能以其实际费用与定额费用相比较加以确定。其计算确定方法与计时工资脱离定额差异的计算确定方法相类似。

对于废品损失及其发生的原因，应采用废品通知单和废品损失计算表单独反映，其中不可修复废品的成本，应按照定额成本计算。由于产品定额成本中一般不包括废品损失，因而发生的废品损失，通常作为脱离定额差异来处理。

在将产品的各项生产费用都分别计算出符合定额费用的部分和脱离定额差异的部分后，以产品的定额成本，加上或者减去脱离定额的差异，即可求得产品的实际成本。计算公式如下：

产品实际成本＝产品定额成本±脱离定额差异

为了计算完工产品的实际成本，上述脱离定额的差异，还应在完工产品和月末在产品之间进行分配。由于采用定额法计算产品成本的企业，都有现成的定额成本资料，所以脱离定额差异在完工产品与月末在产品之间的分配，大多采用定额比例法进行。如果各月在产品的数量比较稳定，也可以采用按定额成本计算在产品成本的方法，将全部差异计入完工产品成本，月末在产品不负担差异。

（三）材料成本差异的分配

在采用定额法计算产品成本的企业中，为了便于对产品成本的考核和分析，材料的日常核算都应按计划成本进行。因此,日常所发生的原材料费用,包括原材料定额费用和原材料脱离定额的差异,都是按照原材料的计划单位成本计算的。原材料定额费用是定额消耗量乘以计划单位成本;原材料脱离定额的差异是消耗量差异乘以计划单位成本。也就是说,前述的原材料脱离定额的差异,是按计划单位成本反映的数量差异,即量差。因此,在月末计算产品的实际原材料费用时,还必须考虑所耗原材料应负担的成本差异问题,即所耗原材料的价差。其计算公式如下:

$$\begin{matrix}某产品应分配的\\原材料成本差异\end{matrix} = \left[\begin{matrix}该产品的原材\\料定额费用\end{matrix} \pm \begin{matrix}原材料脱离\\定额差异\end{matrix}\right] \times \begin{matrix}原材料成本\\差异分配率\end{matrix}$$

【例5-7】红旗制造股份有限公司JIA11产品2024年4月所耗原材料定额费用为45 000元,脱离定额差异为节约500元,原材料的成本差异率为节约1%。该产品应分配的材料成本差异为:

(45 000 - 500) × (-1%) = -445(元)

各种产品应分配的材料成本差异,一般均由各该产品的完工产品成本负担,月末在产品不再负担。

在多步骤生产中采用定额法的情况下,若逐步结转半成品成本,则半成品的日常核算也应按计划成本或定额成本进行。在月末计算产品实际成本时,也应比照原材料成本差异的分配方法,计算产品所耗半成品的成本差异。

这时,产品实际成本的计算公式如下:

$$\begin{matrix}产品实\\际成本\end{matrix} = \begin{matrix}按现行定额计算\\的产品定额成本\end{matrix} \pm \begin{matrix}脱离现行\\定额差异\end{matrix} \pm \begin{matrix}原材料或半成\\品成本差异\end{matrix}$$

在定额法下,为了便于考核和分析各生产步骤的产品成本,简化成本计算工作,各步骤所耗原材料和半成品的成本差异,应尽量由厂部分配、调整,不计入各生产步骤产品的成本。

(四)定额变动差异的核算

定额变动差异,是指因修订消耗定额或生产耗费的计划价格而产生的新旧定额之间的差额。定额变动差异与脱离定额差异是不同的。定额变动差异是定额本身变动的结果,它与生产中费用支出的节约或浪费无关,而脱离定额差异则反映生产费用支出符合定额的程度。

随着经济的发展、生产技术条件的变化、劳动生产率的提高等,企业的各项消耗定额、生产耗费的计划价格,也应随之加以修订,以保证各项定额能够准确有效地对生产经营活动进行控制和监督。在消耗定额或计划价格修订以后,定额成本也应随之及时修订。

消耗定额和定额成本一般是在月初、季初或年初定期进行修订。在定额变动的月份,其月初在产品的定额成本并未修订,它仍然是按照旧定额计算的。因此,为了将按旧定额计算的月初在产品定额成本和按新定额计算的本月投入产品的定额成本,在新定额的同一基础上相加起来,应该计算月初在产品的定额变动差异,以调整月初在产品的定额成本。

月初在产品定额变动差异，可以根据定额发生变动的在产品盘存数量或在产品账面结存数量和修订前后的消耗定额，计算出月初在产品消耗定额修订前和修订后的定额消耗量，进而确定定额变动差异。在构成产品的零、部件种类较多的情况下，采用这种方法按照零、部件和工序进行计算，工作量就会很大。为了简化计算工作，也可以按照单位产品费用的折算系数进行计算。即将按新旧定额所计算出的单位产品费用进行对比，求出系数，然后根据系数，进行计算。其计算公式如下：

$$系数 = \frac{按新定额计算的单位产品费用}{按旧定额计算的单位产品费用}$$

月初在产品定额变动差异 = 按旧定额计算的月初在产品费用 × （1 − 系数）

【例 5 − 8】红旗制造股份有限公司 JIA11 产品的一些零件从 2024 年 4 月 1 日起实行新的原材料消耗定额，单位产品旧的原材料费用定额为 1 250 元，新的原材料费用定额为 1 200 元。该产品月初在产品按旧定额计算的原材料定额费用为 25 000 元。月初在产品定额变动差异计算结果如下：

$$系数 = \frac{1\ 200}{1\ 250} = 0.96$$

月初在产品定额变动差异 = 25 000 × （1 − 0.96） = 1 000（元）

上述计算应通过月初在产品定额变动差异计算表进行，详见表 5 − 15。

表 5 − 15　　　　　　　　　月初在产品定额变动差异计算表

产品名称：JIA11　　　　　　　2024 年 4 月　　　　　　　　　单位：元

成本项目	单位产品		定额变动系数	月初在产品定额费用	月末在产品定额变动差异
	旧费用定额	新费用定额			
原材料	1 250	1 200	0.96	25 000	1 000
合　计	1 250	1 200	—	25 000	1 000

采用系数法来计算月初在产品定额变动差异虽然较为简便，但由于系数是按照单位产品计算的，而不是按照产品的零、部件计算的，因而它只宜于在零、部件成套生产或零、部件成套性较大的情况下采用。也就是说，在零、部件生产不成套或成套性较差的情况下，采用系数法，就会影响计算结果的正确性。例如，某产品只是部分零、部件的消耗定额进行了修订，如果零、部件生产不成套，月初在产品所包括的零、部件又都不是消耗定额发生变动的零、部件。这时，采用上述方法计算，则会使本来不应有定额变动差异的月初在产品定额成本，不正确地进行了调整。

月初在产品定额变动差异确定后，如果本月新费用定额低于上月旧费用定额，说明月初在产品定额成本应调减，此时"月初在产品定额成本调整数"项目为负数，"定额变动调整差异"项目为正数，一方面应从月初在产品定额成本中扣除该项差异，另一方面，由于该项差异是月初在产品生产费用的实际支出，因此还应将该项差异计入本月产品成本。相反，如果本月新费用定额高于上月旧费用定额，说明月初在产品定额成本应调增，此时"月初在产品定额成本调整数"项目为正数，"定额变动调整差异"项目为负数，因此应将此差项加入月初在产品定额成本之中，同时从本月产品成本中予以扣除，因为实际上并未发生这部分支出。从本月全部产品成本总额来看是没有发生改变的，只是将内部的成本构成进行调整：定额降低时，减少定额成本，增加了定额变动差异；定额提高时，成本调整相反。

在有月初在产品定额变动差异时，产品实际成本的计算公式应补充为：

产品实际成本 = 按现行定额计算的产品定额成本 ± 脱离现行定额的差异
± 原材料或半成品成本差异 ± 月初在产品定额变动差异

定额变动差异一般应按照定额成本比例，在完工产品和月末在产品之间进行分配。因为这种差异不是当月工作的结果，不应全部计入当月完工产品成本。但是，若定额变动差异数额较小，或者月初在产品本月全部完工，那么，定额变动差异也可以全部由完工产品负担，月末在产品不再负担。

在定额法下，产品实际成本的计算，也应在产品成本明细账中按照成本项目分别进行。但为了适应定额法的要求，所采用的产品成本明细账以及各种费用分配表或汇总表，都应按照定额消耗量、定额费用和各种差异分设专栏或专行，以便按照前述方式，以定额成本为基础，加减各种差异计算产品实际成本。

（五）定额法举例

【例5-9】 假设前述红旗制造股份有限公司大批量生产JIA11产品。该产品各项消耗定额比较准确、稳定，为了加强定额管理和成本控制，采用定额法计算产品成本；该产品由一个封闭式车间生产，不分步计算成本；该企业规定，该产品的定额变动差异和材料成本差异由完工产品成本负担；脱离定额差异按定额成本比例，在完工产品与月末在产品之间进行分配。

现列示红旗制造股份有限公司采用定额法计算JIA11产品成本所登记的产品成本明细账，详见表5-16。

表5-16 产品成本明细账

产品名称：JIA11　　　2024年4月　　　产量：80件　　　单位：元

成本项目	月初在产品成本		月初在产品定额变动		本月生产费用			生产费用累计			
	定额成本	脱离定额差异	定额成本调整	定额变动差异	定额成本	脱离定额差异	材料成本差异	定额成本	脱离定额差异	材料成本差异	定额变动差异
	(1)	(2)	(3)	(4)	(5)	(6)	(7)	(8)=(1)+(3)+(5)	(9)=(2)+(6)	(10)=(7)	(11)=(4)
直接材料	6 250	-265	-250	+250	45 000	-500	-445	51 000	-765	-445	+250
直接人工	750	-48			7 650	+300		8 400	+252		
制造费用	900	-54			9 180	-450		10 080	-504		
成本合计	7 900	-367	-250	+250	61 830	-650	-445	69 480	-1 017	-445	+250

续表

成本项目	差异率 脱离定额差异 (12) = (9) ÷ (8)	本月产成品成本					月末在产品成本	
		定额成本 (13)	脱离定额差异 (14) = (13)×(12)	材料成本差异 (15) = (10)	定额变动差异 (16) = (11)	实际成本 (17) = (13) + (14) + (15) + (16)	定额成本 (18)	脱离定额差异 (19) = (18) × (12)
直接材料	-1.5%	48 000	-720	-445	+250	47 085	3 000	-45
直接人工	+3%	8 000	+240			8 240	400	+12
制造费用	-5%	9 600	-480			9 120	480	-24
成本合计	—	65 600	-960	-445	+250	64 445	3 880	-57

以上所列产品成本明细账（见表 5-16），是在对生产耗费脱离定额差异进行日常核算和控制的基础上，根据有关资料登记的：

（1）月初在产品成本资料，根据上月末在产品成本资料登记。

（2）月初在产品定额变动资料，根据前述的红旗制造股份有限公司 JIA11 产品月初在产品定额变动差异的计算资料登记：其中定额成本调整数，是用来调整按旧定额计算的月初在产品定额成本的（定额降低时为负数，定额提高时为正数）；定额变动差异数，是应该由本月产品成本负担的月初在产品定额变动的差异（定额降低时为正数，定额提高时为负数）。两者数额相等，但正负号相反。

（3）本月生产费用中的定额成本和脱离定额差异，是根据前列的原材料定额费用和脱离定额差异汇总表和其他有关汇总表、分配表进行登记的。

（4）材料成本差异，是根据前列原材料成本差异分配计算资料登记的。

（5）由于脱离定额差异要在完工产品和月末在产品之间按照定额成本比例进行分配，所以要计算脱离定额差异分配率，并据以计算登记完工产品和月末在产品应负担的差异额。

（6）完工产品的定额成本，根据产成品入库单列示的产成品数量和单位定额成本计算登记；月末在产品的定额成本，可以根据该种产品各工序各种在产品的盘存数量或账面结存数量，乘以各该新的费用定额计算登记，也可以根据定额成本累计数（第 8 栏）减去本月产成品定额成本（第 13 栏）即按倒挤的方法计算登记，两者计算的结果应相等。

（7）在将上述各项的计算结果登记入成本明细账后，即可计算出完工产品的实际成本。

三、定额法的优缺点和应用条件

通过上述可知，定额法是将产品成本的计划工作、核算工作和分析工作有机结合起来，将事前、事中、事后反映和监督融为一体的一种产品成本计算方法和成本管理制度。

（一）定额法的优缺点

1. 定额法的优点。定额法主要有以下几个优点：

（1）通过生产耗费及其脱离定额和计划的日常核算，能够在生产耗费发生的当时反映和监督脱离定额（或计划）的差异，从而有利于加强成本控制，可以及时、有效地促进生产耗费的节约，降低产品成本。

（2）由于产品实际成本是按照定额成本和各种差异分别核算的，因而便于对各项生产耗费和产品成本进行定期分析，有利于进一步挖掘降低成本的潜力。

（3）通过脱离定额差异和定额变动差异的核算，还有利于提高成本的定额管理和计划管理工作的水平。

（4）由于有着现成的定额成本资料，因而能够较为合理、简便地解决完工产品和月末在产品之间分配费用的问题。

2. 定额法的缺点。采用定额法核算产品成本要比采用其他方法核算工作量要大。因为采用定额法必须制定定额成本，单独核算脱离定额差异，在定额变动时还必须修订定额成本，计算定额变动差异。

（二）定额法的应用条件

为了充分发挥定额法的作用，并简化核算工作，采用定额法核算产品成本，应具备以下条件：①定额管理制度比较健全，定额管理工作的基础比较好；②产品的生产已经定型，消耗定额比较准确、稳定。

大批大量生产比较容易具备上述条件，但应当指出的是，定额法与生产类型并无直接联系，不论哪种生产类型，只要具备上述条件，都可以采用定额法核算产品成本。

第三节 标准成本法

标准成本法也称标准成本会计或标准成本制度，是以预先制定的标准成本为基础，用标准成本与实际成本进行比较，核算和分析成本差异的一种产品成本计算方法，也是加强成本控制、评价经济业绩的一种成本制度。它是首先由西方企业采用的一种成本计算方法。

一、标准成本法的内容

标准成本是指运用技术测定等科学方法制定的，在有效经营条件下应该实现的成本，是根据产品的耗费标准和耗费的标准价格预先计算的产品成本。标准成本法的核心是按标准成本记录和反映产品成本的形成过程和结果，并借以实现对成本的控制。其基本核算程序如下：

（1）制定产品各成本项目的标准成本。

（2）按标准成本进行成本计算。即"生产成本""库存商品"和"自制半成品"科目的借贷方均按标准成本记账。

（3）计算各成本项目实际成本与标准成本的各种成本差异，并设立各种成本差异科目进行归集，以便用来控制和考核产品成本。

（4）计算、分析各种成本差异，每月末根据各成本差异科目的借贷方余额编制成本差异汇总表，将各种成本差异余额计入当期损益。

通过上述内容可以看出，标准成本法的主要内容包括：标准成本的制定、成本差异的计算和分析、成本差异的账务处理三个方面的工作。

二、标准成本的种类

标准成本的种类很多，按照制定标准成本所依据的生产技术和经营水平，可分为理想标准成本、正常标准成本和现实标准成本。

（一）理想标准成本

理想标准成本，是指以现有生产经营条件处于最佳状态为基础确定的最低水平的成本。理想标准成本通常是根据理论上的生产要素耗用量、最理想的生产要素价格和可能实现的最高生产经营能力利用程度来制定的。由于该种标准成本未考虑客观存在的实际情况，提出的要求苛刻，在现实经济生活中根本无法实现，因而使得该种标准成本难以实际运用。

（二）正常标准成本

正常标准成本，是指根据正常的工作效率、正常的生产能力利用程度和正常价格等条件制定的标准成本。此处所谓的"正常"，一般是指过去较长时期的实际数据的统计平均值，是指过去较长时期内所达到的平均水平。因此，用正常标准成本来评价各个时期的业绩，往往不符合实际，用它来控制成本也不够积极。

（三）现实标准成本

现实标准成本亦称可达到标准成本，是在现有生产技术条件下进行有效经营的基础上，根据下一期最可能发生的各种生产费用耗用量、预计价格和预计的生产经营能力利用程度而制定的标准成本。这种标准成本可以包含管理当局认为短期内还不能完全避免的某些不应有的低效、失误和超量消耗。因其最接近实际成本，最切实可行，不仅可用于成本控制，也可以用于存货计价，因此，在实际工作中一般采用这种标准成本。

三、标准成本的制定

产品成本一般由直接材料、直接人工和制造费用三个成本项目组成，标准成本也应就这三部分制定。一般来说，标准成本是由会计部门会同采购部门、生产技术部门和其他有关经营管理部门，在对企业生产经营的具体条件进行分析、研究和技术测定的基础上共同制定的。

（一）直接材料标准成本的制定

直接材料标准成本需按两项标准确定：直接材料用量标准和直接材料标准价格。直接材料标准成本的计算公式为：

直接材料标准成本＝直接材料用量标准×直接材料标准价格

直接材料用量标准亦即材料消耗定额，是指单位产品必需耗用的各种直接材料的数额。

直接材料用量标准通常应根据企业的产品设计、生产工艺状况,并结合企业的经营管理水平,考虑降低材料消耗的可能等条件制定,所以该标准的制定最好由产品设计部门及相关管理人员负责。

材料价格因受诸多因素的影响,其标准的确定相对较难。通常,直接材料标准价格应能反映目前市价及未来市场的变动情况,考虑最有利的采购条件,如经济采购批量、最经济的运输等,而且应在征询采购部门的意见后制定。

(二) 直接人工标准成本的制定

直接人工标准成本由两项标准确定:直接人工用量标准和直接人工标准价格。直接人工标准成本的计算公式为:

直接人工标准成本 = 直接人工用量标准(工时标准或工时定额) × 直接人工标准价格(标准工资率)

直接人工用量标准即工时量标准、工时标准或工时定额。工时既可以是直接人工生产工时,也可以是机器工时。工时标准的制定比较困难,通常应由相关工程、技术部门在技术测定的基础上,根据对产品直接加工所用的时间,并适当考虑正常的工作间隙加以制定。

直接人工标准价格即标准工资率,通常可由劳动工资部门根据用工情况制定。在不同工资制度下,标准工资率有不同表现形式:采用计件工资时,标准工资率就是标准计件工资单价。采用计时工资制时,标准工资率就是单位工时标准工资率,其计算公式为:

单位标准工资率 = 标准工资总额 ÷ 标准总工时

(三) 制造费用标准成本的制定

制造费用标准成本可以分为变动制造费用标准成本和固定制造费用标准成本两种。

1. 变动制造费用标准成本的制定

变动制造费用标准成本的制定包括工时标准的制定和变动制造费用标准分配率的制定两个方面。其中工时标准的含义与直接人工工时标准相同;变动制造费用标准分配率的计算公式为:

变动制造费用标准分配率 = 变动制造费用预算总额 ÷ 标准总工时

在上述的基础上,变动制造费用标准成本可确定为:

变动制造费用标准成本 = 工时标准 × 变动制造费用标准分配率

2. 固定制造费用标准成本的制定

在变动成本法下,固定制造费用作为期间费用全部计入当期损益,因而不包括在产品成本中。在完全成本法下,固定制造费用要在产品之间进行分配,因而需要制定单位产品的固定制造费用的标准成本。

固定制造费用标准成本的制定包括工时标准的制定和固定制造费用标准分配率的制定两个方面。其中工时标准的含义与直接人工工时标准相同;固定制造费用标准分配率的计算公式为:

固定制造费用标准分配率 = 固定制造费用预算总额 ÷ 标准总工时

在上述的基础上,固定制造费用标准成本可确定为:

固定制造费用标准成本 = 工时标准 × 固定制造费用标准分配率

（四）标准成本卡

为了便于计算和列示产品的标准成本，通常应为每一种产品设立一张标准成本卡，按成本项目、用量标准和标准价格，计算汇总每种产品的单位标准成本。

四、成本差异的计算和分析

成本差异是指实际成本与标准成本之间的差额。实际成本超过标准成本所形成的差异，叫做不利差异、超支或逆差；实际成本低于标准成本所形成的差异，叫做有利差异、节约或顺差。计算分析成本差异的目的在于查明差异形成的原因，以便及时采取措施消除不利差异，并为成本考核、控制和奖惩提供依据。

成本差异包括直接材料成本差异、直接人工成本差异和制造费用成本差异三部分。由前述可知，标准成本是根据标准数量和标准价格计算的，实际成本是根据实际数量和实际价格计算的。即实际成本和标准成本都是由数量与价格的乘积确定，只是由于它们各自的数量消耗水平和价格水平不同，从而导致了差异的出现。因而，每个成本项目的差异，依据其产生的原因，可进一步分解为数量差异和价格差异。其计算公式为：

(1) 实际数量 × 实际价格
(2) 实际数量 × 标准价格
(3) 标准数量 × 标准价格

(1) − (2) = 价格差异
(2) − (3) = 数量差异

总成本差异

由以上公式可以看出，尽管各项差异内容不相同，但都是由价格差异和数量差异组成，计算方法基本相同，在此就不再分类叙述。对于成本差异的具体分析请参看后续的专业课程"管理会计"，本书不再赘述。

五、标准成本法的账务处理

在采用标准成本法的企业中，为了通过总账科目归集和结转各种成本差异，一般加设"直接材料用量差异""直接材料价格差异""直接人工效率（用量）差异""直接人工工资率（价格）差异""变动制造费用效率（用量）差异""变动制造费用耗费（价格、分配率）差异""固定制造费用耗费差异""固定制造费用能力差异"和"固定制造费用效率差异"科目。这些科目的借方登记超支差异，贷方登记节约差异和差异转出额（超支差异用蓝字转出，节约差异用红字转出）。标准成本法的账务处理包括成本差异归集账务处理和期末结转账务处理两个方面。具体核算如下：

【例 5−10】 红旗制造股份有限公司采用标准成本法进行成本计算，2024 年 4 月有关的资料如下：

(1) 单位产品标准成本：

直接材料（100 千克 × 1.2 元/千克）　　　　120 元
直接人工（8 小时 × 16 元/小时）　　　　　128 元
变动制造费用（8 小时 × 6 元/小时）　　　　48 元
固定制造费用（8 小时 × 4 元/小时）　　　　32 元

单位产品标准成本　　　　　　　　　　　328 元
(2) 费用预算：
生产能量　　　　　　　　　　　　　　4 000 小时
变动制造费用　　　　　　　　　　　　24 000 元
固定制造费用　　　　　　　　　　　　16 000 元
变动制造费用标准分配率　　　　　　　(24 000/4 000) 6 元/小时
固定制造费用标准分配率　　　　　　　(16 000/4 000) 4 元/小时
变动销售费用　　　　　　　　　　　　8 元/件
固定销售费用　　　　　　　　　　　　96 000 元
管理费用　　　　　　　　　　　　　　12 000 元

(3) 生产及销售情况：

本月初在产品存货 50 件，其标准成本为 11 200 元。由于原材料一次投入，在产品存货中含原材料成本 6 000 元（50 件×120 元/件）。其他成本项目采用约当产量法计算，在产品约当完工产品的系数为 0.5；50 件在产品的其他成本项目共 5 200 元 [50 件×0.5×(128 元/件 + 48 元/件 + 32 元/件)]。本月投产 450 件，完工入库 430 件，月末在产品 70 件。

本月初产成品存货 30 件，其标准成本为 9 840 元（30 件×328 元/件）。本月完工入库 430 件，本月销售 440 件，月末产成品存货 20 件。销售单价 500 元/件。

本月有关业务核算如下：

1. 原材料的购入与领用核算（不考虑增值税）

(1) 本月购入第一批原材料 30 000 千克，实际成本每千克 1.08 元，共计 32 400 元，款项尚未支付。

标准成本 = 30 000 × 1.2 = 36 000（元）

实际成本 = 30 000 × 1.08 = 32 400（元）

价格差异 = (1.08 − 1.2) × 30 000 = − 3 600（元）

借：原材料　　　　　　　　　　　　　　　　　　　　　　　　　36 000
　　贷：材料价格差异　　　　　　　　　　　　　　　　　　　　　3 600
　　　　应付账款　　　　　　　　　　　　　　　　　　　　　　32 400

(2) 本月购入第二批原材料 20 000 千克，实际成本每千克 1.28 元，共计 25 600 元，款项通过银行付讫。

标准成本 = 20 000 × 1.2 = 24 000（元）

实际成本 = 20 000 × 1.28 = 25 600（元）

价格差异 = (1.28 − 1.2) × 20 000 = 1 600（元）

借：原材料　　　　　　　　　　　　　　　　　　　　　　　　　24 000
　　材料价格差异　　　　　　　　　　　　　　　　　　　　　　1 600
　　贷：银行存款　　　　　　　　　　　　　　　　　　　　　　25 600

(3) 本月投产 450 件，领用材料 45 500 千克。

应耗材料标准成本 = 450 × 100 × 1.2 = 54 000（元）

实际领料标准成本 = 45 500 × 1.2 = 54 600（元）

材料数量差异 =（45 500 − 450 × 100）× 1.2 = 600（元）
借：生产成本　　　　　　　　　　　　　　　　　54 000
　　材料数量差异　　　　　　　　　　　　　　　　600
　　贷：原材料　　　　　　　　　　　　　　　　　　　54 600

2. 直接人工核算

（1）本月实际使用直接人工 3 500 小时，支付工资 57 400 元，平均每小时 16.4 元。
借：应付职工薪酬　　　　　　　　　　　　　　　57 400
　　贷：银行存款　　　　　　　　　　　　　　　　　　57 400

（2）为了确定应记入"生产成本"账户的标准成本数额，需计算本月实际完成的约当产量，在产品约当完工产品的系数为 0.5，月初在产品 50 件，本月完工入库 430 件，月末在产品 70 件。

本月完成的约当产品 = 70 × 0.5 + 430 − 50 × 0.5 = 440（件）
标准成本 = 440 × 8 × 16 = 56 320（元）
实际成本 = 3 500 × 16.4 = 57 400（元）
人工效率差异 =（3 500 − 440 × 8）× 16 = −320（元）
人工工资率差异 =（16.4 − 16）× 3 500 = 1 400（元）
借：生产成本　　　　　　　　　　　　　　　　　56 320
　　直接人工工资率差异　　　　　　　　　　　　　1 400
　　贷：直接人工效率差异　　　　　　　　　　　　　　　320
　　　　应付职工薪酬　　　　　　　　　　　　　　　　57 400

3. 变动制造费用核算

（1）本月实际发生变动制造费用 22 400 元，实际费用分配率为 6.4 元/小时（22 400/3 500），款项通过银行支付。
借：变动制造费用　　　　　　　　　　　　　　　22 400
　　贷：银行存款　　　　　　　　　　　　　　　　　　22 400

（2）将变动制造费用计入产品成本。
标准成本 = 440 × 8 × 6 = 21 120（元）
实际成本 = 3 500 × 6.4 = 22 400（元）
变动制造费用效率差异 =（3 500 − 440 × 8）× 6 = −120（元）
变动制造费用耗费差异 =（6.4 − 6）× 3 500 = 1 400（元）
借：生产成本　　　　　　　　　　　　　　　　　21 120
　　变动制造费用耗费差异　　　　　　　　　　　　1 400
　　贷：变动制造费用效率差异　　　　　　　　　　　　　120
　　　　变动制造费用　　　　　　　　　　　　　　　　22 400

4. 固定制造费用核算

（1）本月实际发生固定制造费用 14 700 元，实际费用分配率为 4.2 元/小时（14 700/3 500），款项通过银行支付。
借：固定制造费用　　　　　　　　　　　　　　　14 700

贷：银行存款　　　　　　　　　　　　　　　　　　　　　　　　　14 700
（2）将固定制造费用计入产品成本：
标准成本 = 440×8×4 = 14 080（元）
实际成本 = 3 500×4.2 = 14 700（元）
①实际数　　　　　　　　　　14 700
②预算数　　　　　　　　　　16 000
③实际工时×标准分配率 3 500×4
④标准工时×标准分配率 440×8×4
耗费差异 = ① - ② = 14 700 - 16 000 = -1 300（元）
闲置能量差异 = ② - ③ = 16 000 - (3 500×4) = 2 000（元）
效率差异 = ③ - ④ = (3 500 - 440×8)×4 = -80（元）
　借：生产成本　　　　　　　　　　　　　　　　　　　　　　　　14 080
　　　固定制造费用闲置能量差异　　　　　　　　　　　　　　　　 2 000
　　　贷：固定制造费用耗费差异　　　　　　　　　　　　　　　　 1 300
　　　　　固定制造费用效率差异　　　　　　　　　　　　　　　　　　80
　　　　　固定制造费用　　　　　　　　　　　　　　　　　　　　14 700

5. 完工产品入库的核算

本月完工产成品430件。

完工产品标准成本：430×328 = 141 040（元）
　借：库存商品　　　　　　　　　　　　　　　　　　　　　　　 141 040
　　　贷：生产成本　　　　　　　　　　　　　　　　　　　　　 141 040

6. 产品销售的核算

（1）本月销售440件，单位价格500元，计220 000元，款项通过银行收讫。
　借：银行存款　　　　　　　　　　　　　　　　　　　　　　　 220 000
　　　贷：主营业务收入　　　　　　　　　　　　　　　　　　　 220 000
（2）结转本月已销售产品成本：440×328 = 144 320（元）
　借：主营业务成本　　　　　　　　　　　　　　　　　　　　　 144 320
　　　贷：库存商品　　　　　　　　　　　　　　　　　　　　　 144 320

7. 销售费用与管理费用的核算

本月实际发生变动销售费用3 872元，固定销售费用8 800元，管理费用12 800元，假设上述款项均通过银行付讫。
　借：变动销售费用　　　　　　　　　　　　　　　　　　　　　　 3 872
　　　固定销售费用　　　　　　　　　　　　　　　　　　　　　　 8 800
　　　管理费用　　　　　　　　　　　　　　　　　　　　　　　　12 800
　　　贷：银行存款　　　　　　　　　　　　　　　　　　　　　　25 472

8. 结转成本差异的核算

假设本企业采用"结转本期损益法"处理成本差异：
　借：主营业务成本　　　　　　　　　　　　　　　　　　　　　　 1 580

材料价格差异	2 000
直接人工效率差异	320
变动制造费用效率差异	120
固定制造费用耗费差异	1 300
固定制造费用效率差异	80
贷：材料数量差异	600
直接人工工资率差异	1 400
变动制造费用耗费差异	1 400
固定制造费用闲置能量差异	2 000

六、标准成本法的作用

标准成本法计算系统可以为多方信息使用者提供成本数据，因而被广泛采用。标准成本法的主要作用有：

（1）有助于编制预算和评价管理业绩。标准成本不仅是编制成本预算的依据，还是考核和分析各个部门成本控制业绩的依据。

（2）作为一项控制手段，通过揭示那些与计划要求不一致的作业，使决策者认识到可能失控的状况，并采取相应的纠正措施。

（3）提供制定决策所需要的成本预测信息。由于标准成本代表了成本要素的合理近似值，因而它是进行决策和投标议价的一项重要依据，也是其他长期、短期决策必须考虑的因素。

（4）用于存货计价，可以简化成本分配过程，由于标准成本法的计算是产品的标准成本，而不是实际成本，所以，标准成本法在成本计算方面可以大大地减少工作量，并提高成本信息的时效性。

（5）提供一个具有挑战性的成本目标，激励员工。

七、标准成本法与定额法的对比

标准成本法其实质是一种将成本计算与成本控制结合在一起，由一个包括制定标准成本、计算和分析成本差异以及处理成本差异三个环节所组成的完整系统。它与我国一些企业所采用的定额法既有相同之处，又有许多区别。从总体上看，两者具有基本上相同的功能和实施环节，都要事先制定产品的目标成本（即定额成本和标准成本）作为产品应该发生的成本，以此作为控制成本的依据，并据以计算和分析成本差异，追查发生差异的原因，落实责任，以便采取措施，挖掘潜力，降低产品成本。

标准成本法与定额法的主要区别有：

（1）定额法要计算产品的实际成本，而标准成本法一般只计算产品的标准成本，不计算产品的实际成本。这是标准成本法与定额法以及其他成本计算方法的根本区别。

（2）在定额法下，对成本差异的核算较为简单，只核算各成本项目的成本差异，且不单独为各种成本差异设置会计科目，而是与定额成本在同一成本明细账中进行核算。在标准成本法下，对成本差异的核算较细，要单独为各种成本差异设置会计科目进行核算，并列于利润表中。

（3）在定额法下，要将成本差异在各种产品之间、完工产品与在产品之间进行分配；在标准成本法下，对成本差异一般采用全部计入当期损益。

（4）在定额法下，计算和分析成本差异所依据的定额成本都是现行的；在标准成本法下，计算和分析成本差异所依据的标准成本多种多样，如现实标准成本、正常标准成本和理想标准成本等。

第四节 变动成本法

变动成本法是一种只计算产品的变动成本的成本计算方法，它所提供的成本资料，是短期决策的重要依据。采用变动成本法时，固定成本作为期间成本直接计入当月损益，不计入产品成本。采用这种方法计算出的产品成本只包括变动成本，不包括固定成本。要了解变动成本法，必须先了解成本按其性态（习性）的分类。

一、成本按其性态（习性）的分类

成本性态（习性）是指成本的变动与业务量之间的依存关系。按照成本性态（习性），可以把成本分为固定成本、变动成本和混合成本三类。

（一）固定成本

固定成本是指其总额不直接受产量等业务量变动的影响而相对固定不变的成本。如采用平均年限法计算的固定资产折旧费、保险费以及管理人员的工资等。在一定的业务范围内，固定成本总额固定不变，因而，就单位产品而言，随着业务量的增加，单位产品分摊的份额将相应地减少；随着业务量的减少，单位产品分摊的份额将相应地增加。为了更好地对固定成本进行规划和控制，固定成本还可以进一步划分为约束性固定成本和酌量性固定成本。

（二）变动成本

变动成本是指其总额会随着产量等业务量的变动而成正比例变动的成本。如直接材料、直接人工以及按工作量计算的机器折旧都是与单位产品的生产直接相联系的，若从单位业务量的变动成本看它是固定的，但其总额会随着产量的增减成正比例增减。

（三）混合成本

混合成本是指同时包含固定成本和变动成本两个因素的成本。它的发生额虽然受业务量变动的影响，但并不成严格的比例关系。例如机器设备的维修费、固定电话的电话费等。通常有一个初始量，类似于固定成本。在这个基础上，随着业务量的增加成本也会增加，这又类似于变动成本。此外，还有一些混合成本呈阶梯式变动：当产量在一定范围内增长，其发生额固定不变；当产量超过一定限度时，其发生额就会突然上升，然后，又在产量增长的一定限度内保持不变，如邮电费等。

二、混合成本的分解

分解混合成本的方法一般有高低点法和散布图法等。

（一）高低点法

高低点法是根据一定期间的最高业务量及其成本和最低业务量及其成本，来推算成本中固定成本和变动成本部分的一种成本分解方法。其计算公式为：

$$单位变动成本 = \frac{业务量最高期混合成本 - 业务量最低期混合成本}{最高业务量 - 最低业务量}$$

固定成本 = 业务量最高期混合成本 - 最高业务量 × 单位变动成本

固定成本 = 业务量最低期混合成本 - 最低业务量 × 单位变动成本

高低点法计算简单、易于运用。但它以高、低两点决定成本性态，有时难免与客观实际不符，除非高、低两点恰好能代表所有各项成本和产量的水平。

（二）散布图法

散布图法是根据若干期的业务量和成本数据，在坐标图中标出各期的成本点，再用目测的方法画出一条能够反映成本变动趋势的直线，并在图中确定直线的截距即固定成本，然后据以计算单位变动成本的一种成本分解方法。散布图法的基本步骤是：

（1）在坐标图中，以横轴代表业务量，以纵轴代表成本。

（2）将各业务量的成本数逐一绘制在坐标上，形成若干散布点。

（3）以目测方法在各散布点之间画一条能代表所有各点，且能反映成本变动趋势的直线，在此直线两边的散布点应大致相等。

（4）直线与纵轴交点即为固定成本。

（5）在直线上任取一点，即可计算确定单位变动成本。

采用散布图法的核算步骤如图5-2所示。

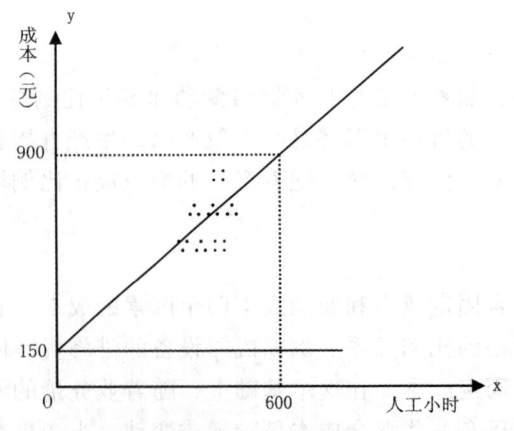

图 5-2　散布图

（三）回归直线法

回归直线法是根据若干历史时期的业务量和成本资料，运用最小二乘法原理，计算出最能代表业务量和成本关系的回归直线，据以确定成本的固定部分和变动部分的一种混合成本分解方法。

在分解了混合成本，将各种成本都划分为变动成本和固定成本的基础上，即可根据变动成本法的原理计算各种产品的变动成本。

三、变动成本法的核算

会计实务中为建立以变动成本法为基础的统一成本计算体系，通常的做法有下面几点：

（一）日常核算以变动成本法为基础

在这种方法下，"生产成本""库存商品"科目登记日常发生的变动生产成本。"制造费用"科目分为"变动制造费用"和"固定制造费用"两个科目。同时增设"变动非生产成本"和"固定非生产成本"两个科目来核算企业发生的销售费用和管理费用，其中变动非生产成本包括变动销售费用和变动管理费用，固定非生产成本包括固定销售费用和固定管理费用。

（二）将本期发生的变动制造费用登记在"变动制造费用"科目中，期末该科目发生额要转入"生产成本"科目中

期末时，"生产成本"和"库存商品"科目共归集了直接材料成本、直接人工成本和变动制造费用三种变动生产成本。

（三）将本期发生的固定制造费用登记在"固定制造费用"科目借方中

期末将应由已销产品负担的部分从"固定制造费用"科目的贷方转入"主营业务成本"科目的借方，从而计入当期损益；"固定制造费用"科目的期末余额属于本期在产品和产成品所应负担的固定制造费用，即这部分固定制造费用计入了企业存货成本，列示在期末资产负债表上。

通过上述做法，使得资产负债表上的在产品、产成品存货成本以及利润表上的主营业务成本都按照完全成本来列示了，因此符合会计准则的要求，能够满足企业管理当局管理企业的需要。可见，在变动成本法基础上建立统一成本计算体系，既能给企业管理当局提供有用的成本信息又能按照财务会计准则的要求对外提供有用信息。

【例5－11】 红旗制造股份有限公司只生产一种产品，本期投产并全部完工，采用变动成本法进行成本计算，2024年4月有关资料如下：

期初存货	0 件
本期生产量	400 件
本期销售量	200 件
期末存货量	200 件
单位变动成本	
直接材料	200 元

直接人工	200 元
变动制造费用	200 元
固定制造费用	40 000 元
单位变动非生产成本	80 元
固定非生产成本	80 000 元

单位变动非生产成本是每销售一件产品的费用。单位产品售价为 1 600 元。

注：变动非生产成本包括变动销售费用和变动管理费用，固定非生产成本包括固定销售费用和固定管理费用。

根据上述资料，先将固定制造费用在已售产品和期末存货之间进行分配：

固定制造费用分配率 = 40 000 ÷ 400 = 100（元/件）

本期已售产品应负担的固定制造费用 = 100 × 200 = 20 000（元）

期末存货应负担的固定制造费用 = 100 × 200 = 20 000（元）

这样，在以变动成本法为基础的统一成本计算体系下，用"T"形科目来反映整个账务处理过程如图 5-3 所示。

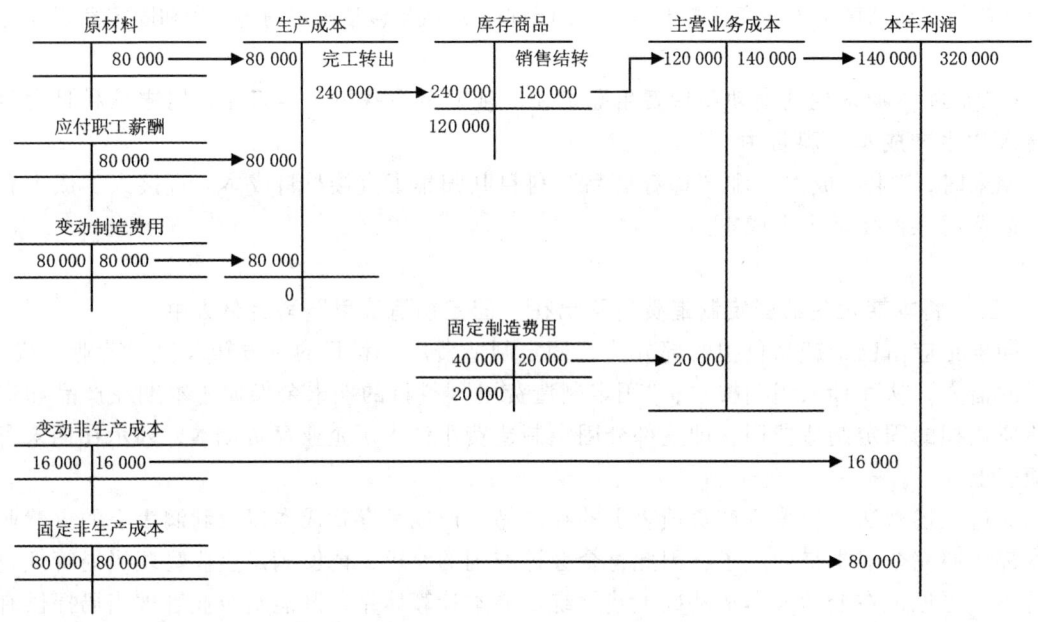

图 5-3　账目处理过程图

四、变动成本法与完全成本法（制造成本法）的区别

变动成本法与完全成本法（制造成本法）对比，主要存在以下几个方面的区别：

（一）产品成本内容构成不同

采用完全成本法（制造成本法）计算的产品成本把直接材料、直接人工和制造费用，包括变动制造费用和固定制造费用，全部包括在内。采用变动成本法计算的产品成本仅由直接材料、直接人工和变动制造费用等变动成本组成。而将固定制造费用视为期间费用，直接计入当期损益。

（二）存货估价不同

采用完全成本法（制造成本法）时，由于产品成本计算包括变动成本和固定成本，因而在产品、半成品和产成品这些存货也按完全成本计价，既包括变动成本，也包括固定成本。采用变动成本法时，由于产品成本计算只包括变动成本，因而上述存货也只按变动成本计价，而不包括固定成本。

（三）利润计算方式不同

采用完全成本法（制造成本法）时，先将产品销售收入减去按完全成本法计算的产品销售成本和产品销售税金及附加，算出主营业务利润，再减去管理费用、财务费用和销售费用，算出营业利润。采用变动成本法时，首先应从产品销售收入中扣减由变动生产成本的销售成本，算出生产边际贡献（又称生产创利额），再减去变动非生产成本，算出边际贡献（又称创利额），最后将固定成本从边际贡献中扣减，算出营业利润。

需要指出的是，如果产销平衡，两种方法算出的营业利润是相等的，但如果产销不平衡两种方法算出的营业利润往往不一致。

五、变动成本法的优缺点

（一）变动成本法的优点

变动成本法的优点主要表现在以下几个方面：
（1）有利于进行本量利分析和短期决策。
（2）有利于加强成本控制和科学地进行成本分析。
（3）有利于促使管理部门注重销售，防止盲目生产。
（4）可以简化产品成本的计算。

（二）变动成本法的缺点

变动成本法的缺点主要表现在以下几个方面：
（1）不符合传统成本概念的要求。
（2）变动成本与固定成本的划分比较困难。
（3）不能适应长期决策的需要。
（4）不便于价格决策。
（5）改用变动成本法时会影响有关方面的利益。

第五节 作业成本法

作业成本法，是指以作业为核算对象，通过成本动因来确认和计量作业量，进而以作业量为基础分配间接费用的成本计算方法。

一、作业成本法产生的背景

作业成本法起源于美国，首先由科勒（Kohler, Eric L.）提出。科勒发现水力发电生产过程中，直接成本所占比重很低、间接成本很高，从根本上冲击了传统的按照工时比例分配间接费用的成本计算方法。

后来，斯拖布斯（G. T. Staubus）对作业成本法理论做了进一步研究。20世纪末，由于以计算机为主导的生产自动化、智能化程度日益提高，直接人工费用普遍减少，间接成本相对增加，明显突破了制造成本法中"直接成本比例较大"的假定，导致了ABC理论研究的全面兴起，代表者是哈佛大学的卡普兰教授（Robert S. Kaplan）。

2005年1月，哈佛商业评论发表了罗伯特·卡普兰的文章《时间驱动的作业成本法》。卡普兰是哈佛大学商学院的知名教授、作业成本法的创始人，同时也是著名管理工具平衡计分卡的创始人之一。卡普兰教授提出，传统管理会计的可行性下降，应该用一个全新的作业成本法思路来研究成本，其观点包括：作业成本法的本质就是以作业来作为确定分配间接费用的基础，引导管理人员将注意力集中在成本发生的原因及成本动因上，而不仅仅是关注成本计算结果本身；通过对作业成本的计算和有效控制，就可以较好地克服传统制造成本法中间接费用责任不清的缺点，并且使以往不可控的间接费用在作业成本法系统中变为可控。所以，作业成本法不仅仅是一种成本计算方法，更是一种成本控制和企业管理的手段，从而产生了作业管理法。

二、作业成本法的基本概念

要了解作业成本法就首先必须了解其所使用的一些特有概念。

1. 作业

作业是指企业为了达到其生产经营的目标所进行的与产品相关或对产品有影响的各项具体活动。常见的作业可以分为以下四类：

（1）单位作业，是指使单位产品受益的作业，此类作业是重复性的，每生产一单位产品即需要作业一次，所耗成本将随产品数量而变动，与产品产量成比例变动，如直接材料、直接人工等。

（2）产品作业，是指使某种产品的每个单位都受益的作业，如对每一种产品编制数控规划、材料清单。这种作业的成本与产品产量及批数无关，但与产品项目成比例变动。

（3）批别作业，是指使一批产品受益的作业。例如，对每批产品的检验、机器准备、原材料处理、订单处理等，这些作业的成本与产品的批数成比例变动。

（4）维持性作业，是指使某个机构或某个部门受益的作业，它与产品的种类和某种产品的多少无关。

2. 作业链

作业链是指相互联系的一系列作业活动组成的链条。现代企业实际上是一个为了最终满足顾客需要而设计的一系列作业活动实体的组合，所以企业就是作业链。

3. 价值链

从生产经营环节上看就是作业链,是从货币和价值的角度反映的作业链。卡普兰教授等学者认为,立足于经营的最后一个环节(即产品销售到顾客的环节)来看,能够产生和增加顾客价值的作业是需要大力加强的有效作业,不增加价值的作业是维持作业或无效作业,需要严格控制。但是,无效作业不等于无用作业。比如,修复残次品、管理活动,都增加不了价值,是无效作业,但却是维持企业正常运营的有用作业。

4. 成本动因

成本动因又称作成本驱动因素,是对导致成本发生及增加的、具有相同性质的某一类重要的事项进行的度量,是对作业的量化表现。成本动因通常选择作业活动耗用的资源的计量标准来进行度量,如质量检查次数、用电度数等。选择合理的成本动因很重要,最好由成本会计师、生产工艺工程师、作业成本法专家共同组成专门小组来做选择,要把企业看作价值链的组合,照顾到动因选择的全面性、代表性、操作性和动因与其他部门的密切关联性。

三、作业成本法的基本原理和一般程序

1. 作业成本法下,费用的分配与归集是基于以下基本原理来进行

(1) 作业消耗资源,产品消耗作业。

(2) 生产导致作业的发生,作业导致成本的发生。

作业成本法对直接材料、直接人工等直接成本的核算与传统的成本计算方法基本一致,与传统成本计算方法相比,其特点主要体现在间接制造费用的核算上。传统成本计算方法与作业成本法下制造费用分配程序分别如图5-4和图5-5所示。

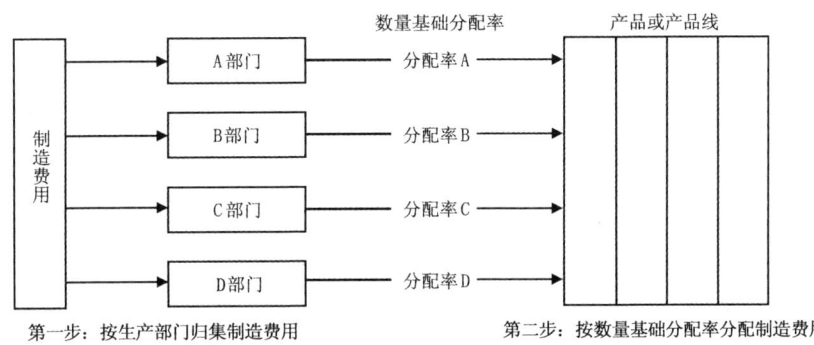

图5-4 传统成本计算方法下制造费用分配程序图

通过图5-4和图5-5的对比可以看出,在传统的成本计算方法下,对于间接制造费用,通常是在全厂范围内采用一个费用分配率进行一次性分配,或者是先将制造费用按生产部门归集,然后再按一系列的部门分配率进行分配。至于各生产部门制造费用分配的标准,则根据各个生产部门的生产特点选取。如机械化或自动化程度较低的部门的制造费用,应以生产工时或生产工人工资为分配标准;机械化或自动化程度较高的部门的制造费用,应以机器工时为分配标准;原材料比重较高的部门的制造费用,应按原材料成本为分配标准等。而作业成本法下,制造费用由若干个成本库分别进行归集与分配并按引起制造费用发生的多种成本动因进行分配。

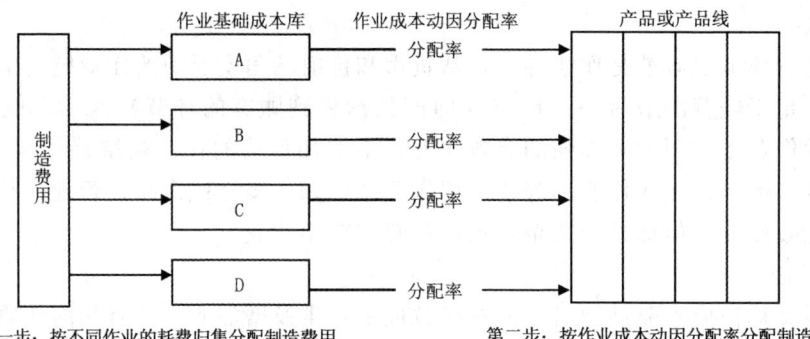

图 5-5 作业成本法下制造费用分配程序

2. 作业成本法的一般程序

通过上述作业成本法的基本原理，可以得出其核算的一般程序如下：

（1）在作业分析的基础上，确认作业、主要作业，划分作业中心。

（2）以作业中心为成本库归集费用。

（3）将各作业成本库归集的成本分配计入最终产品或劳务上，计算产品或劳务成本。

四、作业成本法的核算

（一）作业成本法的账户设置及账务处理程序

作业成本法下总分类账户的设置，可以采用与传统成本计算方法相同的账户，即"生产成本""制造费用"（名称可改为"作业成本"）总账等。但"生产成本"和"制造费用"（或"作业成本"）的二级账户及明细账户与传统成本计算方法有着明显的不同。

（1）"生产成本"账户可以不再分为"基本生产成本"和"辅助生产成本"两个二级账户，这是因为辅助生产可以视为一项作业，辅助生产的成本可通过设置一个或几个成本库进行核算。辅助生产成本的分配，可以视为一项作业成本向其他作业的分配。以产品的品种或批别作为成本计算对象（即按品种或批别计算成本）的企业，在"生产成本"账户下直接设置明细账，即成本计算单；以产品生产步骤为成本计算对象（即分步计算产品成本）的企业，其二级账户可按产品生产步骤设置，在二级账户下再设置成本计算单。成本计算单内按"直接材料""直接人工"和"作业成本"设置专栏。当直接材料、直接人工等直接成本发生时，根据有关凭证，直接记入"生产成本"账户及其所属各明细账户（成本计算单）的"直接材料"和"直接人工"栏内。月末，根据各有关成本库分配转来的作业成本记入"作业成本"栏内。按照一定的方法进行完工产品与在产品成本分配后，将完工产品成本从本账户及所属各明细账户的贷方，转入"库存商品（产成品）"账户。

（2）"制造费用"账户可以改称为"作业成本"账户。除了按生产步骤计算成本的企业之外，"作业成本"账户可以不按生产部门（分厂或车间）设置二级账户，而是按作业成本库的名称设置二级账户。按作业成本库的名称设置的二级账户，账内按作业耗用的各项资源的名称设置专栏，如机物料消耗、职工薪酬、固定资产折旧、办公费、水电费、停工损失等。专栏的名称应尽量与会计准则及指南所规定的制造费用明细项目名称相一致，以便对外提供财务报告时，将作业所耗用的各项资源成本还原为制造费用。如果会计准则及指南所规定的项目不能涵盖作业所耗资源成本的内容，可以增设专栏，但在编制对外财务报告时，需将增设专栏项下的内容归并到会计准则及指南规定的有关项目中去。

各作业成本库的成本发生时，根据有关原始凭证和会计凭证，以及所耗资源的内容，记入"作业成本"各有关二级账户的相应专栏内。月末，将当期各二级账户中记录的作业成本发生额累计，计算出每个作业成本库实际发生的成本。然后根据当月作业成本二级账户发生额的合计数和相应的成本分配基础总额，计算作业成本分配率。同时，根据各有关产品实际耗用的作业基础数量，将作业成本从本账户及所属各二级账户的贷方结转到"生产成本"账户及其所属各明细账户，即成本计算单内。

（3）作业成本法基本账务处理程序如图 5-6 所示。

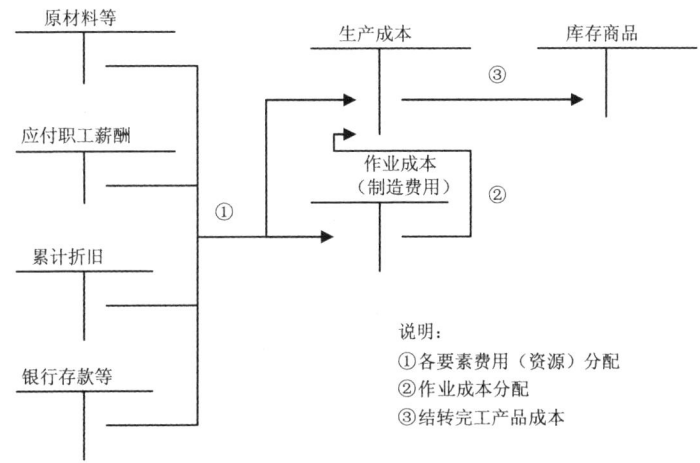

图 5-6 作业成本法基本账务处理程序

（二）作业成本法应用举例

【例 5-12】 OVERRIDER 公司是一家生产汽车保险杠挡板的公司。该公司为一家汽车制造企业生产两种汽车保险杠挡板：普通挡板（OV1）和特种挡板（OV2）。两种产品由不同颜色、不同质地的塑料注塑而成，但分别有不同的特性。不管是普通挡板还是特种挡板，都包括设计、制造、配送过程。本月的产量分别为：OV1，60 000 件；OV2，1 500 件。OVERRIDER 公司在评价其原采用的简单成本计算体系（品种法）存在产品成本潜在误计的情况后，决定采用作业成本法。OVERRIDER 公司实施了如下步骤：

1. 聘请专家确定作业种类和数量

由于作业的认定不是成本会计人员所能完成的，为此，OVERRIDER 公司聘请了设计、生产、配送、核算和经营方面的专家组成了一个工作小组去划分、确定作业的种类和数量。在选择作业的过程中，工作小组评估了 OVERRIDER 公司运转的几百个任务，将那些间接成本占了很大比重的作业结合具有相同成本分配基础的作业作为一个单独的作业。最终，这个工作小组将 OVERRIDER 公司的所有步骤划分了设计、安装、生产、设备保养、装运、配送和管理七种作业：

（1）设计：设计产品和工艺流程。

(2) 安装：安装塑制机器，确保模型放置在恰当的地方，而且在生产开始之前零件要摆放在一条线上。

(3) 生产：开动塑制机器生产保险杆挡板。

(4) 设备保养：在保险杆挡板生产完毕后，清洗、维护和保养模具设备。

(5) 装运：准备并装运成品保险杆挡板。

(6) 配送：配送到消费者。

(7) 管理：OVERRIDER 公司的所有管理步骤。

2. 确定最终的成本计算对象

OVERRIDER 公司确定的最终成本计算对象是 OV1 和 OV2 两种保险杆挡板，同时需提供单个产品的设计、生产和分配等作业成本数据。

3. 确定 OV1 和 OV2 两种保险杆挡板的直接成本

OVERRIDER 公司将材料的直接成本、直接的产品生产劳动力花费及模具的维护保养的成本确定为保险杆挡板的直接成本。需要注意的一点是：OVERRIDER 公司在原有成本会计系统中，曾将模具清理、维护和保养的费用归入间接成本中，并按产品生产所花费人工小时将其分配到产品成本中。然而模具维护、保养作业所需成本，仅包括员工在每个产品生产出来后做维护、保养所需的工资，能被直接追踪到某产品批别中，因为每种保险杆挡板只能由特定模具生产出来。比起普通挡板来说，特种挡板需要更多的模具维护和保养成本，因为在 OVERRIDER 公司生产特种挡板的批数大于普通挡板的批数，且维护、保养生产特种挡板的模具要比维护、保养生产普通挡板的模具难。

4. 选择作业成本分配基础

由于"设备保养"作业的成本为直接成本，为了简化成本计算，OVERRIDER 公司决定将"设计、安装、生产、装运、配送和管理"六个作业作为基本成本计算对象，并以此为基础来归集和分配间接成本，见表 5-17。表 5-17 中的第二栏与第四栏展示了成本类别、成本分配基础，以及各作业的成本分配基础的总数量。值得注意的是，确定成本分配基础时通常要将各种同质作业归为一类。比如：OVERRIDER 公司会倾向于将产品设计、工艺设计及外形设计归为一个同质设计成本库而非将其单个分开认定，因为它们有相近的成本动因。

表 5-17　　　　　　　　　间接成本库的作业成本率　　　　　　　　　　单位：元

作业种类（1）	成本类别（2）	间接成本总额（3）	成本分配基础数量（4）	作业成本分配率（5）=（3）÷（4）		分配基础和作业成本之间的因果关系（6）
设计	维持产品	450 000	100	部件平方英尺	4 500 每部件平方英尺	设计部门的间接成本随着模型的复杂而增加
安装	批别级	300 000	2 000	安装时间	150 每个安装小时	间接安装成本随着安装时间的增加而增加
生产	产出单位成本	637 500	12 750	塑制机器小时	50 每个塑制机器小时	间接机器运行成本随着机器时间的增加而增加

续表

作业种类 (1)	成本类别 (2)	间接成本总额 (3)	成本分配基础数量 (4)		作业成本分配率 (5) = (3) ÷ (4)		分配基础和作业成本之间的因果关系 (6)
装运	批别级	81 000	200	装运	405	每次装运	准备分批装运的成本随着装运的数量增加而增加
配送	产出单位成本	391 500	67 500	配送的立方英尺	5.80	每立方英尺	配送成本随着运输的立方英尺数量增加而增加
管理	生产维持	255 000	39 750	直接生产人工小时	6.4151	每直接人工小时	管理资源的需求随着直接生产时间的增加而增加

选择一个适当的分配基础的第二个考虑因素是必须有准确可靠的数据及计量手段。对于设计作业的分配基础来说，设计成本的动因是产品维持成本，为产品维护的一部分，其成本多少是由模具的复杂性决定的，越复杂的模具设计起来花费的时间越多。在其作业成本法系统中，OVERRIDER公司是根据模具的组成部分的多少及模具的表面积来衡量。如果这些测量方法或数据不可靠或很难获得，OVERRIDER公司将被迫选择其他复杂的测量方法，比如通过计量模具所耗用材料的数量来计算成本。但是这个方法的一个潜在问题是，模具材料的消耗量不一定能代表设计的复杂程度。

5. 确定每个作业的间接成本

OVERRIDER公司各作业的间接成本的总额见表5-17第三栏。在这个步骤中，一些资源消耗要根据因果关系，选择一定的分配基础，将其分配到具体的作业上。比如，所有与立方英尺有因果关系的搬运包装箱成本，都应按照立方英尺的数量基础，将其分配并归集到"配送作业成本库"。而一些资源的消耗可以直接确认由一个具体的作业负担。比如，设计产品所用的材料、支付给设计师的酬劳以及在设计部门的设备的折旧等都可以直接认定由设计作业承担。其他成本需要通过分配计入各种作业。比如，通过面谈和记录，生产工程师和管理者估计花在产品设计、模型安装以及机器运行上的时间作为分配基础，将每个工程师和管理者的酬劳分配到各作业上。表5-18记录了OVERRIDER公司一名工程师，在2024年花费在不同作业上的时间（共计2 000小时），然后将这些时间转化为货币成本，即该工程师的酬劳（50 000元）。

表5-18　　　　　　　　　　　　　人工费用分配到作业

作业种类	小时	每小时的费率（元/小时）	合计（元）
产品和程序的设计（设计）	700	25	17 500
模型机器的安装（安装）	400	25	10 000
模型机的运行（生产）	900	25	22 500
合计	2 000	—	50 000

6. 计算各作业间接成本分配率

OVERRIDER公司6个作业间接成本分配率计算如表5-17第五栏所示，由每个作业的间接成本总额（第三栏）除以成本分配基础的数量（第四栏）所得。

7. 计算各最终成本对象应负担的总的间接成本

表 5-19 显示了分配给普通挡板（OV1）的总的间接成本为 1 153 953 元，分配给特种挡板（OV2）的总的间接成本为 961 047 元。为了计算每个保险杆挡板的总的间接成本，应将每个型号的保险杆挡板的各种作业的成本分配基础的数量（见表 5-19），分别乘以各自的成本分配率（见表 5-17，第五栏），然后加总即为该保险杆挡板的总的间接成本。而对于某个作业来说，例如，安装作业总的小时数为 2 000 小时，OV1 保险杆挡板的安装需要 500 小时，OV2 保险杆挡板的安装需要 1 500 个小时。因此，分配给 OV1 保险杆挡板的总的安装作业成本为 75 000 元（500 小时×150 元每安装小时），分配给 OV2 保险杆挡板的是 225 000 元（1 500 小时×150 元每安装小时），再分别除以其产量，每个 OV1 保险杆挡板的安装成本为是 1.25 元（75 000 元÷60 000 个），每个 OV2 保险杆挡板是 15 元（225 000 元÷15 000 个），见表 5-19。

表 5-19　　OVERRIDER 公司采用作业成本法的产品成本表　　单位：元

成本项目	普通挡板（OV1）(60 000 件)		特种挡板（OV2）(15 000 件)		合　计
	总成本	单位成本	总成本	单位成本	
	(1)	(2)=(1)÷60 000	(3)	(4)=(3)÷15 000	(5)=(1)+(3)
直接成本：					
直接材料	1 125 000	18.75	675 000	45.00	1 800 000
直接人工	600 000	10.00	195 000	13.00	795 000
直接清洗和维护成本	120 000	2.00	150 000	10.00	270 000
直接成本总额	1 845 000	30.75	1 020 000	68.00	2 865 000
间接作业成本：					
设计：					
OV1（30 部件平方英尺×4 500 元）	135 000	2.25			450 000
OV2（70 部件平方英尺×4 500 元）			315 000	21.00	
安装：					
OV1（500 小时×150 元）	75 000	1.25			300 000
OV2（1 500 小时×150 元）			225 000	15.00	
生产：					
OV1（9 000 机器小时×50 元）	450 000	7.50			637 500
OV2（3 750 机器小时×50 元）			187 500	12.50	
装运：					
OV1（100 批次×405 元）	40 500	0.68			81 000
OV2（100 批次×405 元）			40 500	2.70	
配送：					
OV1（45 000 立方英尺×5.80 元）	261 000	4.35			391 500
OV2（22 500 立方英尺×5.80 元）			130 500	8.70	

续表

成本项目	普通挡板（OV1）(60 000 件)		特种挡板（OV2）(15 000 件)		合　计
	总成本	单位成本	总成本	单位成本	
	(1)	(2)=(1)÷60 000	(3)	(4)=(3)÷15 000	(5)=(1)+(3)
管理：					
OV1（30 000 直接人工小时×6.4151元）	192 453	3.21			} 255 000
OV2（9 750 直接人工小时×6.4151元）			62 547	4.17	
分配的间接成本总额	1 153 953	19.23	961 047	64.07	2 115 000
总成本	2 998 953	49.98	1 981 047	132.07	4 980 000

8. 计算各最终成本对象的总成本和单位成本

分别将分配给 OV1 和 OV2 两种保险杆挡板的所有直接和间接成本加总就可计算出两种产品的总成本，再分别除以其产量计算出每件 OV1 和 OV2 的成本。表 5-19 列出了简单和特种挡板的产品成本。表 5-19 展示了 3 个直接成本的类别和 6 个间接成本类别，即每个保险杆挡板的成本包含 9 个项目。

OVERRIDER 公司作业成本实施的情况如图 5-7 所示。

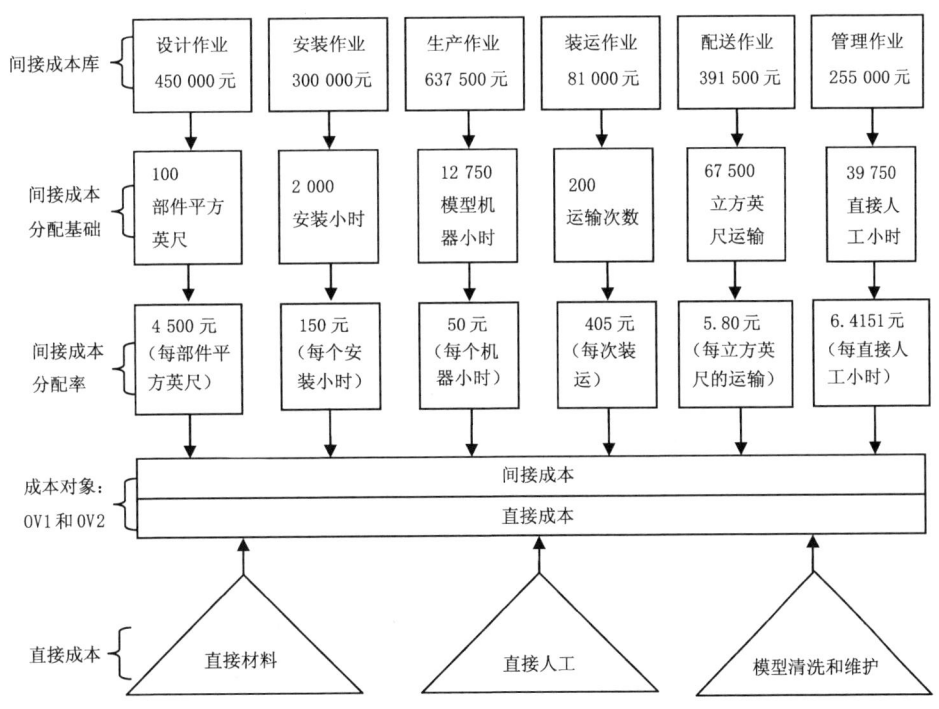

图 5-7　OVERRIDER 公司作业成本实施情况图

注：例 5-12 根据 Charles T. horngren 等 Cost Accounting（12th），Pearson Education, Inc. 2005 中的资料改编。

(三) 传统成本法与作业成本法的比较

表 5 - 20 分别列示了 OVERRIDER 公司采用传统成本法与作业成本法的产品成本计算的情况,并计算出了二者的差异。可以看出作业成本法的特点:

(1) 作业成本法进行更多的直接成本追溯。
(2) 作业成本法建立与不同作业有关的同质成本库。
(3) 对于每一个作业成本库,作业成本法寻求一个成本分配基础,这个基础与这个成本库的成本存在因果关系。

作业成本法下,同质成本库和成本分配原则的选择,依赖于成本类别,这样可以让 OVERRIDER 公司的管理者更加信赖采用作业成本法提供的成本数据,并且通过作业控制成本。从表 5 - 20 可以看出,传统成本计算法下,仅采用"直接人工小时"成本分配基础的计算 OV1 保险杆挡板成本每件被高估了 8.77 元,而 OV2 保险杆挡板每件被低估了 35.07 元。因为 OV2 消耗了大量的设计和机器安装成本,而 OV1 相对较少一些。

作业成本法能够提供对决策更有用的信息。但在实施过程中应考虑其实施成本。关于作业成本管理方面的内容将在后续课程中阐述。

表 5 - 20　　传统成本法与作业成本法的比较　　单位:元

	传统成本法 (1)	作业成本法 (2)	差异 (3) = (2) - (1)
直接成本类别	2	3	1
	直接材料	直接材料	
	直接人工	直接人工	
		直接模型清洗和维持	
总的直接成本	2 595 000	2 865 000	270 000
间接成本库	1	6	5
	单一成本库(采用直接人工小时分配)	设计(部件平方英尺)	
		安装(安装小时)	
		生产(机器小时)	
		装运(装运的次数)	
		配送(配送的立方英尺)	
		管理(直接人工小时)	
总的间接成本	2 385 000	2 115 000	-270 000
分配给 OV1 的总成本	3 525 000	2 998 953	-526 047
OV1 保险杆挡板的单件成本	58.75	49.98	-8.77
分配给 OV2 的总成本	1 455 000	1 981 047	526 047
OV2 保险杆挡板的单件成本	97.00	132.07	35.07

五、作业成本法的优缺点

（一）作业成本法的优点

与传统的成本计算方法相比，作业成本法的优点主要表现在以下几个方面：
（1）拓宽了成本计算的范围。
（2）提供了相对准确的成本信息。
（3）作业成本信息可以有效地改进企业战略决策。
（4）提供了便于不断改进的业绩评价体系。
（5）便于调动各部门挖掘盈利潜力的积极性。
（6）有利于企业杜绝浪费，提高经济效益。

（二）作业成本法的缺点

就作业成本法本身而言，它不是一种十分完美的成本计算方法，还存在着许多不足，主要表现在以下几个方面：
（1）实施作业成本计算的费用较高。
（2）在成本动因的选择上有一定的主观性。
（3）作业成本计算的实施将会失去或降低成本信息的纵向和横向可比性。

六、我国企业推广作业成本法应注意的问题

作业成本法可以在我国一部分先进制造企业或其若干部门先行实施，然后逐步推广，如果等待完全符合条件再实施作业成本法，则会导致企业丧失快速发展的时机。但企业推行作业成本法，必须注意下列问题：
（1）我国企业将来在运用作业成本法时，首先应通过"成本—效益"分析判断这样做是否能为企业增效。
（2）作业成本法系统必须取得企业最高管理层的支持。
（3）应用作业成本法的具体措施，一定要结合企业自身生产流程和经营环境特点。
（4）作业成本法系统本身是不断改进的过程。既要吸收别人的经验教训，又要在企业尝试作业成本法的实践中不断摸索，根据自身的成本特点和工艺特点去不断完善作业成本法系统，不可期求一蹴而就、一步到位。
（5）推广应用作业成本法，必须结合企业自身会计人员的素质状况。

第六节 目标成本法

目标成本法，是指企业以市场为导向，以目标售价和目标利润为基础确定产品的目标成本，从产品设计阶段开始，通过各部门、各环节乃至与供应商的通力合作，共同实现目标成

本的成本管理方法。

一、目标成本法产生的背景

目标成本法最早由日本企业，如本田公司和丰田汽车公司，在20世纪60年代开始实践。这些企业通过目标成本法有效降低了成本，提高了市场竞争力，取得了显著的经济效益。这些成功的经验促使其他企业纷纷效仿，从而推动了目标成本法的广泛应用。

在全球化竞争环境中，企业间的产品质量差异逐渐缩小，导致企业对产品市场价格的影响力有限。为了实现预定的利润，企业必须从成本控制入手，这为目标成本法的产生提供了现实需求。

随着市场由"卖方市场"向"买方市场"转变，意味着产品的生产数量、品种和价格更多地由消费者决定。企业为了在消费者主导的市场中保持竞争力，需要有效控制成本，以实现预定利润。这种市场环境的变化促进了目标成本法的应用。

随着技术进步和市场竞争加剧，产品生命周期不断缩短。这要求企业在产品设计阶段就考虑成本控制，因为产品的大部分成本在设计阶段就已经固化。目标成本法强调在产品设计阶段进行成本控制，与这一趋势相吻合。

综上所述，由于受全球化竞争、市场转变、产品生命周期缩短以及日本企业的成功经验等多方面因素的共同作用，使得目标成本法成为一种有效的成本控制方法，被越来越多的企业采用。

二、目标成本法的形式

目标成本法是一种以市场为导向，对有独立的制造过程的产品进行利润计划和成本管理的方法。它强调在产品生命周期的研发及设计阶段就设计好产品的成本，而不是试图在制造过程中降低成本。同时，目标成本法还注重与客户的需求和期望相匹配，以及优化作业流程，从而提高企业的竞争力和盈利能力。目标成本法有多种形式，包括基于价格、价值和作业成本管理的目标成本法，适用于不同类型的供应链关系和客户需求。

（一）基于价格的目标成本法

基于价格的目标成本法，主要是根据产品在市场上的竞争价格来确定目标成本。企业首先确定客户愿意为产品或服务支付的价格，然后从这个价格中减去期望的利润，从而得到产品或服务的目标成本。

（二）基于价值的目标成本法

基于价值的目标成本法，企业更注重产品的价值创造。它通过分析客户的需求和期望，以及产品或服务能够为客户提供的价值，来确定目标成本。这种方法强调以客户为中心，确保产品或服务的成本与其为客户提供的价值相匹配。

（三）基于作业成本管理的目标成本法

基于作业成本管理的目标成本法，将作业成本管理的理念融入目标成本法中。它通过分析作业流程，识别并消除不必要的作业和浪费，从而降低产品或服务的成本。同时，它也强调对作业链的优化，以提高作业效率和质量，进而实现目标成本。

三、目标成本法的基本原理和一般程序

（一）目标成本法的基本原理

在目标成本法下，其成本费用的归集和控制是基于以下原理进行的：

1. 市场导向

目标成本法是以市场为导向的成本管理方法，它强调在产品生命周期的研发及设计阶段就设计好产品的成本，以确保产品成本符合预期的市场竞争力。

2. 利润倒逼

目标成本是基于产品的市场竞争价格，在考虑确保企业必要利润后倒逼出的产品预期成本。这种方法使得企业在产品设计之初就明确了成本控制的目标。

3. 跨职能团队合作

目标成本法的实施需要组建跨职能团队，将成本管理的理念和方法贯穿到产品设计、生产、销售等各个环节，以实现全局性的成本控制。

4. 持续改善

目标成本法不仅关注产品设计阶段的成本控制，还强调在生产制造环节通过持续改善策略，进一步降低产品制造成本。

（二）目标成本法的一般程序

基于上述目标成本法的基本原理，其核算的一般程序归纳如下：

1. 确定目标利润

企业首先需要根据市场需求、行业竞争和企业战略等因素确定目标利润。

2. 预测销售量

通过市场调研和分析来预测产品或服务的销售量，这对后续的目标成本计算具有重要意义。

3. 计算目标销售收入

根据预测的销售量和期望的售价计算目标销售收入。

4. 确定目标成本

目标成本是目标销售收入减去目标利润后的余额。这是企业在设计和生产过程中必须努力达到的成本水平。

5. 实施成本控制

企业需要通过各种成本控制策略和方法，确保实际成本不超出目标成本。这包括设计阶段的价值工程分析、生产阶段的精益生产等。

6. 评估与调整

在产品生命周期的各个阶段，企业需要不断评估实际成本与目标成本的差异，并根据市场变化和企业战略调整目标成本。

四、目标成本法的应用举例

目标成本法可以根据不同的应用场景有所变化,但核心思想都是基于预期售价、目标利润和预期成本之间的关系,常见的目标成本法计算如下:

(一) 基本计算

目标成本 = 预期售价 – 目标利润

表达了企业希望在产品销售后,扣除成本和预期利润,仍能达到预期售价的目标。企业可以逆向推算出产品的目标成本,从而指导产品设计和生产过程中的成本控制。

(二) 考虑销售量和固定成本的计算

目标成本 = 预期销售量 × (预期售价 – 目标单位利润) + 预期固定成本

在基本计算的基础上,进一步考虑了销售量和固定成本对目标成本的影响。它适用于那些销售量较大且固定成本占比较高的情况。

(三) 基于利润率和销售成本的计算

目标成本 = 目标利润 + 目标销售成本

这是将目标成本分解为两部分,即目标利润和目标销售成本。它适用于企业希望明确了解销售成本并据此制定销售策略的情况。

【例 5–13】红旗制造股份有限公司计划推出一款新能源汽车。根据市场调研和竞争对手定价,公司确定目标售价为 40 万元,预计销量为 5 万辆,目标利润率为 20%,则公司逆向计算出每辆汽车可以接受的目标成本如下:

(1) 确定目标售价:40 万元;
(2) 设定目标利润率:假设公司为 20%;
(3) 预计销量:假设为 5 万辆;
(4) 根据目标售价和目标利润率,计算出目标利润:40 万 × 20% = 8 万元/辆;
(5) 计算出每辆汽车的目标成本:40 万 – 8 万 = 32 万元/辆。

值得注意的是,上述三种方法是目标成本法计算的一些常见方式,实际应用中可能需要根据企业的具体情况进行调整。此外,目标成本法的应用更重要的是通过市场调研、产品设计和生产过程的优化来实现成本控制和利润最大化。同时,上述方法中的各个要素如预期售价、目标利润等都需要企业根据市场情况、竞争环境以及自身的盈利目标来合理设定。在实际操作中,企业还需要综合考虑多种因素,如产品的市场需求、消费者的支付意愿、生产成本的可控性等,以确保目标成本的合理性和可行性。

在我国,目标成本法的应用正在从传统的生产领域向更广泛的领域扩展。钢铁、石油等行业是我国目标成本法应用较为集中的领域。其中,"邯钢经验"被视为目标成本法应用的一个典型案例。邯钢实行的成本控制是面向市场的,预先设定了标准和目标,因此被认为是一种目标成本法。然而,这个案例的局限性在于它将目标成本管理的重心放在了生产阶段,而忽视了研发环节。延锋伟世通汽车饰件系统有限公司在邯钢经验的基础上,对目标成本法的运用做出了进一步的探索和尝试。该公司将成本控制的重点放在产品研发上,被认为是真正意义上中国的目标成本法实践者。

五、目标成本法的优缺点

(一) 目标成本法的优点

目标成本法的主要优点有:
(1) 突出从原材料到产品出货全过程成本管理,有助于提高成本管理的效率和效果;
(2) 强调产品寿命周期成本的全过程和全员管理,有助于提高客户价值和产品市场竞争力;
(3) 谋求成本规划与利润规划活动的有机统一,有助于提升产品的综合竞争力。

(二) 目标成本法的缺点

目标成本法的主要缺点是:其应用不仅要求企业具有各类所需要的人才,更需要各有关部门和人员的通力合作,管理水平要求较高。

此外,目标成本法的应用环境和应用程序,可参看《管理会计应用指引第301号——目标成本法》,在此不再赘述。

特别需要指出的是,为促进企业加强管理会计工作,提升内部管理水平,促进经济转型升级,财政部制定并发布了《关于印发〈管理会计应用指引第100号——战略管理〉等22项管理会计应用指引的通知(财会〔2017〕24号)》,为企业采用标准成本法、变动成本法和作业成本法提供了政策依据。教材中的有关标准成本法、变动成本法和作业成本法的内容叙述没有完全引用管理会计应用指引中的文字,这仅仅是文字表述的问题,内容上没有本质的差别。

第七节 各种成本计算方法的实际应用

在我国会计理论界一般将成本计算方法中的品种法、分批法和分步法这三种方法,概括为成本计算的基本方法。之所以这样概括,是因为这三种方法与不同生产类型的特点有着直接联系,而且涉及成本计算对象的确定。因而,它们是计算产品实际成本必不可少的方法。也就是说,不管何种类型的企业,其产品成本计算对象不外乎就是分品种、分批、分步骤三种,因而以成本计算对象为主要标志的方法也只有品种法、分批法和分步法三种。

除上述基本方法外,在产品品种、规格繁多的制造业企业中,为简化成本计算工作,还应用着一种简化的产品成本计算方法——分类法;在定额管理工作基础好的制造业企业中,为了配合和加强定额管理,加强成本控制,更有效地发挥成本计算的分析性和监督性作用,还应用着一种将符合定额的费用和脱离定额的差异分别核算的产品成本计算方法——定额法。在西方发达国家中企业为适应经营管理的不同目的,运用着不同的成本概念,还采用着标准成本法、变动成本法和作业成本法。我国不少企业为了加强成本管理，提高企业的活力和经济效益，也已开始运用这些成本概念计算相关的成本。鉴于这些方法与生产类型的特点都没有直接联系，也不涉及成本计算对象的确定，只要具备条件，在哪种生产类型企业都能运用。因而，从计算产品实际成本的角度来说，它们不是必不可少的。基于上述情况，会计理论界一般将这些方法通称为产品成本计算的辅助方法。

需要指出的是，基本方法和辅助方法的划分，在会计理论界有着不同的看法。同时，从计算产品实际成本的角度考虑，这样划分并不是因为基本方法重要而辅助方法不重要。相反，有的辅助方法，如定额法，对于控制生产费用，降低产品成本，具有重要作用。

第四章在讲述成本计算的品种法、分批法和分步法时，为了便于学习和掌握这些方法的基本原理和特点，讲品种法时，既不分批也不分步；讲分批法时，分批但不分步；讲分步法时，分步而不分批。在实际工作中，由于情况错综复杂，往往各个企业实际采用的成本计算方法没有这样单纯和典型。一个企业的各个车间，一个车间的各种产品，甚至一种产品的不同生产步骤，它们的生产特点和管理的要求并不一定相同，因而在一个企业或一个车间中，一个车间的不同产品中或一种产品的不同生产步骤，都有可能同时应用或结合应用几种不同的产品成本计算方法。

一、几种产品成本计算方法同时应用

一个企业或车间，在下列情况下，往往同时采用几种成本计算方法：

（一）一个企业的各个生产车间的生产类型不同，可以采用不同的成本计算方法

例如，基本生产车间和辅助生产车间的生产类型不同：基本生产车间大量、大批、多步骤生产某种产品，而厂内供电、供水、供汽等辅助生产车间则属于单步骤、大量生产。在这种情况下，对基本生产车间可以采用分步法计算产品成本，而对辅助生产车间则可以采用品种法计算产品成本。即使同为基本生产车间，若生产类型不同，也可以采用不同的成本计算方法。例如，第一车间大量、大批、单步骤生产甲产品，第二车间小批、单件生产乙产品。在这种情况下，第一车间可以采用品种法计算甲产品成本，第二车间采用分批法计算乙产品成本。

（二）一个企业的各生产车间的生产类型相同，但管理上的要求不同，可以采用不同的成本计算方法

例如，第一、第二两个基本生产车间都是大量、大批、多步骤生产甲、乙两种产品，但管理上要求分步骤计算甲产品成本，而对乙产品则并不要求分步骤，只要求按品种计算成本。在这种情况下，甲产品应采用分步法计算其成本，而对乙产品则采用品种法计算其成本。

（三）一个车间生产多种产品，由于各种产品的生产类型或管理上的要求不同，可以采用不同的成本计算方法

例如，一个基本生产车间生产甲、乙两种产品，甲产品已经定型，大量、大批进行生产，而乙产品正处于小批量生产阶段。在这种情况下，甲产品可以采用品种法计算产品成本，乙产品则应采用分批法计算产品成本。

二、几种产品成本计算方法结合应用

计算一种产品成本，在下列情况下，往往结合采用几种成本计算方法：

（一）一种产品的不同生产步骤，由于生产特点和管理要求不同，可以采用不同的成本计算方法

例如，在小批、单件生产的机械厂，最终产品是经过铸造、加工、装配等相互关联的生产步骤完成的。就其最终产品来看，产品成本计算应采用分批法。但从其产品生产的各步骤来看，铸造车间可以采用品种法计算铸件的成本；加工、装配车间则可采用分批法计算各批产品的成本；而铸造和加工、装配车间之间，则可采用逐步结转分步法结转半成品的成本；如果在加工和装配车间之间要求分步骤计算成本，但加工车间所产半成品种类较多，又不外售，不需要计算半成品成本，则在加工和装配车间之间，可以采用平行结转分步法结转成本。这样，该厂就在分批法的基础上，结合采用了品种法和分步法，在分步法中还结合采用了逐步结转和平行结转的方法。

（二）一种产品的不同成本项目，可以采用不同的成本计算方法

例如，某企业大量、大批、多步骤生产某种产品，该产品的原材料费用比重较大的情况下，则原材料费用可以采用逐步结转分步法，分步骤计算该产品的原材料费用；其他成本项目的比重较小，则可以结合采用分类法，按产品类别归集费用，然后按一定的系数分配计算各种产品的成本。

三、成本计算的辅助方法与基本方法结合应用

产品成本计算的分类法和定额法，是为了简化成本计算工作和加强定额管理而采用的两种辅助方法，它们与生产类型的特点没有直接联系，在各种类型的生产中只要具备条件都可以应用，但必须与基本的成本计算方法，即品种法、分批法、分步法结合起来应用，而不能单独应用。例如，食品厂所产的各种饼干（单步骤、大量生产）的成本，可以采用品种法和分类法相结合的方法计算：先采用分类法计算各类产品的总成本，然后再采用品种法分配计算类内各种产品的成本。又如，在大量、大批、多步骤生产的企业中，若消耗定额比较准确、稳定，定额管理基础较好，就可以在采用分步法的基础上，结合定额法来计算产品成本。标准成本法的基本原理与定额法基本相同，因此，凡是可以结合采用定额成本法计算成本的产品，从理论上来说，也可以将标准成本法与基本方法结合起来计算成本。而作业成本法在会计实务中往往与品种法结合使用。

需要指出的是，为了使账面的成本、利润既符合计纳所得税的要求，又能提供企业短期生产经营预测和决策所需的数据，而且避免账内外重复计算，如果成本会计人员的业务水平较高，也可以在账内先按照变动成本法计算产品的变动成本，然后按照基本方法中品种法的要求，调整计算产品的实际成本。

四、学习各种成本计算方法的实际应用时应注意的问题

学习各种成本计算方法的实际应用时，应注意：

第一,应明确什么是几种成本计算方法的同时应用,什么是几种成本计算方法的结合应用。几种成本计算方法的结合应用具体包括各种成本计算基本方法的结合应用以及成本计算辅助方法与基本方法的结合应用。

第二,要进一步认识到,成本计算对象不外乎产品品种、产品批别和产品生产步骤,因而产品成本计算的基本方法也不外乎品种法、分批法和分步法三种。要计算产品的实际成本,基本方法是必不可少的。辅助方法一般来说,可以采用,也可以不采用。也就是说,基本方法可以单独使用,而辅助方法必须结合基本方法才能使用。只有一种情况例外,就是在计算联产品成本时,必须在采用品种法或分步法的基础上,结合采用分类法。这是因为,联产品的生产过程的生产费用均为间接计入费用,对之必须采用分类法来计算分配联产品内部各种产品的成本。

总之,在实际工作中,应根据企业不同的生产特点和管理的要求,并考虑企业的规模和管理水平等具体条件,从实际出发,对各种成本计算法加以灵活运用。因此,要求在学习成本计算方法时既要理解其基本原理,又要掌握其实际应用。

案例解析

通过本章的学习,陈本慧将智能小家电类 RTCO1、RTCO2、RTCO3、RTCO4 四种产品的成本采用分类法计算,并填入表 5-21 中。

表 5-21 智能小家电类各种产成品成本计算表

2024 年 11 月   单位:元

项 目	产 量	原材料费用系数	原材料费用总系数	单位产品定额工时(小时)	定额总工时(小时)
分配率					
RTCO1 产品	400	2 460 ÷ 1 640 = 1.5	600	300	120 000
RTCO2 产品	300	1 968 ÷ 1 640 = 1.2	360	290	87 000
RTCO3 产品	650	1	650	260	169 000
RTCO4 产品	800	1 476 ÷ 1 640 = 0.9	720	240	192 000
合 计	2 150		2 330		568 000
项 目	直接材料	燃料和动力	直接人工	制造费用	成本合计
分配率	3 336 560 ÷ 2 330 = 1 432	920 160 ÷ 568 000 = 1.62	1 079 200 ÷ 568 000 = 1.9	942 880 ÷ 568 000 = 1.66	
RTCO1 产品	859 200	194 400	228 000	199 200	1 480 800
RTCO2 产品	515 520	140 940	165 300	144 420	966 180
RTCO3 产品	930 800	273 780	321 100	280 540	1 806 220
RTCO4 产品	1 031 040	311 040	364 800	318 720	2 025 600
合 计	3 336 560	920 160	1 079 200	942 880	6 278 800

根据表 5-21 中的资料填制完工入库产品成本的记账凭证（用会计分录代替）如下：

借：库存商品——RTCO1 产品　　　　　　　　　　　　1 480 800
　　　　　　——RTCO2 产品　　　　　　　　　　　　　966 180
　　　　　　——RTCO3 产品　　　　　　　　　　　　1 806 220
　　　　　　——RTCO4 产品　　　　　　　　　　　　2 025 600
　　贷：基本生产成本——直接材料　　　　　　　　　　3 336 560
　　　　　　　　　　——燃料和动力　　　　　　　　　　920 160
　　　　　　　　　　——直接人工　　　　　　　　　　1 079 200
　　　　　　　　　　——制造费用　　　　　　　　　　　942 880

通过学习和实践，陈本慧将分类法的成本核算程序归纳总结如下：

采用分类法核算产品成本，首先必须根据产品所用原材料和工艺技术过程的不同，将产品划分为若干类，按照产品的类别开立产品成本明细账，按类别归集产品的生产费用，计算各类产品的成本；然后选择合理的分配标准，分别将每类产品的成本，在类内的各种产品之间进行分配，计算每类产品中各种产品的成本。

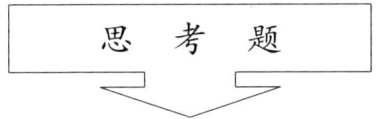

思 考 题

1. 简述分类法的含义、核算程序和适用范围。
2. 如何采用定额法计算产品实际成本？
3. 简述变动成本法的优缺点。
4. 与完全成本法（制造成本法）相比，变动成本法有何特点？
5. 简述标准成本法的特点及与定额法的区别。
6. 简述作业成本法的优缺点。

第六章
产品成本、费用报表的编制与分析

PPT

【内容提示】

产品成本、费用报表的编制与分析是成本会计工作的重要环节。本章在阐述产品成本、费用报表的作用、种类和特点的基础上，重点研究了全部产品生产成本表、主要产品单位成本表和各种费用明细表的内容结构、编制方法和分析方法。

【目标要求】

通过本项目学习，学生应：
- 了解产品成本、费用报表的作用、种类。
- 理解和掌握产品成本、费用报表分析的程序和分析方法。
- 掌握各种产品成本报表的内容结构、编制方法和运用各种分析方法分析各种成本报表。
- 理解分析各种费用报表时应注意的问题。
- 培养注重细节、踏实做事的工匠精神和爱岗敬业、诚实守信、廉洁自律、客观公正、坚持准则、提高技能、参与管理、强化服务的会计职业道德。
- 树立诚信合规的成本费用报表岗位责任意识。

【案例引入】

随着勤友精密智造有限责任公司生产规模的不断扩大，2024年年底公司拟收购鸿蒙新能源有限公司，2024年12月，鸿蒙新能源有限公司的有关资料如下：原材料投入量本期计划100千克，实际投入80千克；产品成品率计划为80%，实际为90%；每千克铝锭200元，回收废料每千克估价80元。其他成本项目资料为：每千克铝材计件工资单价为30元；其他直接费用（原材料和工资除外）与加工原材料的数量成正比，每加工1千克

40 元;制造费用总额为 3 200 元。原材料投入量和成品率变动对产品单位成本的影响程度见表 6-1。

表 6-1　　　　　　　　　　　　　产品单位成本分析表
2024 年 12 月

	行次	项目	单位	计划 ①	实际 ②	按实际投入量计划成品率计算 ③	差异 合计 ④=②-①	投入量变动影响 ⑤=③-①	成品率变动影响 ⑥=②-③
产量变动	1	原材料投入量	千克	100	80	80	—	—	—
	2	成品率		0.8	0.9	0.8	—	—	—
	3	产品产量（1×2）	千克				—	—	—
产品总成本	4	原材料价值	元	20 000	16 000	16 000	—	—	—
	5	废料回收价值	元				—	—	—
	6	原材料净值（4-5）	元						
	7	生产工人工资	元	2 400	2 160	1 920			
	8	其他直接费用	元	4 000	3 200	3 200			
	9	制造费用	元	3 200	3 200	3 200			
	10	总成本（6+7+8+9）	元				—	—	—
产品单位成本变动	11	产品单位成本（10÷3）	元/千克						
	12	成本降低率	%	—	—	—			

汪会计要求陈本慧结合上述资料分析鸿蒙新能源有限公司由于原材料投入量和产品成品率发生变动对产品单位成本的影响,为公司收购鸿蒙新能源有限公司进行商务谈判时提供材料支持。

产品成本、费用报表是根据产品成本和期间费用的核算资料以及其他有关资料编制的,用以反映和监督企业一定时期产品成本和期间费用水平及其构成情况的报告文件。编制与分析产品成本、费用报表是成本会计工作的一项重要内容。

《企业会计准则》中只对对外报送的财务报表的种类、格式和编制方法作了规定和说明,没有提及产品成本、费用报表。有的教材在阐述会计报表时,也只讲财务报表而不提产品成本、费用报表,因而不少会计人员和学生有一种误解,认为企业只需编制财务报表,可以不编制成本、费用方面的会计报表。这种错误的认识是因为不了解企业的会计报表除了对外报表外,还应编制对内报表,而产品成本、费用报表就属于不对外公布的对内报表。由于成本、费用属于商业秘密,一般不对外公开,因而国家就没有对产品成本、费用报表的种类、格式和编制方法作统一的规定,而由企业或主管企业的上级机构自行确定。具体到各个企业怎么做,应根据企业具体情况和管理要求自行决定。其基本原则是:要注意报表内容的实用性、不拘泥于形式；要注意指标项目的简化，不搞烦琐计算，贵在针对性强、正确、及时。

分析企业成本费用，就是在认识成本费用积极作用的基础上，利用成本费用报表提供的数据及其他有关资料，运用专门方法分析企业在各项成本费用发生过程中存在哪些问题，原因何在，并对企业成本管理工作做出评价。成本费用分析通常是在会计期末进行的，有条件的企业也可以进行事中分析。企业进行成本费用分析可以为成本考核提供依据；为未来成本预测和计划提供依据；为制定产品价格提供依据；能够促进企业改善经营管理，提高成本管理水平，增强市场竞争能力。

需要强调的是，成本费用分析，不能只停留在报表指标的检查，应根据报表所提供的资料按产品的种类或按成本项目或费用项目作深入具体的分析，分析时还应结合企业的生产经营特点深入挖掘降低成本、节约费用的潜力并对企业成本工作作出全面正确的评价。

但值得注意的是，成本分析不仅仅是对产品成本、费用报表的事后分析，而且是一个连续系统的工程，它贯穿于企业的整个生命周期，寓于企业成本管理之中。因此成本分析是成本控制的基础，没有成本分析，成本控制就成为空中楼阁。为便于高职学生掌握成本分析的基本原理、程序和方法，本章仅阐述产品成本、费用报表的编制与分析，而成本分析其他方面的内容将在后续相关课程中学习。

第一节 产品成本、费用报表的作用和种类

产品成本、费用报表不作为企业对外报送的会计报表，它主要是向企业内部经营管理者提供有关成本、费用信息，进行成本、费用分析，促进和挖掘企业成本费用潜力的一种内部会计报表。

一、产品成本、费用报表的作用

正确、及时地编报产品成本、费用报表，对加强成本管理和节约费用支出具有重要作用。

（1）企业和主管企业的上级机构（或公司）利用产品成本、费用报表，可以检查企业成本计划的执行情况，考核企业成本工作绩效，对企业成本工作进行评价。

（2）通过产品成本、费用报表分析，可以揭示影响产品成本指标和费用项目变动的因素和原因，从生产技术、生产组织和经营管理等各个方面挖掘节约费用支出和降低产品成本的潜力，提高企业生产耗费的经济效益。

（3）产品成本、费用报表提供的实际产品成本和费用支出的资料，不仅可以满足企业、车间和部门加强日常成本、费用管理的需要，而且是企业进行成本、利润的预测、决策，编制产品成本和各项费用计划，制定产品价格的重要依据。

二、产品成本、费用报表的种类

产品成本、费用报表属于内部报表，主要是为满足企业内部经营管理的需要而编制的，

不对外公开。因此，对产品成本、费用报表的种类、格式、项目、指标的设计和编制方法、编报日期、具体报送对象，国家都不作统一规定，而由企业自行决定。主管企业的上级机构为了对本系统所属企业的成本管理工作进行领导或指导，也可以要求企业将其产品成本、费用报表作为会计报表的附表上报。在这种情况下，企业产品成本、费用报表的种类、格式、项目和编制方法也可以由主管企业的上级机构会同企业共同商定。

根据会计信息质量要求，会计部门除了定期编报全面反映成本计划（包括产品成本计划和各项费用计划）完成情况的报表外，为了加强成本的日常管理，对于成本耗费的主要指标，也可以按旬、周、日，甚至按班组编报，及时提供给有关部门负责人和值班人员，促使其及时地、有针对性地采取措施，解决生产经营中的问题，从而发挥成本计算及时指导生产的作用。另外，为了将成本管理与技术管理相结合，分析成本升降的具体原因，寻求降低成本的途径和方法，也可将成本会计指标与统计指标和技术经济指标结合起来，合并编制报表。为了加强成本工作的预见性，还可以在成本计划执行过程中，对未来时期能否完成成本计划进行预计，向有关部门和人员编报分析报告。总之，企业应当从实际情况出发，从管理的要求出发来设计和编报产品成本、费用报表。企业在编报产品成本、费用报表时，要注意报表内容的实用性，不拘泥于形式；要注意指标项目的简化，不搞烦琐计算，贵在针对性强、正确、及时。

根据上述要求，以制造业企业为例，产品成本、费用报表一般应当编报全部产品生产成本表、主要产品单位成本表、制造费用明细表、期间费用明细表、主要成本消耗指标和技术经济指标表，以及成本计划预计完成情况表等。

第二节　产品成本、费用报表编制、分析的程序和方法

产品成本、费用报表的分析是成本计算工作的继续，它贯穿成本管理工作的全过程，其目的是通过采用适当的分析方法，对产品成本、费用报表进行分析，以寻求降低企业产品成本费用的途径，从而对企业一定时期的成本管理工作获得比较全面、本质的认识。产品成本、费用报表的编制程序、分析程序以及分析方法在一定程度上影响分析的结果。

一、产品成本、费用报表编制的程序

产品成本、费用报表是根据成本、费用核算资料编制的，用以反映本期产品成本和各项费用实际水平和构成情况的书面文件。按照反映的内容划分为产品成本报表和各种费用报表；按照编报时间分为月度报表、季度报表和年度报表等。由于成本报表属于企业的对内报表，因此，编制哪些报表、何时编报以及报送对象都由企业根据管理者的需要自行决定或者与上级主管机构商定。

产品成本、费用报表中的实际成本、费用项目，应根据有关的产品成本或费用明细账的实际发生额计算填列；为了考核和分析成本、费用计划的执行情况，或与前期对比了解各项

成本、费用指标的变动情况，报表中还列有相关指标的计划数、上年（或上年同期）的实际数以及某些补充资料。

二、产品成本、费用报表分析的程序

产品成本、费用报表分析属于事后分析。它以产品成本、费用报表所提供的资料为依据，运用科学的分析方法，通过分析各项指标的变动以及指标之间的相互关系，揭示企业各项成本指标计划的完成情况和原因，从而对企业一定时期的成本工作情况获得比较全面的、本质的认识。产品成本、费用报表分析的程序如下：

（1）分析产品成本、费用报表，应从全部产品成本计划完成情况的总评价开始，然后按照影响成本计划完成情况的因素逐步深入、具体地分析。从总评价开始，可以防止片面性——只见树木，不见森林，并从复杂的影响因素中，找出需要进一步分析的问题。但是，分析不能停留在对成本总体指标计划完成情况的总评价上。为了弄清成本升降的具体原因，深入评价企业成本工作，还必须在总评价的基础上，根据总括分析中发现的问题，对重点产品的单位成本及其成本项目或重点费用项目，进行深入、具体的分析。这样做也是为了防止另一种片面性——只见森林，不见树木，防止分析的表面化、一般化。

（2）在分析成本指标实际脱离计划差异的过程中，应将影响成本指标变动的各种因素进行分类，衡量它们的影响程度，并从这些因素的相互关系中找出起决定性作用的主要因素。

（3）相互联系地研究生产技术、工艺、生产组织和经营管理等方面的情况，查明各种因素变动的原因，挖掘降低产品成本、节约费用开支的潜力。

（4）以全面、科学、发展的观点，对企业成本工作进行评价。

综上所述，产品成本、费用报表分析的过程，实际上是成本指标分析（分解）和综合相结合的过程。

三、产品成本、费用报表分析的意义

分析企业产品成本、费用，就是在认识了产品成本、费用积极作用的基础上，利用产品成本、费用报表提供的数据及其他有关资料，运用专门方法分析企业在各项成本、费用发生过程中存在哪些问题，以及原因何在，并对企业成本管理工作作出评价。产品成本、费用分析通常是在会计期末进行，有条件的企业也可以进行事中分析。产品成本、费用分析的意义表现在以下几个方面：①为成本考核提供依据；②为未来成本预测和计划提供依据；③为制定产品价格提供依据；④促进企业改善经营管理，提高成本管理水平，增强市场竞争能力。

需要强调的是，产品成本、费用分析，不能只停留在报表指标的检查，应该按报表所提供的资料按产品的种类或按成本项目或费用项目作深入具体的分析，分析时还应结合企业的生产经营特点，深入挖掘降低成本、节约费用的潜力，并对企业成本工作作出全面正确的评价。

四、产品成本、费用报表的分析方法

在对产品成本、费用报表进行分析的过程中，在研究各项成本指标的数量变动和指标之间的数量关系，测定各种因素变动对成本指标的影响程度时，还要应用数量分析方法，常用

的数量分析方法有以下几种:

(一) 比较分析法

比较分析法是指通过指标对比,从数量上确定差异的一种分析方法。其主要作用在于揭示客观上存在的差距,并为进一步分析指出方向。在实际工作中通常有以下几种形式:

(1) 以成本指标的实际数与成本指标的计划或定额数对比,分析成本计划或定额的完成情况。

(2) 以本期实际成本指标与前期(上期、上年同期或历史上最好水平)的实际成本指标对比,观察企业成本指标的变动情况和变动趋势,了解企业生产经营工作的改进情况。

(3) 以本企业实际成本指标(或某项技术经济指标)与国内外同行业先进指标对比,可以在更大的范围内找差距,推动企业改进经营管理。

比较分析法只适用于同质指标的数量对比。因此,应用此法时要注意对比指标的可比性。

(二) 比率分析法

比率分析法是指通过计算和对比经济指标的比率,进行数量分析的一种方法。采用这种方法,先要把对比的数值变成相对数,求出比率,然后再进行对比分析。具体形式有:

1. 相关指标比率分析

相关指标比率分析是指将两个性质不同但又相关的指标对比,求出比率,然后再将实际数与计划(或前期实际)数进行对比分析,以便从经济活动的客观联系中,更深入地认识企业的生产经营状况。例如,将成本指标与反映生产、销售等生产经营成果的产值、销售收入、利润指标对比,求出产值成本率、销售成本率和成本利润率指标,这样就能据以分析和比较生产耗费的经济效益。

2. 构成比率分析

构成比率,是指某项经济指标的各个组成部分占总体的比重。例如,将构成产品成本的各个成本项目同产品成本总额相比,计算其占成本的比重,确定成本的构成比率,如直接材料费用比率、直接人工费用比率和制造费用比率等;然后将不同时期的成本构成比率进行比较,通过观察产品成本构成的变动,掌握经济活动情况及其对产品成本的影响。

3. 动态比率分析

动态比率分析也称趋势分析,是指将不同时期同类指标的数值对比,求出比率,进行动态比较,据以分析该项指标的增减速动和变动趋势,从中发现企业在生产经营方面的成绩或不足。

比率分析法是 20 世纪初由美国银行家创造的。银行在发放贷款时,最关心的是借款的公司能否保证按时偿还本息。为此,银行在贷款时首先必须要弄清借款公司的状态,重点关心其是否有充分的偿债能力。因此就要求借款公司提供财务报表,要来判断其偿债能力。但只把财务报表的数值原封不动地进行比较、审查,是搞不清其真实情况的,因此才想出了比率分析的方法。最初提出这个方法的是当时在美国银行担任贷款业务的亚历山大·沃勒 (Alexander Wall)。他用求出财务报表的两个数值的比值即比率作为线索进行分析,并首先提出了流动比率(公司的流动资产与流动负债的比值)。以后依照在银行贷款工作积累的许多经验,他发觉只根据这个比率来判定公司的偿债能力是不够充分的,于是便进一步提出速动比率、负债比率、固定比率等各种比率,逐渐地把经营分析技术充实起来。

(三) 连环替代法

连环替代法是用来计算几个相互联系的因素对综合经济指标变动影响程度的一种分析方法。下面以材料费用总额变动分析为例,说明这一分析方法的特点。

影响产品材料费用总额的因素很多,按其相互关系可归纳为三个:产品产量、单位产品材料消耗量和材料单价。按照各因素的相互依存关系,列成计算公式为:

材料费用总额 = 产品产量 × 单位产品材料消耗量 × 材料单价

【例 6 – 1】假定红旗制造股份有限公司 JX – 211 产品上述指标的计划和实际资料详见表 6 – 2。用连环替代法分析各因素对材料费用总额的影响程度。

表 6 – 2

指标	单位	计划数	实际数	差异
产品产量	件	30	31	+1
单位产品材料消耗量	千克	16	15	-1
材料单价	元	12	14	+2
材料费用总额	元	5 760	6 510	+750

首先,利用比较法,将材料费用总额的实际数与计划数对比,确定实际脱离计划差异,作为分析对象:6 510 – 5 760 = +750(元)。差异是由产量增加、单位产品材料消耗量降低和材料单价升高三个因素综合影响的结果。

其次,按照上述计算公式中各因素的排列顺序,用连环替代法测定各因素变动对材料费用总额变动的影响程度。计算程序如下:

(1) 以基数(本例为计划数)为计算基础。

(2) 按照公式中所列因素的同一顺序,逐次以各因素的实际数替换其基数;每次替换后实际数就被保留下来。有几个因素就替换几次,直到所有因素都变成实际数为止;每次替换后都求出新的计算结果。

(3) 将每次替换后的所得结果,与其相邻近的前一次计算结果相比较,两者的差额就是某一因素变动对综合经济指标变动的影响程度。

(4) 计算各因素变动影响数额的代数和。这个代数和应等于被分析指标实际数与基数的总差异数。

具体计算过程如下:

① 以计划数为基数　　　　30 × 16 × 12 = 5 760(元)
② 第一次替换　　　　　　31 × 16 × 12 = 5 952(元)

② – ① 产量变动影响　　　　　　　　+192(元)
③ 第二次替换　　　　　　31 × 15 × 12 = 5 580(元)

③-②单位产品材料消耗量变动影响　　-372（元）

④第三次替换　　　　　　　　31×15×14＝6 510（元）

④-③材料单价变动影响　　　　+930（元）

合计　　　　　　　　　　　　　+750（元）

通过上述计算可以看出，虽然单位产品材料消耗量降低使材料费用节约372元，但由于产量增加，特别是材料单价升高，使材料费用增加1 122元。进一步分析应查明材料消耗节约和材料价格升高的原因，然后才能对企业材料费用总额变动情况作出评价。

运用这一方法时要注意的问题，就是要正确确定各因素的排列顺序。在分析相同问题时要按照同一排列顺序进行替换，否则会得出不同的计算结果。各因素排列的通常做法是：在分析的因素中，如果既有数量指标又有质量指标，应先查明数量指标变动影响，然后再查明质量指标的变动影响；如果既有实物量指标又有价值量指标，一般先替换实物量指标，再替换价值量指标。如果有几个数量指标和质量指标，要分清哪个是基本的因素，哪个是次要因素，然后根据它们的相互依存关系确定替换顺序。

连环替代法，有的教材称其为连锁置换法、因素替换法、因素分析法等。它是用来计算几个相互联系的因素对综合经济指标变动影响程度的一种分析法。曾被许多国家和地区用来分析社会经济现象。

连环替代法是20世纪50年代初引入我国的。当时国内大专院校的财经专业都开设"企业经济活动分析"课程。连环替代法作为一种分析方法，从20世纪50年代初到现在，理论界一直有争议，争议的焦点在于这一分析方法的科学性和实用性，特别是影响因素替换顺序的排列。20世纪80年代初，当各大专院校又恢复"企业经济活动分析"这门课程时，理论界又继续就这一方法展开了讨论。如《会计研究》1984年第2期发表了李启宇和於榕撰写的《因素分析法新探》一文以后，又陆续发表了多篇文章与该文作者商榷因素分析法的观点。这些文章争论的核心是连环替代法中的影响因素是否应该排列顺序，以及如何排列顺序等。

需要指出的是，连环替代法仅仅是对综合经济指标连环替代法变动的影响因素进行定量分析的方法，它只能从数量上说明各项影响因素变动的影响程度，从而可以帮助人们加深对企业经营活动的认识，明确影响某项经济指标变动的众多因素中哪个是主要的。因此，运用这一分析方法时，还应结合企业生产经营活动的实际情况，查明影响该项指标的各项因素变动的具体原因，进而正确评价企业工作。

（四）差额计算法

差额计算法是连环替代法的一种简化形式。运用这一方法时，先要确定各因素实际数与计划数之间的差异，然后按照各因素的排列顺序，依次求出各因素变动的影响程度。可见，这一方法的应用原理与连环替代法一样，只是计算程序不同。

【例6-2】承用【例6-1】（见表6-2）数字资料，以差额计算法测定各因素影响程度。

首先，分析对象：6 510 – 5 760 = +750（元）
然后，计算各因素影响程度，具体计算过程如下：
(1) 产量变动影响　　　　　　　　　(+1)×16×12 = +192（元）
(2) 单位产量材料消耗量变动影响　　31×(-1)×12 = -372（元）
(3) 材料单价变动影响　　　　　　　31×15×(+2) = +930（元）

合计　　　　　　　　　　　　　　　　　　　　+750（元）

由于差额计算法计算简便，所以其应用比较广泛，特别是在影响因素只有两个时更为适用。

以上所述只是常用的几种数量分析方法。此外，还可以根据分析目的和要求，采用分组法、指数法、图表法等其他数量分析方法。

从本章第三节开始，我们将以制造业企业为例，阐述产品成本、费用报表的编制与分析。

第三节　产品成本报表的编制与分析

产品成本报表是用来反映企业产品水平和构成情况的报表。产品成本表按其反映内容的范围和编报时间的不同，一般分为两种报表：一种是全部产品生产成本表；另一种是主要产品单位成本表。

一、全部产品生产成本表的编制与分析

全部产品生产成本表可以按产品种类和按成本项目两个不同角度进行编制与分析。

（一）按产品种类反映的全部产品生产成本表的编制与分析

按产品种类编制的全部产品生产成本表，是反映企业在报告期内所产全部产品的总成本和各种主要产品单位成本及总成本的报表。利用全部产品生产成本表（按产品种类反映），可以考核和分析企业全部产品和各种主要产品成本计划的执行情况，以及可比产品成本降低计划的执行情况，对企业成本工作从总体上进行一般评价，并为进一步分析指明方向。

1. 按产品种类反映的全部产品生产成本表的结构和编制方法

【例 6–3】假定红旗制造股份有限公司 2024 年 12 月的全部产品生产成本表（按产品种类反映）格式详见表 6–3。

表6-3　　　　　　　　　全部产品生产成本报表（按产品种类反映）

编制单位：红旗制造股份有限公司　　　　2024年12月　　　　　　　　　　　　　　　单位：元

产品名称		计量单位	实际产量		单位成本				本月总成本			本年累计总成本		
			本月	本年累计	上年实际平均	本年计划	本月实际	本年累计实际平均	按上年实际平均单位成本计算	按本年计划单位成本计算	本月实际	按上年实际平均单位成本计算	按本年计划单位成本计算	本年实际
			(1)	(2)	(3)	(4)	(5)=(9)÷(1)	(6)=(12)÷(2)	(7)=(1)×(3)	(8)=(1)×(4)	(9)	(10)=(2)×(3)	(11)=(2)×(4)	(12)
其中	JIA-01	件	80	700	82	81	80	82	6 560	6 480	6 400	57 400	56 700	57 400
	YII-22	件	40	400	700	690	670	680	28 000	27 600	26 800	280 000	276 000	272 000
可比产品合计		—							34 560	34 080	33 200	337 400	332 700	329 400
其中	BIN-12	件	20	260		120	118	119		2 400	2 360		31 200	30 940
	DIN-31	件	12	160		300	310	305		3 600	3 720		48 000	48 800
不可比产品合计		—								6 000	6 080		79 200	79 740
全部产品		—							—	40 080	39 280	—	411 900	409 140

补充资料（本年累计实际数）：

①可比产品成本降低额8 000元（本年计划降低额为4 240元）；
②可比产品成本降低率2.3711%（本年计划降低率为1.3925%）；
③按现行价格计算的商品产值1 636 560元；
④产值成本率25元/百元（本年计划产值成本率为26元/百元）。

全部产品生产成本表（按产品种类反映）可以分为基本报表和补充资料两部分。

基本报表部分应按可比产品和不可比产品分别填列。可比产品是指企业过去曾经正式生产过，有完整的成本资料可以进行比较的产品；不可比产品是指企业本年度初次生产的新产品，或虽非初次生产，但以前仅属试制而未正式投产的产品，缺乏可比的成本资料。在成本计划中，对不可比产品只规定有本年的计划成本，而对可比产品不仅规定有计划成本指标，而且规定有成本降低计划指标，即本年度可比产品计划成本比上年度（或以前年度）实际成本的降低额和降低率。

产品生产成本表的基本报表部分（见表6-3），应反映各种可比和不可比产品本月及本年累计的实际产量、实际单位成本和实际总成本。以上项目的本月数，应根据本月产品成本明细账中的有关记录填列；本年累计实际产量（第2栏）和累计实际总成本（第12栏）应根据本月数加上上月本表的累计数计算填列，累计实际平均单位成本（第6栏）应根据累计实际总成本（第12栏）除以累计实际产量（第2栏）计算填列。

为了反映企业当年成本计划完成情况，基本报表部分还应反映各种可比和不可比产品本月和本年累计按计划单位成本（第4栏）计算的总成本（第8栏、第11栏）。计划单位成本应根据本年成本计划填列，本月和本年累计计划总成本应根据计划单位成本分别乘以本月实际产量和本年累计实际产量计算填列。

为了计算可比产品成本降低额和降低率,基本报表部分还应反映可比产品本月和本年按上年实际平均单位成本(第3栏)计算的总成本(第7栏、第10栏)。上年实际平均单位成本应根据上年度12月本表全年累计实际平均单位成本(第6栏)填列,本月实际总成本和本年累计实际总成本应根据本月和本年各月产品成本明细账或产成品成本汇总表计算填列。不可比产品由于过去没有正式生产过,没有成本资料可以比较,因而不必填列第3栏、第7栏、第10栏。

补充资料部分只填列本年累计实际数。其中:

(1) 可比产品成本降低额,指可比产品累计实际总成本比按上年实际平均单位成本计算的累计总成本降低的数额,超支额用负数表示。其计算公式为:

$$可比产品成本降低额 = \text{可比产品按上年实际平均单位成本计算的总成本} - \text{可比产品本年累计实际总成本}$$

以表6-3资料为例:

可比产品成本降低额 = 337 400 - 329 400 = 8 000(元)

(2) 可比产品成本降低率,指可比产品本年累计实际总成本比按上年实际平均单位成本计算的累计总成本降低的比率,超支率用负数表示。其计算公式为:

$$可比产品成本降低率 = \frac{可比产品成本降低额}{可比产品按上年实际平均单位成本计算的总成本} \times 100\%$$

以表6-3中的资料为例:

$$可比产品成本降低率 = \frac{8\ 000}{337\ 400} \times 100\% = 2.3711\%$$

本年计划降低率1.3925%根据可比产品成本降低计划填列。

(3) 按现行价格计算的商品产值,根据有关的统计资料填列。

(4) 产值成本率,指产品总成本与商品产值的比率,通常以每百元商品产值总成本表示。其计算公式为:

$$产值成本率(元/百元) = \frac{产品总成本}{商品产值} \times 100$$

以表6-3资料为例:

$$产值成本率 = \frac{409\ 140}{1\ 636\ 560} \times 100 = 25(元/百元)$$

2. 按产品种类反映的全部产品生产成本表的分析

【例6-4】利用红旗制造股份有限公司产品生产成本表可以分析以下问题:

(1) 对全部产品成本计划的完成情况进行总括评价。通过总评价,一是对企业全部产品成本计划的完成情况有个总括的了解;二是通过对影响计划完成情况因素的初步分析,为进一步分析指出方向。根据表6-3资料编制分析表,详见表6-4。

本年累计全部产品成本计划完成率的计算公式为:

$$本年累计全部产品成本计划完成率 = \frac{\sum(各种产品实际单位成本 \times 实际产量)}{\sum(各种产品计划单位成本 \times 实际产量)} \times 100\%$$

表6-4　　　　　　　　本年累计全部产品成本计划完成情况分析表　　　　　　　单位：元

产品名称	计划总成本	实际总成本	实际比计划升降额	实际比计划升降率（%）
一、可比产品	332 700	329 400	-3 300	-0.99
其中：JIA-01	56 700	57 400	+700	+1.23
YII-22	276 000	272 000	-4 000	-1.45
二、不可比产品	79 200	79 740	+540	+0.68
其中：BIN-12	31 200	30 940	-260	-0.83
DIN-31	48 000	48 800	+800	+1.67
合　计	411 900	409 140	-2 760	-0.67

本例中，表6-4中的计算如下：

$$本年累计全部产品成本计划完成率 = \frac{409\,140}{411\,900} \times 100\%$$
$$= 99.33\%$$

成本升降率 = 99.33% - 100% = -0.67%

表6-4中的计算表明，本年全部产品总成本实际比计划降低2 760元（降低0.67%），情况是好的。总成本降低主要是由于可比产品成本的降低（降低3 300元），其中又主要是YII-22产品成本的降低，JIA-01产品成本还超支700元。不可比产品成本总的是超支的，但主要是DIN-31产品成本的超支，BIN-12产品成本还节约260元。显然，进一步分析的重点是查明YII-22产品成本节约和JIA-01、DIN-31产品成本超支的原因。

为了把企业产品的生产耗费和生产成果联系起来，综合评价企业生产耗费的经济效益，在全部产品成本计划完成情况的总评价中，还应包括产值成本率、销售成本率和成本利润率等指标的分析。以产值成本率为例：从表6-3补充资料中得知，本年累计实际产值成本率为25元/百元，比计划降低1元/百元，说明该企业生产耗费的经济效益有所提高。

（2）分析可比产品成本降低计划的完成情况。可比产品成本降低计划指标和计划完成情况的资料，分别反映在企业的成本计划和产品成本、费用报表中。

【例6-5】假定红旗制造股份有限公司本年可比产品成本降低计划资料详见表6-5。

表6-5　　　　　　　　　　可比产品成本降低计划表　　　　　　　　　　　单位：元

可比产品	全年计划产量（件）	单位成本		总成本		计划降低指标	
		上年实际平均	本年计划	按上年实际平均单位成本计算	按本年计划单位成本计算	降低额	降低率（%）
JIA-01	640	82	81	52 480	51 840	640	1.2195
YII-22	360	700	690	252 000	248 400	3 600	1.4286
合计	—	—	—	304 480	300 240	4 240	1.3925

可比产品成本计划降低额 = 304 480 - 300 240 = 4 240（元）

$$可比产品成本计划降低率 = \frac{4\,240}{304\,480} \times 100\% = 1.3925\%$$

本年可比产品成本降低计划的完成情况，详见根据表6-3编制的分析表6-6。

表6-6　　　　　　　　　可比产品成本降低计划完成情况分析表　　　　　　　单位：元

可比产品	总成本		计划完成情况	
	按上年实际平均单位成本计算	本期实际	降低额	降低率（%）
JIA-01	57 400	57 400	—	—
YII-22	280 000	272 000	8 000	2.8571
合计	337 400	329 400	8 000	2.3711

分析可比产品成本降低计划的完成情况，首先应确定分析的对象，即以可比产品成本实际降低额、降低率指标与计划降低额、降低率指标进行对比，确定实际脱离计划的差异。

计划降低额：4 240元　　计划降低率：1.3925%
实际降低额：8 000元　　实际降低率：2.3711%
实际脱离计划差异：
降低额 = 8 000 - 4 240 = 3 760（元）
降低率 = 2.3711% - 1.3925% = 0.9786%

从以上计算中可以看出，可比产品成本降低计划完成情况较好，实际比计划多降低3 760元或降低率为0.9786%。

其次，确定影响可比产品成本降低计划完成情况的因素和各因素的影响程度。影响可比产品成本降低计划完成情况的因素，概括起来有三个：

一是产品产量。成本降低计划是根据计划产量制定的，实际降低额和降低率都是根据实际产量计算的。因此，产量的增减必然会影响可比产品成本降低计划的完成情况。但是产量变动影响有其特点：假定其他条件不变，即产品品种构成和产品单位成本不变，单纯产量变动，只影响成本降低额，而不影响成本降低率。

二是产品品种构成。由于各种产品的成本降低程度不同，有的大些，有的小些；有的节约，有的超支。因而当产品品种构成发生变动时，就会影响可比产品成本降低额和降低率升高或降低。在分析中之所以要单独计量产品品种构成变动影响，目的在于揭示企业取得降低产品成本的具体途径，从而对企业工作作出正确评价。

三是产品单位成本。可比产品成本计划降低额是本年度计划成本比上年度（或以前年度）实际成本的降低数，而实际降低额则是本年度实际成本比上年度（或以前年度）实际成本的降低数。因此，当本年度可比产品实际单位成本比计划单位成本降低或升高时，必然会引起成本降低额和降低率的变动。产品单位成本的降低意味着生产中活劳动和物化劳动消耗的节约。因此，分析时应特别注意这一因素的变动影响。

下面，根据表6-3中的资料，具体说明如何确定各因素变动的影响程度。

按照连环替代法的计算程序，在确定各因素变动对成本降低计划完成情况的影响程度时，应以在计划产量、计划品种构成和计划单位成本情况下的成本降低计划数为基数，然后用各个因素的实际数逐次替换计划数。

①产品产量变动的影响。为了确定产量变动的影响程度，首先必须求得在实际产量、计

划品种构成情况下，以本年计划单位成本计算的总成本与按上年实际平均单位成本计算的总成本相比的成本降低额和成本降低率，然后再以此与计划降低额和计划降低率相比较。

由于在其他因素不变的条件下，单纯产量变动只影响成本降低额，而不影响成本降低率。所以，在实际产量、计划品种构成、计划单位成本情况下的降低率与计划降低率相同，即为1.3925%。也就是说，每生产按上年实际平均单位成本计算的产品100元，即可取得1.3925元的降低额。以计划降低率乘以按实际产量、上年实际平均单位成本计算的总成本，即可求得在实际产量、计划品种构成和计划单位成本下的成本降低额。计算公式为：

337 400 × 1.3925% = 4 698.3（元）

以上述计算求得的4 698.3元和1.3925%与计划降低额4 240元和计划降低率1.3925%相比较，即可求得由于产量变动对成本降低计划完成情况的影响程度。

降低额：4 698.3 − 4 240 = 458.30（元）

降低率：1.3925% − 1.3925% = 0

②产品品种构成变动的影响。为了确定产品品种构成变动的影响，必须求得在实际产量、实际品种构成情况下，以本年计划单位成本计算的总成本与按上年实际平均单位成本计算的总成本相比较的降低额和降低率。根据表6−3中的资料计算如下：

降低额 = 337 400 − 332 700 = 4 700（元）

降低率 = $\frac{4\ 700}{337\ 400} \times 100\% = 1.3930\%$

以上述计算结果与在实际产量、计划品种构成和计划单位成本情况下的降低额和降低率相比，即可求得由于产品品种构成变动对成本降低计划完成情况的影响程度。

降低额 = 4 700 − 4 698.30 = 1.70（元）

降低率 = 1.3930% − 1.3925% = 0.0005%

③产品单位成本变动的影响。为了确定产品单位成本变动的影响，必须求得在实际产量、实际品种构成情况下，以本期实际总成本与按上年实际平均单位成本计算的总成本相比的降低额和降低率。根据表6−3中的资料计算如下：

降低额 = 337 400 − 329 400 = 8 000（元）

降低率 = $\frac{8\ 000}{337\ 400} \times 100\% = 2.3711\%$

以上述计算结果与在实际产量、实际品种构成和计划单位成本下的降低额和降低率相比，即可求得由于产品单位成本变动对成本降低计划完成情况的影响程度。

降低额 = 8 000 − 4 700 = 3 300（元）

降低率 = 2.3711% − 1.3930% = 0.9781%

以上计算程序和计算结果详见表6−7。

表6−7

指　　标	降低额（元）	降低率（%）
①在计划产量、计划品种构成和计划单位成本情况下的成本降低数	4 240	1.3925

续表

指　　标	降低额（元）	降低率（%）
②在实际产量、计划品种构成和计划单位成本情况下的成本降低数	337 400 × 1.3925% = 4 698.30	1.3925
② - ①产量变动的影响	458.30	0
③在实际产量、实际品种构成和计划单位成本情况下的成本降低数	337 400 - 332 700 = 4 700	$\frac{4\ 700}{337\ 400} \times 100\% = 1.3930$
③ - ②产品品种构成变动的影响	1.70	0.0005
④在实际产量、实际品种构成和实际单位成本情况下的成本降低数	337 400 - 329 400 = 8 000	$\frac{8\ 000}{337\ 400} \times 100\% = 2.3711$
④ - ③产品单位成本变动的影响	3 300	0.9781
可比产品成本降低计划执行结果	3 760	0.9786

以上方法还可简化为：

第一，根据产品生产成本报表（表6-3），可以先计算出由于产品单位成本变动使可比产品成本降低计划超额完成，实际比计划多降低3 300（332 700 - 329 400）元，约合降低率为0.9781%（3 300/337 400 × 100%）。

第二，由于在其他因素不变的条件下，单纯产量变动只影响成本降低额，而不影响成本降低率，因而成本降低率超额完成计划0.9786%，只受产品品种构成和产品单位成本两个因素变动的影响。通过上面计算已知由于产品单位成本变动影响成本降低率超计划降低0.9781%，因此，产品品种构成变动对可比产品成本降低率的影响应为：

0.9786% - 0.9781% = 0.0005%

据此可以求得产品品种构成变动对可比产品成本降低额的影响程度为：

337 400 × 0.0005% = 1.68（元）

第三，利用余额计算法，从实际脱离计划的总差异，即实际比计划多降低的3 760元中减去产品单位成本和产品品种构成两因素变动的影响数额，即可求得产品产量变动对可比产品成本降低额的影响程度为：

3 760 - （3 300 + 1.68） = 458.32（元）

（注意：由于计算成本降低率指标，小数点后四位系四舍五入，因而倒求成本降低额时，计算结果与前面方法计算结果出现尾差。）

根据以上分析结果，可以对可比产品成本降低计划完成情况作出总括评价。总的来看，企业超额完成可比产品成本降低计划，实际比计划多降低3 760元，或多降低0.9786%。主要是由于YII-22产品单位成本的降低，使可比产品成本多降低3 300元，其次是产量的增加使可比产品成本多降低458.30元。YII-22产品单位成本的降低应结合单位成本分析查明原因，产量的增加需结合生产分析和销售分析查明原因。只有查明原因后才能对上述可比产品成本降低计划的完成情况作出确切评价。

(二) 按成本项目反映的全部产品生产成本表的编制与分析

按成本项目编制全部产品生产成本表，汇总反映企业在报告期发生的全部生产费用（按成本项目反映）和全部产品总成本。利用全部产品生产成本表（按成本项目反映）可以定期、总括地考核和分析企业全部生产费用和全部产品总成本计划的完成情况，对企业成本工作从总体上进行评价，并为进一步分析指明方向。

1. 按成本项目反映的全部产品生产成本表的结构和编制方法

按成本项目反映的全部产品生产成本表，是按成本项目汇总反映企业在报告期内发生的全部生产费用以及产品成本合计数的报表。

【例6-6】假定红旗制造股份有限公司2024年12月按成本项目反映的全部产品生产成本表，格式详见表6-8。

表6-8　　　　　　　　　　全部产品生产成本表（按成本项目反映）

编制单位：红旗制造股份有限公司　　　　2024年12月　　　　　　　　　　单位：元

项　　目	本年计划数	本月实际数	本年累计实际数
生产费用			
直接材料	183 960	17 954	187 680
直接人工	102 200	8 786	97 920
制造费用	122 640	11 460	122 400
生产费用合计	408 800	38 200	408 000
加：在产品、自制半成品期初余额	27 460	5 560	25 320
减：在产品、自制半成品期末余额	24 360	4 480	24 180
产品成本合计	411 900	39 280	409 140

表6-8分为生产费用和产品成本两部分。生产费用部分按成本项目反映；产品成本部分是在生产费用合计数的基础上，加减期初、期末在产品和自制半成品余额计算的产品成本合计数。生产费用和产品成本可以按"本年计划数""本月实际数"和"本年累计实际数"分栏反映，便于分析利用。如果可比产品单列，还可以增设"上年实际数"栏。

表6-8中各项目的填列方法：由于全部产品包括可比产品和不可比产品，所以此表只能设"本年计划数""本月实际数"和"本年累计实际数"三栏，没有单设"上年实际数"栏。本年计划数，应根据成本计划有关资料填列；本月实际数，应根据各种产品成本明细账所记录的本月生产费用合计数，按成本项目分别汇总填列；本年累计实际数，应根据本月实际数加上上月份本表的本年累计实际数计算填列。期初、期末在产品和自制半成品余额，应根据各种产品成本明细账的期初、期末在产品和自制半成品余额，分别汇总填列。最后以生产费用合计数加、减期初、期末在产品和自制半成品余额，就可以计算出产品成本合计数。

2. 按成本项目反映的全部产品生产成本表的分析

分析按成本项目反映的全部产品生产成本表一般也采用比较分析法、构成比率分析法和相关指标比率分析法。

【例6-6】中红旗制造股份有限公司的全部产品生产成本表（按成本项目反映）是2024年12月编制的，因而，本年累计实际数和本年计划数都是整个2024年度的生产费用和产品成本。分析时，可以采用比较分析法，将产品成本合计数、生产费用合计数，及其各个成本项目费用的本年累计实际数与本年计划数进行对比分析，揭示差异，以便为进一步分析指出方向。

从表6-8中的产品成本合计数来看，本年累计实际数低于本年计划数，实际低于计划2 760元（409 140 - 411 900）。成本降低的原因是多方面的：可能是由于产品单位成本的降低，也可能是由于产品产量和产品品种构成的变动等。企业进一步分析应结合有关的明细资料，查明影响产品总成本变动的主要因素和因素变动的主要原因，对产品总成本的降低是否合理作出评价。

从表6-8中的生产费用合计数来看，本年累计实际数低于本年计划数，实际低于计划800（408 000 - 408 800）元。与上述产品总成本情况基本相同。当然，也可能不一致，因为这里的产品总成本还受期初、期末在产品和自制半成品余额变动的影响。

从表6-8中各个成本项目来看，直接材料、直接人工和制造费用的本年累计实际数与本年计划数相比，升降的情况和升降的幅度各不相同。分析时也不能停留在指标的对比上，还应进一步查明影响指标变动的因素和原因。但由于影响各成本项目变动的因素和原因很多，因而分析的难度大，工作量也大。如果表中列有本月计划数字，还可以进行本月实际数与计划数的对比分析。

对于各成本项目的费用，还可计算构成比率，并在本年累计实际数、本月实际数和本年计划数之间进行对比分析。各项指标计算如下：

（1）本年累计实际数构成比率。

$$直接材料费用比率 = \frac{187\ 680}{408\ 000} \times 100\% = 46\%$$

$$直接人工费用比率 = \frac{97\ 920}{408\ 000} \times 100\% = 24\%$$

$$制造费用比率 = \frac{122\ 400}{408\ 000} \times 100\% = 30\%$$

（2）本月实际数构成比率。

$$直接材料费用比率 = \frac{17\ 954}{38\ 200} \times 100\% = 47\%$$

$$直接人工费用比率 = \frac{8\ 786}{38\ 200} \times 100\% = 23\%$$

$$制造费用比率 = \frac{11\ 460}{38\ 200} \times 100\% = 30\%$$

（3）本年计划数构成比率。

$$直接材料费用比率 = \frac{183\ 960}{408\ 800} \times 100\% = 45\%$$

$$直接人工费用比率 = \frac{102\ 200}{408\ 800} \times 100\% = 25\%$$

制造费用比率 = $\dfrac{122\,640}{408\,800} \times 100\% = 30\%$

以本年累计实际数与本年计划数相比，生产费用中的直接材料费用比重有所升高，直接人工费用比重有所降低，制造费用比重持平。以本年累计实际数与本月实际数相比，生产费用中的直接材料费用比重有所降低，直接人工费用比重有所上升，制造费用比重持平。通过指标对比，只能了解指标变动的一般情况，由于各项指标变动受多种因素影响，因此分析时，应结合调查了解情况和明细核算资料，进一步查明原因，以便对其变动的合理性作出判断。

此外，分析时还应将表中所列的产品成本合计数与其相关的商品产值、产品销售收入和利润总额指标相比，计算各种相关指标比率，即产值成本率、销售收入成本率和成本利润率。然后进行比较，以计算和了解企业本年和12月生产耗费的经济效益情况及其变动趋势。

【例6-7】承用【例6-6】的资料。假定红旗制造股份有限公司2024年度计划利润总额为102 975元，本月实现的利润总额为8 641.60元，本年累计实现的利润总额为110 467.80元，则红旗制造股份有限公司的成本利润率计算如下：

本年累计实际成本利润率 = $\dfrac{110\,467.80}{409\,140} \times 100\% = 27\%$

本月实际成本利润率 = $\dfrac{8\,641.60}{39\,280} \times 100\% = 22\%$

本年计划成本利润率 = $\dfrac{102\,975}{411\,900} \times 100\% = 25\%$

从上述计算可以看出，红旗制造股份有限公司本年累计实际成本利润率高于本年计划成本利润率，说明企业本年度生产耗费的经济效益是好的。但是12月的本月实际成本利润率则低于本年累计实际成本利润率，这需要进一步分析，查明原因，总结经验，以便发扬成绩，不断提高企业生产耗费的经济效益。

二、主要产品单位成本表的编制与分析

主要产品是指企业经常生产，在企业全部产品中所占比重较大，能概括反映企业生产经营面貌的那些产品。主要产品单位成本表是反映企业在报告期内生产的各种主要产品单位成本构成情况的报表。该表应按主要产品分别编制，是对产品成本表所列各种主要产品成本的补充说明。利用此表，可以按照成本项目考核和分析主要产品单位成本计划的执行情况；可以按照成本项目将本月实际和本年累计实际平均单位成本，与上年实际平均进行对比，了解单位成本的变动情况；可以考核和分析各种主要产品的主要技术经济指标的执行情况，进而查明主要产品单位成本升降的具体原因。

（一）主要产品单位成本表的结构和编制方法

主要产品单位成本表可以分设产量、单位成本和主要技术经济指标三部分。

【例6-8】红旗制造股份有限公司YⅡ-22产品单位成本表的格式和内容详见表6-9。

表 6-9　　　　　　　　　　　　　　　主要产品单位成本表

产品名称：YII-22　　　　　　　　　　2024 年 12 月　　　　　　　　　　计量单位：件
产品规格：122cm×22cm×16cm　　　　　　　　　　　　　　　　　　　　销售单价：1 720 元
本月计划产量：36 件　　　　　　　　　　　　　　　　　　　　　　　　本年累计计划产量：360 件
本月实际产量：40 件　　　　　　　　　　　　　　　　　　　　　　　　本年累计实际产量：400 件

成本项目	上年实际平均	本年计划	本月实际	本年累计实际平均
直接材料	970	960	950	964
燃料和动力	112	104	102	106
直接人工	174	176	172	170
制造费用	144	140	116	120
产品单位成本	1 400	1 380	1 340	1 360
主要技术经济指标	计量单位	耗用量	耗用量	耗用量	耗用量
A 材料	千克	42	40	36	36
B 材料	千克	66	64	60	68

表 6-9 中各项数字填列方法：

（1）产量：本月及本年累计计划产量应根据生产计划填列；本月及本年累计实际产量应根据产品成本明细账或产成品成本汇总表填列；销售单价应根据产品定价表填列。

（2）单位成本：上年实际平均单位成本，应根据上年度本表累计实际平均单位成本填列；本年计划单位成本，应根据本年度成本计划填列；本月实际单位成本，应根据产品成本明细账或产成品成本汇总表填列；本年累计实际平均成本，应根据该种产品成本明细账所记自年初至报告期末完工入库产品实际总成本除以累计实际产量计算填列。

（二）主要产品单位成本表的分析

分析主要产品单位成本的意义，在于揭示各种产品单位成本及其各个成本项目的变动情况，尤其是各项消耗定额的执行情况；确定产品结构、工艺和操作方法的改变，以及有关技术经济指标变动对产品单位成本的影响，查明产品单位成本升降的具体原因。

分析主要依据主要产品单位成本表、成本计划和各项消耗定额资料，以及反映各项技术经济指标的业务技术资料等。分析的程序一般是先检查各种产品单位成本实际比计划、比上年实际平均单位成本的升降情况；然后，按成本项目分析其增减变动，查明造成单位成本升降的具体原因。为了在更大的范围内找差距、挖潜力，在可能的条件下，还可以组织厂际间同种类产品单位成本的对比分析。

1. 主要产品单位成本变动情况分析

从表 6-9 可知，YII-22 产品本月实际单位成本比计划、比上年实际、比全年累计实际平均都降低了，总的情况是好的。从成本项目对比中可以看出，产品单位成本的降低主要是由于直接材料、燃料和动力、直接人工的节约，这说明企业在降低 YII-22 产品直接材料、燃料及动力消耗方面，在改进 YII-22 产品的生产组织和劳动组织、提高劳动生产率方面采取了措施，取得了成绩。为了查明产品单位成本及其成本项目变动的原因，还须进一步对各个成本项目，特别是变动影响大的项目做具体分析。

2. 主要成本项目分析

一定时期产品单位成本的高低，是与企业该时期的生产技术、生产组织的状况和经营管理水平，以及采取的技术组织措施效果相联系的。因此，紧密结合企业技术经济方面的资料，查明成本升降的具体原因，是进行产品单位成本各个成本项目分析的特点。

下面以直接材料、直接人工和制造费用几个主要成本项目为例，说明分析的一般方法。

（1）直接材料费用的分析。直接材料费用的变动主要受单位产品直接材料消耗数量和直接材料价格两个因素的变动影响。其变动影响可用差额计算法计算如下：

$$直接材料消耗数量变动的影响 = (实际单位耗用量 - 计划单位耗用量) \times 直接材料计划单价$$

$$直接材料价格变动的影响 = \left(\begin{array}{c}直接材料\\实际单价\end{array} - \begin{array}{c}直接材料\\计划单价\end{array}\right) \times \begin{array}{c}单位产品直接材\\料实际耗用量\end{array}$$

【例6-9】红旗制造股份有限公司YII-22产品有关详细材料见表6-10。

表6-10　　　　　　　　　YII-22产品直接材料费用分析表

直接材料名称	计量单位	耗用量		单价		直接材料费用		差异	
		计划	实际	计划	实际	计划	实际	数量	金额
GC01	千克	40	36	13	14	520	504	-4	-16
TC02	千克	64	60	8	9	512	540	-4	+28
小计		—	—	—	—	1 032	1 044	—	+12
减：废料回收价值	元	—	—	—	—	72	94	—	+22
合计		—	—	—	—	960	950	—	-10

YII-22产品直接材料费用实际比计划升高12元，其中：

第一，由于耗用量变动：

　　GC01材料　　　　　　　　$(-4) \times 13 = -52$（元）

　　TC02材料　　　　　　　　$(-4) \times 8 = -32$（元）

　　　小　计　　　　　　　　　-84（元）

第二，由于价格变动：

　　GC01材料　　　　　　　　$(14-13) \times 36 = 36$（元）

　　TC02材料　　　　　　　　$(9-8) \times 60 = 60$（元）

　　　小　计　　　　　　　　　96（元）

　　　合　计　　　　　　　　　12（元）

由此可见，两因素变动共使YII-22产品直接材料费用增加12元（即96-84）。

在上述两因素中，直接材料价格变动多属外界因素，需结合市场供求和材料价格变动情况具体分析。进一步分析应重点查明直接材料消耗数量的变动情况和变动原因。直接材料消耗数量变动可能是由于改进产品设计或改进产品的加工方法，也可能是提高了材料利用率或改进配料比例，也可能是开展综合利用或改进了废料回收工作等。

（2）直接人工的分析。分析产品单位成本中的工资费用，必须按照不同的工资制度和工资费用计入产品成本的方法来进行。在计件工资制度下，计件单价不变，单位成本中的工资费用一般也不变，除非生产工艺或劳动组织方面有所改变，或者出现了问题。在计时工资制度下，如果企业生产多种产品，产品成本中的工资费用一般是按生产工时比例分配计入的。这时产品单位成本中工资费用的多少，取决于生产单位产品的工时消耗和小时工资率两个因素。生产单位产品消耗的工时越少，成本中分摊的工资费用也愈少，而小时工资率的变动则受计时工资总额和生产工时总数的影响，其变动原因需从这两个因素的总体去查明。基于这种原因，分析单位成本中的工资费用，应结合生产技术、工艺和劳动组织等方面的情况，重点查明单位产品生产工时和小时工资率变动的原因。

【例6-10】从表6-9中得知YII-22产品单位成本中的工资费用为：计划176元，实际172元。经查，YII-22产品单位工时消耗为：计划4小时，实际4.3小时；每小时工资费用为：计划44元，实际40元。

YII-22产品工资费用实际比计划降低2元，其中：
① 由于工时消耗数量变动：　　　$(4.3-4)\times 44 = 13.20$（元）
② 由于工时工资率变动：　　　$(40-44)\times 4.3 = -17.20$（元）

合　　计　　　　　　　　　　　　　　　　　　-4（元）

工时消耗的数量变动与工人技术的熟练程度和责任感直接相关，也与设备的完好程度、作业计划安排是否周密以及工作环境、动力供应等有关。至于小时工资率变动的原因可能是工资的调整、奖金制度的变化、直接生产工人晋级、出勤率变化等。进一步分析就是深入实际和有关部门查清工资费用变化的具体原因。

（3）制造费用的分析，与上述计时工资分析情况类似，不再赘述。

在进行上述产品成本计划完成情况分析时，要注意以下几个问题：

第一，成本计划本身的正确性。计划如果不正确、不科学，就难以作为衡量的标准和考核的依据。尤其是不可比产品，因为过去没有正式生产过，缺乏完整、可靠的成本资料作为制订计划的依据。

第二，成本计算资料的真实性。如果成本计划是正确的，而成本计算资料不真实，也难以正确评价企业成本计划的完成程度和生产耗费的经济效益。检查成本计算资料是否真实，关键是看生产费用的归集与分配是否严格遵守了规定的成本开支范围，是否正确划分了各个月份、各种产品以及完工产品与在产品之间的费用界限，有无乱挤成本、少计成本等任意调剂成本的现象。

第三，为了分清企业或车间在降低成本方面的主观努力和客观因素影响，划清经济责任，在评价企业成本工作时，应从实际成本中扣除客观因素和相关车间、部门工作的影响。

综上所述，在分析前应对各种计划和核算资料进行检查、整理，辨明真伪，分清主次，以便为进行分析提供正确的依据。

3. 主要产品单位成本变动趋势分析。趋势分析就是通过连续若干期间同种产品单位成本的对比，来揭示各期之间的增减变化，据以预测产品单位成本发展的趋势。进行产品单位成本的趋势分析时，可以按绝对数对比，也可以按相对数对比（即进行动态比率分析），可以以某个时期为基期，其他各期均与该时期的基数进行对比（即定基对比），也可以分别以上一时期为基期，下一时期与上一时期的基数进行对比（即环比）。下面举例说明其分析方法。

【例6-11】假定红旗制造股份有限公司最近三年某种产品实际单位成本分别为：第一年1 140元，第二年1 120元，第三年1 104元。

如果以第一年为基年，以该年产品单位成本1 140元为基数，规定为100%，可以计算其他各年的产品单位成本与之相比的比率如下：

第二年：$\frac{1\ 120}{1\ 140} \times 100\% = 98.25\%$

第三年：$\frac{1\ 104}{1\ 140} \times 100\% = 96.84\%$

通过上述计算，可以看出该种产品单位成本后两年与第一年相比的降低情况和降低程度。

如果分别以上年为基期，可以计算各年环比的比率如下：

第二年比第一年：$\frac{1\ 120}{1\ 140} \times 100\% = 98.25\%$

第三年比第二年：$\frac{1\ 104}{1\ 120} \times 100\% = 98.57\%$

通过上述计算，可以看出该种产品单位成本是逐年递减的，但各年递减的程度不同，这是因为计算的基数发生了变化。以上计算只反映该种产品单位成本三年中变化的趋势，而变化的原因尚有待查明。

需要指出的是，上述趋势比率分析法（或称动态比率分析）在应用时最好能与分析指标的绝对数比较结合起来，这样有利于全面地评价企业的工作。

第四节　各种费用报表的编制与分析

各种费用是指企业在生产经营过程中，各个车间、部门为进行产品生产、组织和管理生产经营活动所发生的制造费用、销售费用、管理费用和财务费用。其中制造费用属于产品成本的组成部分，销售费用、管理费用和财务费用属于期间费用。编制上述四种费用报表的作用在于反映各该费用计划的执行情况，分析各种费用变动的原因以及对产品成本和当期损益的影响。

一、各种费用明细表的结构和编制方法

（一）制造费用明细表的结构与编制方法

【例6-12】红旗制造股份有限公司2024年度制造费用明细表编制，详见表6-11。

表 6-11　　　　　　　　　　　制造费用明细表

编制单位：红旗制造股份有限公司　　　2024 年 12 月　　　　　　　　　　　　　　单位：元

项　目	本年计划	上年同期实际数	本月实际数	本年累计实际数
职工薪酬	79 600	72 000	5 000	97 200
折旧费	24 000	24 000	2 000	24 000
办公费	5 200	5 120	400	4 900
保险费	19 200	19 200	1 600	19 200
租赁费	11 200	10 000	1 200	13 000
修理费	10 000	9 800	1 500	10 800
机物料消耗	2 400	1 960	260	2 160
低值易耗品摊销	4 800	3 600	480	5 720
劳动保护费	11 760	11 760	980	11 760
设计图费	5 600	3 000	4 000	6 400
试验检验费	18 000	13 600	10 000	17 200
其他	2 000	1 800	0	1 000
合　计	193 760	175 840	27 420	213 340

表 6-11 是按制造费用项目分别反映该费用的本年计划数、上年同期实际数、本月实际数和本年累计实际数。其中，本年计划数应根据公司（总厂）或企业生产车间的制造费用计划填列；上年同期实际数应根据上年同期本表的累计实际数填列；本月实际数应根据制造费用明细账的本月合计数填列；本年累计实际数应根据制造费用明细账的本月实际加上上月末的本月累计数填列。

（二）管理费用明细表的结构与编制方法

【例 6-13】红旗制造股份有限公司 2024 年度管理费用明细表编制，详见表 6-12。

表 6-12　　　　　　　　　　　管理费用明细表

编制单位：红旗制造股份有限公司　　　2024 年 12 月　　　　　　　　　　　　　　单位：元

项　目	本年计划	上年同期实际数	本月实际数	本年累计实际数
职工薪酬	20 520	26 000	2 500	20 480
折旧费	7 200	7 200	600	7 200
办公费	5 200	5 120	400	4 900
差旅费	79 600	82 000	5 800	87 200
运输费	3 800	4 200	500	3 700
保险费	9 600	9 600	800	9 600
租赁费	11 200	10 000	1 200	13 000
修理费	10 000	9 800	1 500	10 800
咨询费	2 000	1 000	0	0

续表

项　　目	本年计划	上年同期实际数	本月实际数	本年累计实际数
诉讼费	0	0	0	0
排污费	4 800	4 000	400	5 200
绿化费	8 400	8 000	1 360	9 000
物料消耗	2 400	1 960	260	2 160
低值易耗品摊销	4 800	3 600	480	5 720
无形资产摊销	11 640	11 640	970	11 640
坏账损失	25 800	20 400	11 200	49 600
业务招待费	78 000	84 000	9 200	73 600
社会保险费	72 000	72 000	6 000	72 000
存货盘亏和毁损（减盘盈）	1 200	800	0	0
其他	11 600	10 200	800	8 600
合　　计	369 760	371 520	43 970	394 400

表6-12是按管理费用项目分别反映该费用的本年计划数、上年同期实际数、本月实际数和本年累计实际数。其中，本年计划数应根据公司（总厂）或企业行政管理部门的管理费用计划填列；上年同期实际数应根据上年同期本表的累计实际数填列；本月实际数应根据管理费用明细账的本月合计数填列；本年累计实际数应根据管理费用明细账的本月实际数加上上月末的本月累计数填列。

（三）销售费用明细表的结构与编制方法

【例6-14】红旗制造股份有限公司2024年度销售费用明细表编制，见表6-13。

表6-13　　　　　　　　　　　　销售费用明细表

编制单位：红旗制造股份有限公司　　　　2024年12月　　　　　　　　单位：元

项　　目	本年计划	上年同期实际数	本月实际数	本年累计实际数
职工薪酬	112 000	104 000	13 000	116 000
折旧费	4 800	4 800	400	4 800
办公费	2 600	3 000	200	2 400
差旅费	98 000	92 000	7 200	90 000
运输费	7 800	7 200	2 000	9 600
保险费	3 600	3 600	300	3 600
修理费	10 000	9 800	1 500	10 800
广告费	240 000	200 000	100 000	220 000
包装费	9 200	8 000	1 600	10 400
物料消耗	2 400	1 960	260	2 160
质量"三包"费	7 200	6 000	1 200	9 800
其他	2 400	1 800	0	1 600
合　　计	500 000	442 160	127 660	481 160

表 6-13 是按销售费用项目分别反映该费用的本年计划数、上年同期实际数、本月实际数和本年累计实际数。其中，本年计划数应根据公司（总厂）或企业销售部门的销售费用计划填列；上年同期实际数应根据上年同期本表的累计实际数填列；本月实际数应根据销售费用明细账的本月合计数填列；本年累计实际数应根据销售费用明细账的本月实际数加上上月末的本月累计数填列。

（四）财务费用明细表的结构与编制方法

【例 6-15】红旗制造股份有限公司 2024 年度财务费用明细表编制，见表 6-14。

表 6-14　　　　　　　　　　　　财务费用明细表
编制单位：红旗制造股份有限公司　　　2024 年 12 月　　　　　　　　　　　　　单位：元

项　　目	本年计划	上年同期实际数	本月实际数	本年累计实际数
利息支出（减利息收入）	240 000	180 000	36 000	300 000
汇兑损失（减汇兑收益）	-79 200	-70 000	-13 000	-96 000
调剂外汇手续费	7 200	6 000	4 200	6 800
金融机构手续费	2 400	2 000	400	3 600
现金折扣	17 200	14 000	6 000	19 600
其他筹资费用	2 000	1 600	0	0
合　　计	196 800	133 600	33 600	234 000

表 6-14 是按财务费用项目分别反映该费用的本年计划数、上年同期实际数、本月实际数和本年累计实际数。其中，本年计划数应根据公司（总厂）或企业财务部门的财务费用计划填列；上年同期实际数应根据上年同期本表的累计实际数填列；本月实际数应根据财务费用明细账的本月合计数填列；本年累计实际数应根据财务费用明细账的本月实际数加上上月末的本月累计数填列。

二、各种费用明细表的分析

制造费用、销售费用、管理费用和财务费用，虽然有的是作为生产费用，计入产品成本，有的是作为期间费用，直接计入当期损益，各自的经济用途不同。但是，它们都是由许多具有不同经济性质和不同经济用途的费用组成的。这些费用支出的节约或浪费，往往与公司（总厂）的行政管理部门和生产车间工作的质量和有关责任制度、节约制度的贯彻执行情况密切相关。因此，向各有关部门、车间编报上述报表，分析这些费用的支出情况，不仅是促进节约各项费用支出，杜绝一切铺张浪费，不断降低成本和增加盈利的重要途径，同时也是推动企业改进生产经营管理工作，提高工作效率的重要措施。

由于上述各种费用都是按整个公司（总厂）或分厂、车间、部门编制计划加以控制的，因而分析各种费用计划的执行情况，查明各种费用实际脱离计划的原因，也只能按整个公司（总厂）或分厂、车间、部门来进行。

对上述各种费用进行分析，首先应根据表中（见表 6-11 至表 6-14）资料以本年累计实际与本年计划相比，确定实际脱离计划差异，然后分析差异的原因。由于各种费用所包括的费用项目具有不同的经济性质和用途，各项费用的变动又分别受不同因素变动影响，因此，在确定费用实际支出脱离计划差异时，应按各组成项目分别进行，而不能只检查各种费用总额计划的完成情况，不能用其中一些费用项目的节约来抵补其他费用项目的超支。同时，要注意不同费用项目支出的特点，不能简单地把任何超过计划的费用支出都看做是不合理；同样，对某些费用项目支出的减少也要作具体分析：有的可能是企业工作成绩，有的则可能是企业工作中的问题。例如，制造费用中的劳动保护费、修理费、试验检验费，管理费用中的社会保险费等费用的减少，并不一定是由于工作的改进。相反，不按计划进行上述活动或采取必要的措施，有可能造成劳动生产率下降和产品质量下降，甚至影响安全生产。而在超额完成生产计划，增加开工班次的情况下，相应地增加些机物料消耗和设备维护费、修理费、运输费也是合理的。总之，不能孤立地看费用是超支了还是节约了，而应结合其他有关情况，结合各项技术组织措施效果来分析，结合各项费用支出的经济效益进行评价。

在按费用组成项目进行分析时，由于费用项目多，因此，每次分析只能抓住重点，对其中费用支出占总支出比重较大的，或与计划相比发生较大偏差的项目进行分析。特别应注意那些非生产性的损失项目，如材料、在产品和产成品等存货的盘亏和毁损。因为这些费用的发生与企业管理不善直接相关。

分析时，除以本年实际与本年计划进行对比，检查计划完成情况外，为了从动态上观察、比较各项费用的变动情况和变动趋势，还应将本月实际与上年同期实际进行对比，以了解企业工作的改进情况，并将这一分析与推行经济责任制结合，与检查各项管理制度的执行情况结合，以推动企业改进经营管理，提高工作效率，降低各项费用支出。

为了深入地研究制造费用、销售费用、管理费用和财务费用变动的原因，评价费用支出的合理性，寻求降低各种费用支出的途径和方法，也可按费用的用途及影响费用变动的因素，将上述费用包括的各种费用项目按以下类别归类进行研究。

（1）生产性费用。如制造费用中的折旧费、修理费、机物料消耗等，这些费用的变动与企业生产规模、生产组织、设备利用程度等有直接联系。这些费用既不同于与产量增减成比例变动的变动费用，又不同于固定费用，即在业务量一定的范围内时，这些费用是相对固定的，而业务量超过这个范围时，这些费用就可能增加。因此，分析时就应根据这些费用的特点，联系有关因素的变动评价其变动的合理性。

（2）管理性费用。如行政管理部门人员的工资、办公费、业务招待费等。管理性费用的多少主要取决于企业行政管理系统的设置和运行情况，以及各项开支标准的执行情况。分析时，除按明细项目与限额指标相比，分析其变动的原因外，还应从紧缩开支、提高工作效率的要求出发，检查企业对有关精简机构、减少层次、合并职能、压缩人员等措施的执行情况。

（3）发展性费用。如设计制图费、试验检验费、研究开发费等。这些费用与企业的发展相关，实际上是对企业未来的投资。但是这些费用应当建立在规划的合理、经济、可行的基础上，而不是盲目地进行研究开发或进行职工培训，应将费用的支出与取得的效果联系起来进行分析评价。

（4）防护性费用。如劳动保护费、保险费等。这类费用的变动直接与劳动条件的改善、安全生产等相关。显然，对这类费用的分析就不能认为支出越少越好，而应结合劳动保护工作的开展情况，分析费用支出的效果。

（5）非生产性费用。主要指材料、在产品、产成品的盘亏和毁损等。分析这类费用发生的原因，必须从检查企业生产工作质量、各项管理制度是否健全以及库存材料、在产品和产成品的保管情况入手，并把分析与推行和加强经济责任制结合起来。

总之，无论是制造费用还是期间费用，在进行分析评价时，往往是从总额入手看其整体水平的高低，进而了解它对当期的影响程度。而从内部管理的角度来看，更重要的则是各项费用项目的详细、具体分析。因为成绩和问题只有在项目分析时才能被发现，在项目分析上，既可以逐项分析，也可以挑选重点进行分析。但无论采取何种方式进行分析都不能背离"满足管理的要求"的总原则。

案例解析

通过本章学习，陈本慧对鸿蒙新能源有限公司由于原材料投入量和产品成品率发生变动对产品单位成本的影响分析如下：

（1）填制产品单位成本分析表，见表6－15。

表6－15　　　　　　　　　　产品单位成本分析表

2024年12月

	行次	项目	单位	计划 ①	实际 ②	按实际投入量计划成品率计算 ③	差异 合计 ④=②－①	差异 投入量变动影响 ⑤=③－①	差异 成品率变动影响 ⑥=②－③
产量变动	1	原材料投入量	千克	100	80	80	—	—	—
产量变动	2	成品率		0.8	0.9	0.8	—	—	—
产量变动	3	产品产量（1×2）	千克	80	72	64	－8	－16	＋8
产品总成本	4	原材料价值	元	20 000	16 000	16 000	—	—	—
产品总成本	5	废料回收价值	元	1 600	640	1 280	—	—	—
产品总成本	6	原材料净值（4－5）	元	18 400	15 360	14 720	—	—	—
产品总成本	7	生产工人工资	元	2 400	2 160	1 920	—	—	—
产品总成本	8	其他直接费用	元	4 000	3 200	3 200	—	—	—
产品总成本	9	制造费用	元	3 200	3 200	3 200	—	—	—
产品总成本	10	总成本（6+7+8+9）	元	28 000	23 920	23 040	—	—	—
产品单位成本变动	11	产品单位成本（10÷3）	元/千克	350	332.2	360	－17.8	＋10	－27.8
产品单位成本变动	12	成本降低率	%	—	—	—	－5.09	＋2.86	－7.94

(2) 表 6-15 内数据计算分析如下：

①废料回收价值：

实际废料回收价值 =（原材料投入量 - 原材料投入量 × 成品率）× 每千克回收废料单价

实际废料回收价值 =（80 - 80 × 0.9）× 80 = 640（元）

②原材料投入量变动对产品产量的影响：

原材料投入量变动对产品产量的影响 = 按实际投入量计划成品率计算的产品产量 - 计划产品产量

原材料投入量变动对产品产量的影响 = 64 - 80 = -16（千克）

③成品率变动对产品产量的影响：

成品率变动对产品产量的影响 = 实际产品产量 - 按实际投入量计划成品率计算的产品产量

成品率变动对产品产量的影响 = 72 - 64 = +8（千克）

④原材料投入量变动对产品单位成本的影响：

原材料投入量变动对产品单位成本的影响 = 按实际投入量计划成品率计算的单位成本 - 产品计划单位成本

原材料投入量变动对产品单位成本的影响 = 360 - 350 = +10（千克）

⑤成品率变动对产品单位成本的影响：

成品率变动对产品单位成本的影响 = 产品实际单位成本 - 按实际投入量计划成品率计算的单位成本

成品率变动对产品单位成本的影响 = 332.2 - 360 = -27.8（元）

从表 6-15 内数据计算可知，由于原材料投入量减少，使产品产量减少 16 千克，而产量的减少，在制造费用等固定费用不变的情况下，影响产品单位成本升高 10 元，或 2.86%；由于成品率提高 0.1，产量增加和单位产品原材料消耗量减少，以致影响产品单位成本降低 27.8 元，或 7.94%，两者合计共使产品单位成本降低 17.8 元，或 5.09%。

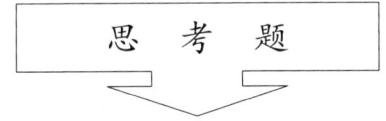

1. 简述产品成本、费用报表的作用。
2. 简述产品成本、费用报表的种类和特点。
3. 简述比较分析法、比率分析法、连环替代法和差额计算法的特点和适用范围。
4. 对产品成本、费用报表进行分析的重点内容是什么？怎样分析？
5. 如何编制产品生产成本表和利用产品生产成本表对企业全部产品成本计划的完成情况进行总括评价？
6. 如何分析可比产品成本降低计划的完成情况？
7. 如何分析按成本项目编制的产品生产成本表？
8. 如何编制与分析主要产品单位成本表？
9. 简述分析各种费用明细表应注意的问题。

参考书目

[1] 王俊生，黄贤明．成本会计［M］．第2版．北京：中国人民大学出版社，2011．

[2] 王俊生．成本会计［M］．第2版．北京：中国财政经济出版社，2007．

[3] 于富生，王俊生．成本会计学教师用书［M］．北京：中国人民大学出版社，2002．

[4] 贺南轩．成本会计学［M］．北京：中国财政经济出版社，1995．

[5] 马英麟，王俊生、肖镜元．企业经济活动分析［M］．北京：中国人民大学出版社，1996．

[6] ［美］H. R. 布罗克等．成本会计学：原理及应用［M］．上海财经学院会计系《会计译丛》小组译．上海：上海人民出版社，1982．

[7] ［日］小川洌．经营分析的理论与实务［M］．吉林财贸学院译．吉林省财政学会，1980．

[8] Charles T. horngren 等．Cost Accounting (12th), Pearson Education, Inc. 2005．

[9] 刘萍．王鸿雁．成本核算实务［M］．上海：立信会计出版社，2013．

[10] 财政部，国家税务总局．关于全面推开营业税改征增值税试点的通知（财税〔2016〕36号），2016–03–23．

[11] 财政部．增值税会计处理规定（财会〔2016〕22号），2016–12–03．

[12] 财政部企业会计准则委员会．企业会计准则应用指南2019年修订版［M］．上海：立信会计出版社，2019．

[13] 王俊生，黄贤明．成本会计［M］．第五版．北京：中国人民大学出版社，2021．

[14] 财政部，税务总局，海关总署．关于深化增值税改革有关政策的公告（2019年第39号），2019–04–01．

[15] 财政部．关于印发《管理会计应用指引第100号——战略管理》等22项管理会计应用指引的通知（财会〔2017〕24号）．2017–09–29．

[16] 企业产品成本会计编审委员会．企业产品成本会计核算详解与实务（2020年版）［M］．北京：中国工信出版集团，人民邮电出版社，2020．

[17] 王国生，黄贤明．零售企业会计［M］．北京：中国财政经济出版社，2012．

[18] 黄贤明．小企业会计实务［M］．第三版．北京：中国人民大学出版社，2021．